智囊图书·建筑书系

全国土木工程类实用创新型规划教材

建筑施工测量放线

JIANZHU SHIGONG CELIANG FANGXIAN

主　审　胡兴福
主　编　阿力甫
副主编　王昭庆　张志刚　谢建平
编　者　张　慧　李　伟　马　琳　王本锋
　　　　孙三民　李宝堂　黎军用

哈尔滨工业大学出版社

内 容 简 介

本书紧紧抓住测量学的基本概念和基本原理展开阐述，在内容上力求做到由浅入深，由具体到一般，简明扼要、图文结合、通俗易懂，既考虑当前测量工作的新技术、新发展，又顾及原有测量学的基本知识、基本测量仪器和基本测量方法，充分发挥其技术基础课教学的奠基作用，适应了当前现代测绘技术发展的新趋势，并满足了测绘工程专业教学改革的新需求。

本书可作为普通高等院校及高职高专院校城市规划、土木工程、交通土建工程、道路与桥梁工程、给水排水工程、环境工程、工程管理及相关专业的专业教材或执业考试培训教材，也可供从事建筑工程技术及相关工作的人员参考使用。

图书在版编目（CIP）数据

建筑施工测量放线/阿力甫主编．—哈尔滨：哈尔滨工业大学出版社，2014.10
ISBN 978-7-5603-4957-2

Ⅰ.①建…　Ⅱ.①阿…　Ⅲ.①建筑测量-高等学校-教材　Ⅳ.①TU198

中国版本图书馆 CIP 数据核字（2014）第 236751 号

责任编辑	李广鑫
出版发行	哈尔滨工业大学出版社
社　　址	哈尔滨市南岗区复华四道街 10 号　邮编 150006
传　　真	0451－86414749
网　　址	http://hitpress.hit.edu.cn
印　　刷	天津市蓟县宏图印务有限公司
开　　本	850mm×1168mm　1/16　印张 14　字数 424 千字
版　　次	2014 年 10 月第 1 版　2014 年 10 月第 1 次印刷
书　　号	ISBN 978-7-5603-4957-2
定　　价	32.00 元

（如因印装质量问题影响阅读，我社负责调换）

Preface 前 言

本教材是根据不同专业对"测量学"的要求和专业调整方向,结合我国当前教育改革、课程设置和学时分配的实际编写的。编者本着"以人为本、与时俱进"的精神,充分发挥技术基础课辐射源的作用,将不同专业测量方面的基本知识点、基本理论、基本技能,定位在"点、线、面、平、纵、横"测量的界面上。掌握了这些知识点,就能举一反三解决工程中相关的定位、放线、测图、用图等诸多问题,从而达到将知识点转化为勘测能力、用图能力、放样能力等不同专业所要求的培养目标。本书紧紧抓住测量学的基本概念和基本原理进行阐述,在内容上力求做到由浅入深,由具体到一般,内容简明扼要、图文结合、通俗易懂。本书一改原有测量学的课程体系和教学内容,既考虑到当前测量工作的新技术、新发展,又顾及到原有测量学的基本知识、基本测量仪器和基本测量方法,充分发挥其技术基础课教学的奠基作用,因此本书的内容与原有测量学并不脱节,而是新旧内容的有机联系,融为一体,既适应了当前现代测绘技术发展的新趋势,也满足了测绘工程专业教学改革的新需求。

本书的主要特色:

1. 实践性。本书来源于实践,内容精炼,信息量大,专业覆盖面广,能满足培养宽口径、复合型人才的需求。

2. 灵活性。本书章节内容由浅入深,先粗后细,相对独立,互为补充,服从认识规律,有一定灵活性、选择性和互补性。基本内容置前,可选内容置后,不拘泥于学科系统,供不同院校、不同教学环境和教学习惯选用。

3. 可读性。本书文字通俗易懂,论证深入浅出。开始有重点、难点提示,结束有思考题和练习题。充分发挥教材媒体的指导作用和自学的能动性,适应多层次读者需求。

4. 时代性。本书介绍了当代最先进的量测技术、光电技术、数码技术、遥测技术。这些技术标志着新时代测绘科学发展的步伐和方向,反映出高新技术的时代特征。

本书的内容：

本书分为 10 个模块，内容涵盖测量的基本工作和误差的基本知识、控制测量、地形测量、施工测量等。其中模块 1~5，分别为绪论、水准测量、角度测量、距离测量与直线定向和测量误差基本知识，具体阐述了测量的基本工作和误差的基本知识，使读者认识测量工作的基本仪器，懂得如何使用仪器，并且知道为什么如此使用仪器。模块 6 和模块 7 主要介绍控制测量和地形图的测绘及应用，使读者掌握控制测量的测量方法和计算方法，如何利用不同的仪器将地面上的地物和地貌按照一定的比例尺测绘到地形图上，以及如何识读和使用地形图。模块 8~10 针对不同的工程测量工作，介绍了施工测量的基本工作。

整体课时分配如下：

章节	内容	建议课时	授课类型
模块 1	绪论	4	讲授
模块 2	水准测量	8	讲授、实训
模块 3	角度测量	8	讲授、实训
模块 4	距离测量与直线定向	6	讲授、实训
模块 5	测量误差基本知识	7	讲授、实训
模块 6	控制测量	7	讲授、实训
模块 7	地形图的测绘及应用	6	讲授、实训
模块 8	建筑工程测量	6	讲授、实训
模块 9	建筑场地平整测量	6	讲授、实训
模块 10	建筑物变形测量与竣工测量	6	讲授、实训

本书在编写过程中，借鉴并参阅了一些国内优秀教材及科学研究成果，在此表示衷心感谢！

由于作者水平所限，不足及疏漏在所难免，恳切希望读者批评指正。

编　者

编审委员会

主　任：胡兴福
副主任：李宏魁　　符里刚
委　员：（排名不分先后）

胡　勇	赵国忱	游普元
宋智河	程玉兰	史增录
张连忠	罗向荣	刘尊明
胡　可	余　斌	李仙兰
唐丽萍	曹林同	刘吉新
武鲜花	曹孝柏	郑　睿
常　青	王　斌	白　蓉
张贵良	关　瑞	田树涛
吕宗斌	付春松	蒙绍国
莫荣锋	赵建军	易　斌
程　波	王右军	谭翠萍
边喜龙		

本书学习导航

模块概述
简要介绍本模块与整个工程项目的联系、在工程项目中的意义，或者与工程建设之间的关系等。

学习目标
包括知识目标和技能目标，列出了学生应了解与掌握的知识点。

课时建议
建议课时，供教师参考。

工程导入
各模块开篇前导入实际工程，简要介绍工程项目中与本模块有关的知识和它与整个工程项目的联系及在工程项目中的意义，或者课程内容与工程需求的关系等。

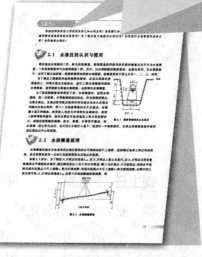

重点串联
用结构图将整个模块的重点内容贯穿起来，给学生完整的模块概念和思路，便于复习总结。

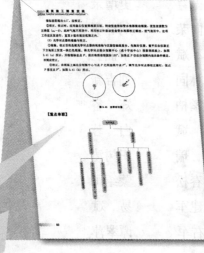

拓展与实训
包括职业能力训练、工程模拟训练和链接执考三部分，从不同角度考核学生对知识的掌握程度。

目录 Contents

模块1 绪论

1.1 测量学的任务及其在工程建设中的作用/001
    1.1.1 测量学的学科分类/001
    1.1.2 普通测量学的任务/002
    1.1.3 测量学在工程建设中的作用/002
    1.1.4 现代测量科学发展概况/002

1.2 地球的形状与大小/003

1.3 地面点位的表示方法/004
    1.3.1 地理坐标/004
    1.3.2 平面直角坐标/004
    1.3.3 高程/005

1.4 用水平面代替水准面的限度/005
    1.4.1 对距离的影响/005
    1.4.2 对高程的影响/006
    1.4.3 测量的基本原则/006
    1.4.4 常用度量单位和弧度/007

1.5 比例尺/008
    1.5.1 数字比例尺/008
    1.5.2 直线比例尺/008
    1.5.3 比例尺精度/008

❖ 重点串联/009

模块2 水准测量

☞ 模块概述/010
☞ 知识目标/010
☞ 技能目标/010
☞ 学习重点/010
☞ 课时建议/010
☞ 工程导入/011

2.1 水准仪的认识与使用/011
2.2 水准测量原理/011
2.3 水准测量仪器及工具/012
    2.3.1 水准仪/012
    2.3.2 工具/015

2.4 微倾水准仪的操作/016
2.5 普通水准测量的作业方法/017
2.6 水准测量的校核方法和闭合差的调整/018
2.7 水准测量的成果整理/020
    2.7.1 高差闭合差的计算/020
    2.7.2 高差闭合差的调整/020
    2.7.3 待定点高程计算/020

2.8 水准仪的检验与校正/021
    2.8.1 圆水准器轴平行于竖轴的检验与校正/022
    2.8.2 十字丝横丝垂直于竖轴的检验与校正/022
    2.8.3 视准轴平行于管水准器轴的检验与校正/023

2.9 水准测量的误差及其影响/024
    2.9.1 仪器误差/024
    2.9.2 观测误差/025
    2.9.3 外界环境的影响/025
    2.9.4 水准测量注意事项/026

2.10 精密水准仪/026

2.11 自动安平水准仪的使用/028
    2.11.1 自动安平水准仪的原理/028
    2.11.2 自动安平水准仪的使用/028

2.12 数字水准仪简介/028
    2.12.1 数字水准仪的原理/028
    2.12.2 数字水准仪及条形码尺/029
    2.12.3 数字水准仪的特点/029
    2.12.4 数字水准仪的使用/029

❖ 重点串联/030

◆ 知识链接/030
◆ 拓展与实训/030
　✽ 职业能力训练/030
　✽ 工程模拟训练/032
　✽ 链接执考/032

模块3　角度测量

☞ 模块概述/033
☞ 知识目标/033
☞ 技能目标/033
☞ 学习重点/033
☞ 课时建议/033
☞ 工程导入/034

3.1　经纬仪的认识与使用/034
　3.1.1　水平角和竖直角测量原理/034
　3.1.2　光学经纬仪的认识与使用(J2、J6)/035
　3.1.3　电子经纬仪(全站仪)简介/043
3.2　角度测量/048
　3.2.1　水平角的测量与记录/048
　3.2.2　竖直角的测量与记录/051
　3.2.3　角度测量的误差分析及注意事项/054
　3.2.4　经纬仪的检验与校正/056
◆ 重点串联/060
◆ 知识链接/061
◆ 拓展与实训/061
　✽ 职业能力训练/061
　✽ 工程模拟训练/062
　✽ 链接执考/062

模块4　距离测量与直线定向

☞ 模块概述/064
☞ 知识目标/064
☞ 技能目标/064
☞ 学习重点/064
☞ 课时建议/064
☞ 工程导入/065

4.1　距离测量的方法/065
　4.1.1　钢尺量距/065
　4.1.2　测距仪量距/070
4.2　直线定向/073
　4.2.1　直线定向/073
　4.2.2　标准方向的种类/073
4.3　全站仪的构造与操作/076
　4.3.1　全站仪的基本构造/076
　4.3.2　全站仪的基本操作方法/079
　4.3.3　全站仪角度测量、距离测量/079
◆ 重点串联/080
◆ 知识链接/080
◆ 拓展与实训/082
　✽ 职业能力训练/082
　✽ 工程模拟训练/083
　✽ 链接执考/083

模块5　测量误差基本知识

☞ 模块概述/085
☞ 知识目标/085
☞ 技能目标/085
☞ 学习重点/085
☞ 课时建议/085
☞ 工程导入/086

5.1　测量误差的分类/086
　5.1.1　观测及观测误差/086
　5.1.2　观测误差的来源/086
　5.1.3　观测误差的分类及其处理方法/087
5.2　算术平均值/089
　5.2.1　算术平均值/089
　5.2.2　由观测值改正数计算观测值中误差/089
　5.2.3　算术平均值的中误差/089
5.3　评定观测值精度的标准/089
　5.3.1　中误差/089
　5.3.2　相对中误差/090
　5.3.3　极限误差/090
5.4　观测值的精度评定/091
　5.4.1　用真误差计算观测值的中误差/091
　5.4.2　用最或然误差计算观测值的中误差/091

☞ 重点串联/092
☞ 知识链接/093
❖ 拓展与实训/094
　✱ 职业能力训练/094
　✱ 链接执考/094

模块 6　控制测量

☞ 模块概述/096
☞ 知识目标/096
☞ 技能目标/096
☞ 学习重点/096
☞ 课时建议/096
☞ 工程导入/097

6.1　控制测量概述/097
　6.1.1　平面控制测量/097
　6.1.2　高程控制测量/097
6.2　导线测量/098
　6.2.1　导线测量布设形式/098
　6.2.2　导线测量外业工作/099
　6.2.3　导线测量内业工作/101
6.3　高程控制测量/107
　6.3.1　三、四等水准测量/107
　6.3.2　三角高程测量/109
6.4　GPS 控制测量简介/110
　6.4.1　GPS 系统构成/110
　6.4.2　GPS RTK 测量方法/111
　6.4.3　GPS 控制测量/112

❖ 重点串联/113
❖ 拓展与实训/113
　✱ 职业能力训练/113
　✱ 工程模拟训练/114
　✱ 链接执考/114

模块 7　地形图的测绘及应用

☞ 模块概述/115
☞ 知识目标/115
☞ 技能目标/115

☞ 学习重点/115
☞ 课时建议/115
☞ 工程导入/116

7.1　地形图的测绘/116
　7.1.1　概述/116
　7.1.2　地物和地貌在图上的表示方法/116
　7.1.3　测图前的准备工作/120
　7.1.4　地形图的测绘/121
7.2　地形图应用的基本内容/122
7.3　地理信息系统(GIS)简介/127
　7.3.1　GIS 的组成部分/127
　7.3.2　GIS 功能/127
　7.3.3　GIS 的应用领域/129
　7.3.4　GIS 的相关技术/130
　7.3.5　GIS 常用软件/130
　7.3.6　GIS 的发展应用/130

❖ 重点串联/131
❖ 拓展与实训/132
　✱ 职业能力训练/132
　✱ 工程模拟训练/132
　✱ 链接执考/132

模块 8　建筑工程测量

☞ 模块概述/133
☞ 知识目标/133
☞ 技能目标/133
☞ 学习重点/133
☞ 课时建议/133
☞ 工程导入/134

8.1　建筑施工测量的基本工作/134
　8.1.1　建筑施工测量的准备工作/134
　8.1.2　平面点位测设的方法/135
　8.1.3　高程测设的方法/139
　8.1.4　归化法测设点位/142
8.2　建筑施工测量/144
　8.2.1　建筑物主轴线定位放样/144
　8.2.2　建筑物细部轴线定位放样/146
　8.2.3　建筑物高程竖向传递/148

8.2.4　高层建筑物轴线竖向投测/151
　　　8.2.5　设计坡度的测设/154
8.3　圆曲线的测设/155
　　　8.3.1　圆曲线的主点要素的计算/155
　　　8.3.2　圆曲线的主点测设/156
　　　8.3.3　圆曲线的细部测设/157
8.4　安装工程测量/163
　　　8.4.1　工业厂房预制构件安装测量/163
　　　8.4.2　钢结构安装测量/167
　　　8.4.3　建筑装饰工程施工测量/171
◇ 重点串联/173
◇ 知识链接/173
◇ 拓展与实训/173
　　✿ 职业能力训练/173
　　✿ 工程模拟训练/174
　　✿ 链接执考/174

▶ 模块9　建筑场地平整测量

☞ 模块概述/176
☞ 知识目标/176
☞ 技能目标/176
☞ 学习重点/176
☞ 课时建议/176
☞ 工程导入/177
9.1　建筑施工场地方格网测设/177
　　　9.1.1　主轴线测设/177
　　　9.1.2　方格网测设/178
　　　9.1.3　方格点高程测量/178
9.2　设计高程计算/179
　　　9.2.1　设计高程计算/180
　　　9.2.2　填挖分界线测设/181
9.3　土方工程量计算/182
　　　9.3.1　方格网法/182
　　　9.3.2　等高线法/183

　　　9.3.3　断面法/184
◇ 重点串联/187
◇ 知识链接/187
◇ 拓展与实训/188
　　✿ 职业能力训练/188
　　✿ 工程模拟训练/189
　　✿ 链接执考/189

▶ 模块10　建筑物变形测量与竣工测量

☞ 模块概述/190
☞ 知识目标/190
☞ 技能目标/190
☞ 学习重点/190
☞ 课时建议/190
☞ 工程导入/191
10.1　变形基准网测量/191
　　　10.1.1　平面变形测量基准网/192
　　　10.1.2　沉降观测基准网/192
10.2　变形测量/194
　　　10.2.1　平面变形测量/194
　　　10.2.2　沉降观测/198
10.3　建筑物竣工测量/202
　　　10.3.1　概述/202
　　　10.3.2　竣工测量一般规定/202
　　　10.3.3　竣工测量控制点要求/203
　　　10.3.4　建(构)筑物工程竣工测量/204
　　　10.3.5　竣工测量与地形测量的区别/205
◇ 重点串联/206
◇ 拓展与实训/206
　　✿ 职业能力训练/206
　　✿ 工程模拟训练/206

附录/208

参考文献/214

模块 1 绪 论

测量亦称测绘，是指对自然地理要素或者地表人工设施的形状、大小、空间位置及其属性等进行测定、采集、表述以及对获取的数据、信息、成果进行分析和处理的活动。基础测绘是指建立全国统一的测绘基准和测绘系统，进行基础航空摄影，获取基础地理信息的遥感资料，测制和更新国家基本比例尺地图、影像图和数字化产品，建立、更新基础地理信息系统。

1.1 测量学的任务及其在工程建设中的作用

根据研究的对象、内容、方法及设备的不同，测量学科形成若干个分支。

1.1.1 测量学的学科分类

1. 大地测量学

大地测量学是指研究地球整体形状、大小及重力场，探索其运动状态和变化规律，解决地球整体或大区域内精密测量的学科。根据测量设备、方法和手段的不同，大地测量学又可划分为常规大地测量学和卫星大地测量学。

2. 地形测量学

地形测量学是指研究地球表面局部地区的形状，解决小区域内的地形图测绘的理论、设备和方法的学科。

3. 遥感摄影测量学

遥感摄影测量学是指通过摄影图像和遥感信息图片来测定地面物体的形状及空间位置并调制成图的学科。根据获得信息和图像方式的不同，又可划分为立体摄影测量学和航天、航空摄影测量学。近年来，遥感技术的发展和电子计算机在测量中的广泛应用，使得遥感摄影测量学的研究对象和摄影方式更加多样化，不仅仅局限于固态、静态的对象，液态、气态及动态的对象也可以通过摄影测量的方法进行研究。

4. 工程测量学

工程测量学是指主要研究工程建设在规划、设计、施工和运行管理各阶段的有关测量技术方法和理论的学科。

5. 地图制图学与地理信息系统

地图制图学与地理信息系统主要研究用地图图形科学地、抽象概括地反映自然界和人类社会各种现象的空间分布、相互联系及其动态变化，并对空间信息进行获取、抽象、存储、管理、分析、护理、可视化及其应用的一门科学与技术，它为地学、土地科学与管理、资源环境、城市规划与管理、国防军事等学科与应用提供技术支撑，为国民经济各部门的预测、规划与决策提供科学依据，为解决当今人口、资源、环境与社会经济的可持续发展问题和对策的制定服务。

本教材属于普通测量学范畴。普通测量学以地形测量学为基础，增加了一些工程测量学的简单基础知识，是为了满足各行各业对测绘技术的需求而建立的一门科学。近年来由于测绘手段的改变，测量和绘图不再分离，而是逐步一体化，尤其是地理信息系统的兴起，为普通测量学注入了新的内容。

1.1.2 普通测量学的任务

普通测量学的任务主要有以下 3 个方面：

1. 测绘

测绘是指正确使用测量仪器和工具，按照一定的测量方法和手段，将地球表面局部地区的形状和大小缩绘成图，为各项工程规划、设计提供技术资料。

2. 测设

测设是指将图纸上规划、设计好的建筑物或构筑物的位置，采用测量仪器和工具按照一定的测量方法在地面上准确地确定下来，以便进行施工，因此，测设又常称为施工放样。

3. 用图

用图是指使用图纸，利用图纸进行地形分析并在图纸上规划、设计建筑物或构筑物等工程。

1.1.3 测量学在工程建设中的作用

测量学应用范围很广，在现代化建设中，测绘技术、图纸及资料都发挥着重要的作用。在国防建设方面，诸如国界线的划分，导弹、卫星基地建设及飞行轨道的监测与控制，各项国防工程的建设，战略部署、战役指挥、人员、火力安排等都离不开精确的地形图和测量工作。

在科学研究方面，诸如空间科学技术研究、地球整体形状和大小、地球板块运动、地壳升降变化、海岸线变迁、地极周期性变化、地震预报等都离不开测量工作及其所提供的技术资料。

在工程建设方面，各项工程建设过程的始末都离不开测量工作及其所提供的技术资料。例如在某河道上修建一座水库，在规划设计阶段，需要坝址上的全部地形资料，以便进行水文水力计算、地质勘探、经济调查、工程预算等项工作；坝址选定后，则需要坝址附近的大比例尺地形图，以便进行土石方量计算、工程经费计算、水工建筑物布置等；工程施工前则需要将图纸上设计好的建筑物在地面上确定下来，以便进行施工；在施工过程中要随时进行测量，以确保工程的质量；大坝建成后还要进行检查、验收和质量评定，同样需要进行测量工作；在大坝运行过程中，为了确保大坝的安全，还要随时进行大坝变形测量。

在农业生产中，诸如土地资源调查、土地利用规划、地籍管理、森林资源调查与管理、果园规划、农田水利规划、城乡建设规划、道路规划及土地平整等都需要进行测量工作或需要由测量所提供的地形资料和技术资料。

1.1.4 现代测量科学发展概况

我国是一个文明古国，测量工作有着悠久的历史，早在两三千年前的殷周时代就有了测量工作。随着现代科学技术日新月异的变化，测绘科学也得到了迅速的发展，从测量仪器设备、测量方法和手段到记录、计算及成图等方面均发生了突破性变化。

20世纪60年代电磁波测距技术的兴起，使得测量仪器发生了突破性的变化。利用激光、红外光测距，可以进行全天候观测。工程中使用的中、短程红外光测距仪已达到很高的精度。激光测量仪可以提供铅垂、水平及任意角度激光束，被广泛应用于高层建筑物的铅垂度控制、水平控制和曲线工程控制，以保证工程质量，提高测量速度。采用电子经纬仪、全站仪，能在野外采集数据，自动计算出点的坐标及高程，与电子计算机相配合可以自动成图，不仅大大减轻了内业计算和外业测图的工作量，而且使成图方法及手段发生了根本性变化。

在摄影测量方面，随着航天、航空摄影的发展，大部分工作转到室内，配合电子计算机可实现航测成图机械化、自动化，提高了成图速度和质量。近年来，航测数字测图在大比例尺地形图应用上取得了良好效果，其精度已能满足测图规范的要求，并能以数字化方式进行保存，具有广泛的应用前景。

电子计算机的应用使得测量工作发生巨大变革。利用计算机进行大量数据的严密平差，既迅速又准确，解决了繁重的计算问题。利用计算机配合立体量测仪可进行航片自动化成图。利用计算机对全站仪在野外采集的数据进行处理，可自动成图，并存储地形图、地籍图及其他各类图纸，不仅体积小，而且使用方便，可以随意进行放大和缩小，减少了制版、印刷等复杂的程序，提高了成图的速度和质量。

20世纪80年代全球定位系统（Global Positioning System，GPS）的出现，不仅使导航技术取得了很大的进展，而且对大地测量的发展也产生了深远的影响。利用全球定位系统不仅可以在较短的时间内以较高的精度进行大地定位测量，而且测站间不需要互相通视，因而使得大地测量的布网方案、作业手段和操作程序发生了根本性的变化，目前已广泛应用于改造旧网和建立新的城市控制网。预计随着测绘技术的发展和仪器性能的改进，不久的将来GPS将取代常规仪器进行测图和放样，扫描测量、航测自动三维成图将成为测图的主要方式。

1.2 地球的形状与大小

测量工作是在地球表面进行的，因此必须了解地球的形状与大小。地球的自然表面为一个起伏不平的不规则曲面，其中71%被海洋覆盖，陆地面积仅占29%。若以平均海水面为准，陆地的最高处——我国与尼泊尔交界处的珠穆朗玛峰，高达8 844.43 m。海底最深处——太平洋西部的马里亚纳海沟，深达11 022 m。然而，这样的高山深谷在庞大的地球表面上却又是微不足道的。如果将它们和地球半径相比，它们分别仅占地球半径的$\frac{1}{720}$和$\frac{1}{578}$。因此，我们在宏观上可以忽略这样的起伏，用一个向陆地内部延伸的静止海水面所包围的形体来表示地球的形状。这种静止的海水面称为水准面。随着静止海水面的高度不同，水准面可以有无数个。其中，与平均海水面一致的那个称为大地水准面。

水准面的特征是处处与铅垂线垂直，即与重力方向垂直，而重力是地球引力与离心力的合力。由于地球引力与其内部物质的密度有关，随着地球各处内部物质的密度不同，其引力也不相等，因此，导致各处重力方向的不规则性，而与重力方向垂直的大地水准面也就成为一个无法用数学公式表达的不规则曲面。这给实际应用带来了困难。为此，人们采用一个与大地水准面非常接近的旋转椭圆体作为地球形体，供作测量、制图的依据。这种旋转椭圆体称为参考椭圆体。如图1.1所示，参考椭圆体由长半径a、短半径b构成的椭圆绕短轴PP_1旋转而成。各国测量工作者曾多次对参考椭圆

图1.1 参考椭圆体

体的基本元素进行了测量与计算。目前，我国采用的参考椭圆体的基本元素为

长半径　　　　　　　　　　$a = 6\ 378.245\ \text{km}$

短半径　　　　　　　　　　$b = 6\ 356.863\ \text{km}$

扁率　　　　　　　　　　　$\alpha = \dfrac{a-b}{a} = \dfrac{1}{298.3}$

由于参考椭圆体的扁率很小，在普通测量范围内可将它看作圆球，其半径为

$$R/\text{km} = \frac{1}{3}(a+a+b) = 6\ 371$$

1.3 地面点位的表示方法

测量工作的实质就是测定地面点的位置，而地面点的位置是由3个量来确定的，其中2个量为地理坐标的经度 λ 与纬度 φ，或平面直角坐标的纵坐标 X 与横坐标 Y，第三个量为高程。

1.3.1 地理坐标

地面点在球面上的绝对位置是用地理坐标，即经度与纬度来表示的。

在图1.2中，NS为地球自转轴，P 为任一地面点。过点 P 及 NS 所作的平面称为子午面。子午面与地球表面的交线称为子午线，即经线。以通过英国伦敦格林尼治天文台的子午面为首子午面，首子午面与过点 P 子午面间的夹角即为点 P 的经度，以 λ 表示。经度自首子午面向东计，由0°至180°，称为东经；自首子午面向西计，由0°至180°，称为西经。因此，在经度前必须冠以"东经"或"西经"字样。同一经线上各点的经度相等。

过地球中心 O 所作垂直于自转轴NS的平面称为赤道面，它与地球表面的交线，称为赤道。与赤道面平行的平面与地球表面的交线，称为纬线。赤道面为纬度的起算面。点 P 的法线 PO 与赤道面的夹角，即为点 P 的纬度，以 φ 表示。纬度自赤道面向北计，由0°至90°，称为北纬。自赤道面向南计，由0°至90°，称为南纬。因此，在纬度前必须冠以"北纬"或"南纬"字样。同一纬线上各点的纬度相等。

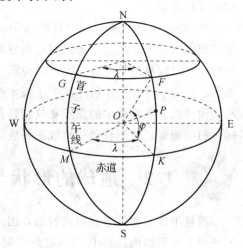

图1.2 地理坐标

1.3.2 平面直角坐标

在普通测量中，地面点在平面上的相对位置是用平面直角坐标表示的。和数学中相仿，测量中的平面直角坐标系也是由相互垂直的两坐标轴组成的，两轴的交点为坐标原点，两轴将圆周分为四个象限。由于测量中表示方向的角度是按顺时针方向计算的，因此测量中的象限顺序，也按顺时针方向排列，这与数学中相反。同时，两坐标轴的名称也与数学相反，以纵轴为 X，横轴为 Y（图1.3）。这样，三角公式就可以不加任何改变地应用于测量计算中。

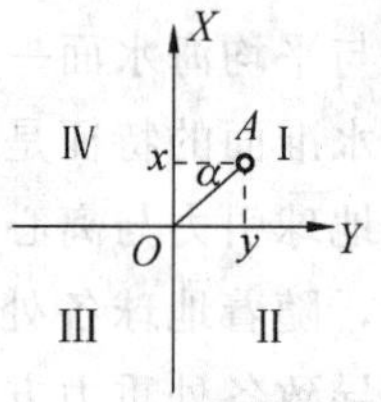

图1.3 平面直角坐标系

任一地面点 A 的平面位置，可由该点至纵、横坐标轴的垂距 x、y 来确定。

通常坐标纵轴 X 指向南北。以坐标原点为准，令纵轴指北为正、指南为负，横轴指东为正、指西为负。

1.3.3 高程

高程的表示方法有两种：绝对高程与相对高程。

地面点至大地水准面的铅垂距离，称为绝对高程或海拔，如图 1.4 中 H_A、H_B。绝对高程可使全国处于统一的高程系统中。我国规定以青岛验潮站求得的 1956 年黄海平均海水面为全国的高程起算面。所以，我国的统一高程系统称为 1956 年黄海高程系。

地面点至任一假定水准面的铅垂距离，称为相对高程或假定高程，如图 1.4 中 H'_A、H'_B。相对高程只适用于局部地区。

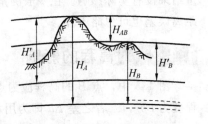

图 1.4 地面点的高程和高差

两地面点的高程之差，称为高差，即分别通过该两点至水准面的铅垂距离之差。图 1.4 中，A、B 两点间的高差为

$$h = H_B - H_A = H'_B - H'_A$$

由上式可见，A、B 两点高程的大小不同，高差值可正可负。

1.4 用水平面代替水准面的限度

如前所述，在普通测量范围内，可以将大地水准面看作球面。但是，在实际工作中，当测区面积不大时，往往以直接水平面代替水准面，即把很小一部分地球表面上的点投影定其位置。这必然要产生误差。然而，这种误差在测量与制图中的影响很小，可以忽略不计。下面首先探讨用水平面代替水准面对距离和高程的影响，进而用水平面代替水准面的限度。

1.4.1 对距离的影响

图 1.5 中，A、B 为地面点，它们在大地水准面上的投影分别为 a、b。若过点 a 作大地水准面的切平面，即得过点 a 的水平面。A、B 在水平面上的投影分别为 a、b'。显然，A、B 两点在大地水准面上投影的距离为 $\overset{\frown}{ab}$，与在水平面上投影的距离 ab' 是不相等的。设 $\overset{\frown}{ab}$ 为 D，ab' 为 D'，其差值 Δd 即为用水平面代替水准面的距离误差，则

$$\Delta d = D' - D = R\tan\theta - R\theta = R(\tan\theta - \theta) \quad (1.1)$$

因

$$\tan\theta = \theta + \frac{1}{3}\theta^3 + \frac{2}{15}\theta^5 + \cdots$$

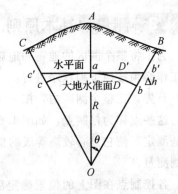

图 1.5 用水平面代替水准面的限度

由于 θ 角很小，故仅取前两项代入式（1.1），则

$$\Delta d = R\left(\theta + \frac{1}{3}\theta^3 - \theta\right) = \frac{1}{3}R\theta^3 \quad (1.2)$$

而

$$\theta = \frac{D}{R}$$

故

$$\Delta d = \frac{D^3}{3R^2}$$

以地球半径 $R = 6\,371$ km 和不同的距离 D 代入上式，可得表 1.1 的结果。

表 1.1 用水平面代替水准面对距离的影响

D/km	10	25	50	100
Δd/cm	1.0	12.8	102.0	814.0

由表1.1可见,当距离为10 km时,其误差仅为1 cm。这样的误差,即使是最精密的测量工作也是容许的。因此,在地面上半径为10 km的范围内,用水平面代替水准面所产生的距离误差对测量结果没有实际影响。在一般测量工作中,即使在半径为25 km的范围内,用水平面代替水准面的距离误差也可忽略不计。

1.4.2 对高程的影响

图1.5中,点B的高程应为点B与大地水准面的垂距Bb。若用水平面代替水准面,则点B高程变为Bb',二者之差Δh即为用水平面代替水准面的高程误差。

$$\Delta h = Bb - Bb' = Ob' - Ob = R\sec\theta - R = R(\sec\theta - 1) \tag{1.3}$$

因

$$\sec\theta = 1 + \frac{\theta^2}{2} + \frac{5}{24}\theta^4 + \cdots$$

由于θ很小,故取其前两项代入式(1.3),顾及$\theta = \frac{D}{R}$,得

$$\Delta h = R\left(1 + \frac{\theta^2}{2} - 1\right) = \frac{1}{2}R\theta^2 = \frac{D^2}{2R} \tag{1.4}$$

以$R = 6\,371$ km和不同的D值代入式(1.4),所得结果列于表1.2。

表1.2 用水平面代替水准面对高程的影响

D/km	0.1	0.2	0.5	1	2	3	4	5
Δh/cm	0.078	0.31	2	8	31	71	125	196

由表1.2可见,用水平面代替水准面对高程的影响是很大的。当距离为200 m时,高程误差为0.31 cm。这样的误差,即使在一般的高程测量中,也是不容忽视的。因此,在高程测量时,即使距离不大,也应顾及地球曲率对高程的影响。

1.4.3 测量的基本原则

为了将整个测区的地物和地貌正确地测绘在图纸上,防止测量误差的积累,确保测量精度,测量工作必须按照下列程序进行:

首先,在整个测区内,按一定的密度,选定一些具有控制意义的地面点,作为全面测量的依据。这些点称为控制点,如图1.6中A、B、C、D、E点。控制点的位置,必须采用精密的仪器和方法测定,使它具有较高等级的精确程度,以保证下一步工作的顺利进行。这部分测量工作,称为控制测量。

各控制点在图上的位置确定后,即可依次在每个控制点上安置仪器,以较低级的精度测绘其周围的地物和地貌,直至测完整个测区。这部分测量工作,称为碎部测量。

图1.6 控制测量与碎部测量

由此可见,贯穿整个测量工作的基本原则是:工作范围上"由整体到局部";工作性质上"由控制到碎部";精度要求上"由高级到低级"。

测量工作还有外业与内业之分。在测区内进行的实地勘察、选择控制点以及测定距离、角度和高程等工作,称为外业。根据野外测量的成果,在室内进行整理、计算和绘图等工作,称为内业。

1.4.4 常用度量单位和弧度

1. 长度单位

$$1\text{ m} = 10\text{ dm} = 100\text{ cm} = 1\,000\text{ mm},\ 1\text{ km} = 1\,000\text{ m}$$

2. 面积单位

面积单位为 m^2，大面积用 km^2 或 hm^2，$1\text{ km}^2 = 100\text{ hm}^2$，$1\text{ hm}^2 = 10\,000\text{ m}^2 = 15$ 亩，1 亩 $\approx$ 667.7 m^2。

3. 体积单位

体积单位为 m^3。

4. 角度单位

测量上常用的角度单位有度分秒制和弧度制。

5. 度分秒制

$$1\text{ 圆周角} = 360°$$
$$1° = 60'$$
$$1' = 60''$$

某些进口仪器采用 100 进位的新度：

$$1\text{ 圆周角} = 360° = 400^g$$
$$1^g = 100^c$$
$$1^c = 100^{cc}$$

两者换算关系如下：

$$1\text{ 圆周角} = 360° = 400^g$$
$$1° = 1.111^g,\ 1^g = 0.9°$$
$$1' = 1.852^c,\ 1^{cc} = 0.324''$$

6. 弧度制

按弧度计的圆心角等于所对的弧长 $\widehat{AB}$ 与半径 R 之比，即 $\hat{\alpha} = \widehat{AB}/R$。当 $\widehat{AB} = R$ 时，$\hat{\alpha}$ 为 1 弧度，常用 ρ 表示弧度，即 $\hat{\alpha} = 1\rho$。弧度与度分秒的换算关系如下：

$$1\text{ 圆周角} = \frac{2\pi R}{R}\rho = 2\pi\rho = 360°$$
$$\rho = 180°/\pi$$

以度分秒表示弧度：

$$\rho° = 180/\pi = 57.3°$$
$$\rho' = (180/\pi)\cdot 60' = 3\,438'$$
$$\rho'' = (180/\pi)\cdot 60\cdot 60'' = 206\,265''$$

因而按弧长计算的角度可换算为度分秒角度，即

$$\hat{\alpha} = \left(\frac{\widehat{AB}}{R}\right)\rho,\ \alpha° = \left(\frac{\widehat{AB}}{R}\right)\rho°$$

$$\alpha' = \left(\frac{\widehat{AB}}{R}\right)\rho',\ \alpha'' = \left(\frac{\widehat{AB}}{R}\right)\rho''$$

1.5 比例尺

无论是平面图、地形图，还是地图或断面图，都不可能按照实地真实的大小进行绘制，必须依一定的比例加以缩小。经缩小后，图上的直线长度与地面上相应的直线水平距离之比，称为图的比例尺。设图上直线长度为 l，相应的实地直线水平距离为 L，则图的比例尺可表示为

$$\frac{l}{L} = \frac{1}{\frac{L}{l}} = \frac{1}{M} = 1 : M \tag{1.5}$$

式中 M——比例尺分母，即图的缩小倍数。

1.5.1 数字比例尺

以分子为 1 的分式表示的比例尺称为数字比例尺，例如 1/500、1/1 000 等。数字比例尺也可写成如 1：500、1：1 000 等的形式。

比例尺的大小取决于数字比例尺分数值的大小，分母越小，分数值越大，比例尺也越大。反之，分母越大，分数值越小，比例尺也越小。测量上将比例尺为 1：5 000 和 1：5 000 以上的图称为大比例尺图，比例尺为 1：10 000～1：100 000 的图称为中比例尺图，比例尺为 1：100 000 以下的图称为小比例尺图。

根据数字比例尺，可以将图上的直线长度与其相应的实地水平距离相互换算。由式（1.5）可知，其换算关系为

$$L = l \times M \tag{1.6}$$

$$l = \frac{L}{M} \tag{1.7}$$

【例 1.1】 在 1：1 000 的图上，量得果园作业区的边长为 6 cm，试求其实地水平距离。

解 根据公式（1.6），可算出其实地水平距离为

$$L = 6 \text{ cm} \times 1\ 000 = 60 \text{ m}$$

【例 1.2】 实地某直线段的水平距离为 120 m，试求其在 1：2 000 图上的长度。

解 按公式（1.7），得其图上长度为

$$l = \frac{120 \text{ m}}{2\ 000} = 0.06 \text{ m} = 6 \text{ cm}$$

1.5.2 直线比例尺

在实际工作中，为了避免上述运算和图纸的伸缩误差，常在测图的同时就在图上绘一直线比例尺，用以直接量度该图内直线的实际水平距离。在直线（单线或双线）上以 1 cm 或 2 cm 为基本单位，将直线等分为若干大格，并将左起第一大格再等分为以 mm 为单位的小格，在小格与大格的分界处注以 0，其他整分划线上注以 0 至该分划线按比例尺计算的实地水平距离。

使用直线比例尺时，先用分规在图上量取线段长度，再将分规的右针尖对准 0 右边一整分划线上，并使左针尖处于 0 左边的 mm 分划线中。取右针尖读数与左针尖读数（可估读至 1/10 小格）之和，即为所量线段的实地水平距离。例如右针尖读数为 60 m，左针尖的读数为 18.4 m，故所量线段的实地水平距离为 78.4 m。

1.5.3 比例尺精度

通常，人的肉眼所能分辨的两点间最短距离为 0.1 mm，间距小于 0.1 mm 的两点，只能看成一点。对于 1：M 比例尺的图来说，图上 0.1 mm 的实地水平距离为 $0.1 \times M$ mm，地面上小于此数

的线段在图上就无法表示，只能绘成一点，也就是说，$0.1 \times M$ mm 是 $1 : M$ 比例尺图上所能精确表达的程度，称为比例尺精度。例如，1：1 000 比例尺的精度为 0.1 m，因此，实地水平距离为 45.35 m 的直线在 1：1 000 的图上就无法精确表示，只能表示为 45.3 m 或 45.4 m。几种常用的测图比例尺的精度见表 1.3。

表 1.3 几种常用的测图比例尺的精度

测图比例尺	1：500	1：1 000	1：2 000	1：5 000	1：10 000
比例尺精度/m	0.05	0.10	0.20	0.50	1.00

由表 1.3 可见，比例尺越大，图上对地面的情况反映得越精细；比例尺越小，反映则越简略。当利用地形图或平面图进行规划设计时，究竟采用何种比例尺为宜，可根据希望从图上了解的详尽程度，以及规划设计时打算在图上绘制距离的精确程度，按比例尺精度并考虑到使用方便、醒目等因素来合理选定。

同时，根据比例尺精度，也可使我们了解测图过程中测量距离所需要的精度。例如对于 1：10 000 比例尺测图，小于 1 m 的距离误差在图上是无法察觉的。因此，用 1：10 000 比例尺测图时，距离只要精确到米即可。

【重点串联】

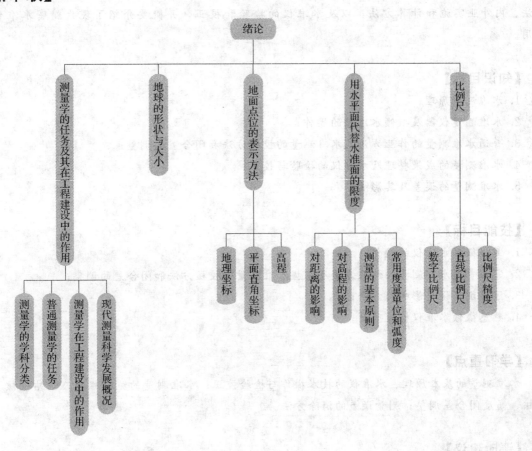

模块 2 水准测量

【模块概述】

水准测量是测量的三元素之一,本模块介绍了水准测量的基本原理、水准仪的基本结构和使用方法、内外业实施和计算方法,以及水准仪的检验和校正,并概要介绍了现代精密水准仪及其使用。

【知识目标】

1. 水准测量原理;
2. 水准测量仪器及微倾水准仪的操作;
3. 普通水准测量的作业方法及水准测量的校核方法和闭合差的调整;
4. 水准测量的成果整理及水准仪的检验与校正;
5. 水准测量的误差及其影响。

【技能目标】

1. 掌握微倾水准仪的操作;
2. 掌握普通水准测量的作业方法及掌握水准测量的校核方法和闭合差的调整;
3. 了解削弱误差影响的方法;
4. 熟悉微倾水准仪检校项目。

【学习重点】

水准测量的基本原理、水准仪的技术操作与检验校正;水准测量的施测程序;测站校核、成果校核、高度闭合差调整;测量误差的消除方法。

【课时建议】

8 课时

模块 2 水准测量

> **工程导入**
>
> 你能找到你所在大学校园里的已知水准点吗？能根据已知水准点利用水准仪测量出你所在教学楼首层地面的绝对高程吗？你了解并能正确操作水准仪吗？如何进行水准测量和成果计算？如何检校水准仪？

2.1 水准仪的认识与使用

测定地面点高程的工作，称为高程测量。高程测量按所使用的仪器和测量方法可分为水准测量、三角高程测量和气压高程测量3种。其中，以水准测量的精度最高，也最为常用。在水准测量中，应用于建立国家统一高程控制网的国家水准测量，按精度要求不同又分为一、二、三、四等。

为了满足工程建设和地形测图的需要，还应以国家水准测量的三、四等水准点为起始点，进行工程水准测量和图根水准测量，通常统称为普通水准测量，也称等外水准测量。

为了将高程测量成果固定下来，水准测量时，应沿水准路线，按一定距离，分等级埋设固定标志，作为高程控制点，也称水准点。水准点按等级及保存时间长短分为永久水准点和临时水准点两种。图 2.1 为国家等级的永久水准点，由混凝土或石料制成，桩顶嵌入顶面为半球形的金属标志，桩面上标明等级和编号。临时水准点可选用地面上突出的坚硬岩石，或固定建筑物的墙脚、阶石、桥墩、石碑等平整处，用红漆画一标记作为点位。也可用大木桩打入地下，桩顶钉一半球形铁钉。水准点的高程是指半球顶或红漆标记中心的高程。

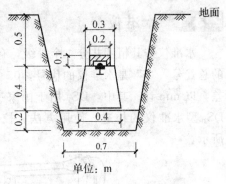

图 2.1 国家等级的永久水准点

2.2 水准测量原理

水准测量的基本方法是利用水准仪提供的水平视线在标尺上读数，进而测定地面上两点间的高差，然后根据高差和一点的已知高程推算出其他点的高程。

如图 2.2 所示，为了测定 A、B 两点的高差 h_{AB}，在 A、B 两点上竖立水准尺，在 A、B 两点之间安置能提供水平视线的水准仪。假定测量是由 A 至 B 的方向前进，则 A 为后视点，B 为前视点。利用水平视线先读出后视点 A 尺上读数 a，称为后视读数，再读出前视点 B 尺上读数 b，称为前视读数。由图中的几何关系可知，A、B 两点的高差 h_{AB} 应等于后视读数减前视读数，即

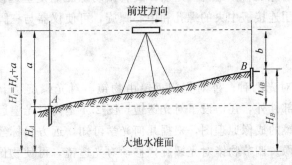

图 2.2 水准测量原理

$$h_{AB} = a - b \tag{2.1}$$

高差的符号有正有负，点 B 高于点 A 时，a 大于 b，高差为正；反之高差为负。

若点 A 高程 H_A 为已知，则点 B 的高程

$$H_B = H_A + h_{AB} = H_A + (a - b) \tag{2.2}$$

点 B 的高程也可按下式求得

$$H_B = (H_A + a) - b$$

令

$$H_i = H_A + a$$

由图 2.2 可知，H_i 为视线与大地水准面间的垂直距离，称为视线高程，则

$$H_B = H_i - b \tag{2.3}$$

2.3 水准测量仪器及工具

2.3.1 水准仪

水准仪按其精度共分 4 个等级，有 DS_{05}、DS_1、DS_3 和 DS_{10}。"D" 为我国对大地测量仪器规定的总代号，"S" 是水准仪的代号，05、1、3、10 是指各等级水准仪每千米往返测高差中数的中误差，以 mm 计。其中，DS_3 用于国家三、四等水准测量，DS_{10} 用于一般工程水准测量。本章仅对 DS_3 型水准仪的构造、使用方法、校核以及作业要求加以介绍，其外形和各部件名称如图 2.3 所示。

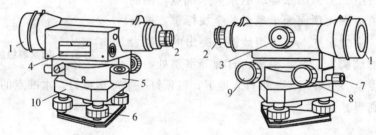

图 2.3 国产 DS_3 型水准仪外形和各部件名称

1—物镜；2—目镜；3—物镜对光螺旋；4—管水准器；5—圆水准器；6—脚螺旋；
7—制动螺旋；8—微动螺旋；9—微倾螺旋；10—轴座

水准仪主要由望远镜、水准器与基座 3 部分构成。基座部分有 3 个脚螺旋，配合圆水准器，用以粗略整平仪器。望远镜用来瞄准目标进行读数，它和管水准器固连在一起。转动微倾螺旋，可以调节管水准器连同望远镜一起做微小的倾斜，以便使管水准器气泡居中，获得水平视线。望远镜可绕其旋转轴做水平旋转，望远镜旋转轴的几何中心线称为竖轴。制动和微动螺旋用来控制望远镜在水平方向的转动，拧紧制动螺旋将望远镜固定后，旋转微动螺旋能使望远镜做微小的转动。在仪器的基座下部有连接板，利用连接板中央的螺孔和中心螺旋，可使仪器与三脚架相连。

1. 望远镜

(1) 望远镜的构造。

望远镜分外对光、内对光两种。外对光望远镜由物镜、对光螺旋、十字丝环、目镜等部分组成；内对光望远镜除上述部件外，还增设了对光透镜，图 2.4 是内对光望远镜构造图。

图 2.5 是内对光望远镜的成像原理图，根据几何光学可知，远方目标经过物镜和对光透镜的作用后，形成缩小的倒立实像。调节物镜对光螺旋，移动对光透镜，可使物像落在十字丝平面上。再通过目镜的放大作用，将物镜所成的实像和十字丝同时放大成虚像，这便是我们在望远镜视场中所见到的影像。

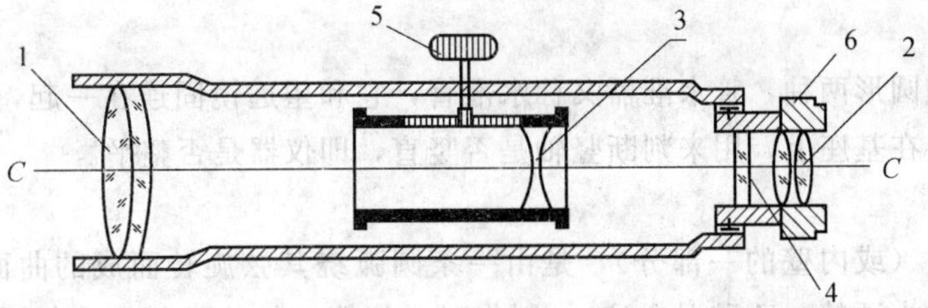

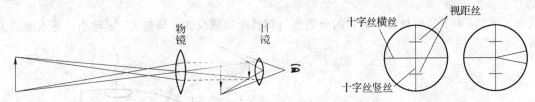

图 2.4 内对光望远镜构造图

1—物镜；2—目镜；3—物镜调焦透镜；4—十字丝分划板；5—物镜调焦螺旋；6—目镜调焦螺旋

在构造上，内对光望远镜整个镜筒密封，防潮、防尘性能均较好。而外对光望远镜因无对光透镜，对光靠调节物镜位置来进行，故无上述优点，且稳定性差。因此目前测量仪器的望远镜多采用内对光式。

十字丝分划板装在十字丝环上，通过校正螺钉固定在望远镜内。十字丝的构造和常见形式如图2.6所示。中央两根垂直相交的丝构成十字丝，其中，横丝又称中丝，上下两根短丝为视距丝，又称上丝和下丝。

图 2.5 内对光望远镜的成像原理图　　**图 2.6 十字丝的构造和常见形式**

用望远镜瞄准目标或在水准尺上读数时，应以十字丝交点为准。十字丝交点和物镜光心的连线称为视准轴，也称视线。

（2）望远镜的使用。

用望远镜瞄准目标的先决条件是十字丝及目标成像都清晰稳定。为此，首先进行目镜对光：将望远镜对着明亮的背景，如白墙或天空（不能正对太阳），调节目镜对光螺旋，使十字丝成像清晰。其次进行物镜对光：对准目标，调节物镜对光螺旋，使目标成像清晰。最后，还要在观察目标成像的同时使眼睛相对目镜微微上下移动，检查有无视差。如果目标正好成像于十字丝平面上，十字丝与目标成像重合（图2.7（c））眼睛上下移动时，十字丝与目标成像不会相对移动。反之，若目标未成像于十字丝平面，十字丝与目标成像不重合（图2.7（a）和（b）），眼睛上下移动时，十字丝与目标成像必然相对移动，这表明存在视差。消除视差的办法是再次仔细地进行对光，直至成像稳定为止。

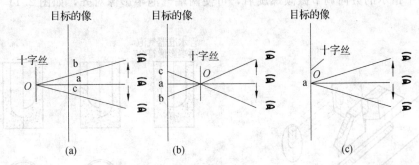

图 2.7 视差影响

2. 水准器

水准器分管形和圆形两种，管水准器又称水准管，它和望远镜固连在一起，用来判断视线是否水平。圆水准器安装在基座上，用来判断竖轴是否竖直，即仪器是否整平。

（1）管水准器。

管水准器的内壁（或内壁的一部分），是由一条圆弧绕其弦旋转而成的曲面，如图 2.8 所示。管内储有液体（通常为酒精、乙醚混合液），制作时，将管口加热融封，冷却后，液体收缩，管内便形成一个水准气泡。由于重力作用，气泡永远处于管内的最高处。

在管水准器上刻有间隔为 2 mm 的分划线，圆弧相切的切线 LL，称为管水准器的水准轴。当气泡两端与管水准器零点对称时，称为气泡居中。此时，管水准器的零点处于最高点，水准轴处于水平位置。

管水准器上相邻两分划线间弧长所对圆心角，称为管水准器分划值。即气泡每移动一格（2 mm）时水准轴倾斜的角度。如图 2.9 所示，设管水准器分划值为 τ，管水准器圆弧半径为 R（mm），则

$$\tau'' = \frac{2}{R}\rho'' \tag{2.4}$$

式中 $\rho'' = 206\,265''$。可见管水准器的分划值与圆弧半径成反比。R 越大，τ'' 越小，管水准器灵敏度越高。

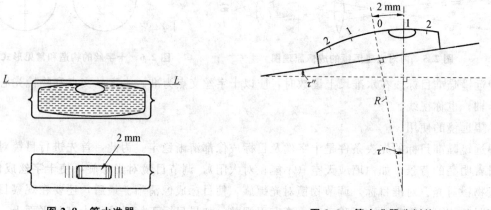

图 2.8 管水准器　　　　图 2.9 管水准器分划值

为了提高气泡居中的精度，现代生产的水准仪都采用符合水准器。即在管水准器上方设置一个由 3 块棱镜组成的棱镜组，如图 2.10 所示，通过棱镜 3 次折光，使气泡两端的半影像，反映在望远镜的观察窗内，其视场成像如图 2.11 所示，图 2.11（b）、（c）中两端气泡半影像错开，说明气泡未居中，按图中指示的方向调节微倾螺旋后，可使两端气泡半影像对齐，如图 2.11（a），说明气泡居中。

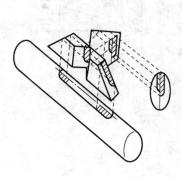 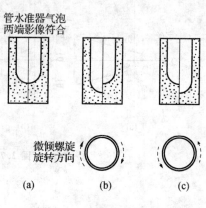

图 2.10 符合水准器　　　　图 2.11 符合气泡水准值

(2) 圆水准器。

圆水准器顶面内壁磨成球面，中央划有直径为 5～8 mm 的圆圈，其圆心即是水准器的零点，连接零点与球心的直线为圆水准器的水准轴。当气泡居中时，圆水准轴处于铅垂位置，如图 2.12 中的 CC。圆水准器分划值一般为 $(8'\sim 10')/2$ mm，故灵敏度较低，只能用于粗略整平。

我国规定 DS_3 型水准仪技术参数如下：望远镜放大率不小于 30 倍，管水准器分划值不大于 $20''/2$ mm，圆水准器的分划值不大于 $8'/2$ mm。

3. 基座

基座主要由轴座、脚螺旋、托板组成。轴座用来支承仪器上部，通过调节脚螺旋可使圆水准器气泡居中，从而粗略整平仪器。

4. 水准仪应满足的几何条件

从以上介绍可以看出，水准仪有 4 条轴线：视准轴 CC、圆水准器轴 $L'L'$ 和仪器竖轴 VV，如图 2.13 所示。为了保证水准仪能够提供水平视线，其轴线之间应满足以下几何条件：

(1) 圆水准器轴应平行于仪器竖轴，即 $L'L'//VV$。

(2) 十字丝横丝应垂直于仪器竖轴。

(3) 管水准器轴应平行于视准轴，即 $LL//CC$。

上述 3 个条件，在水准仪出厂时，都经过检验与校正而得到满足，但由于仪器在运输和使用过程中受到震动等原因，使仪器各轴线之间的关系发生变化。因此，在每次水准测量之前，应对仪器进行检验和校正。

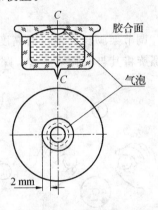

图 2.12 圆水准器

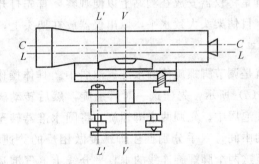

图 2.13 水准仪应满足的几何条件

2.3.2 工 具

1. 水准尺

普通水准尺是木制的，精密水准尺用铟钢制成。水准尺样式很多，有 3 m 长的整尺，3 m 或 4 m 长的折尺，5 m 长的塔尺等，如图 2.14 所示。尺底从零开始，尺面每隔 1 cm 或 0.5 cm 涂有黑白或红白相间的分格，每分格有数字注记，数字常倒写，以配合倒像望远镜。尺底钉以铁片，以防磨损。在质量上，要求尺身伸缩变形小，尺面平直，刻划准确。

精度较高的水准测量常用双面水准尺。它的一面为黑面，分划黑白相间；另一面为红面，分划红白相间。双面尺必须成对使用，两根水准尺黑面底部的起始数均为零，红面底部的起始数一般分别为 4 687 mm 及 4 787 mm。

2. 尺垫

尺垫一般为三角形的铸铁块，中央有一突起的半球顶（图 2.15），以便放置水准尺。下有三尖脚，可踩入土中。尺垫的作用是标志立尺点位和支承水准尺。

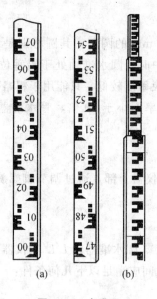

图 2.14 水准尺

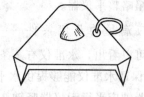

图 2.15 尺垫

2.4 微倾水准仪的操作

微倾水准仪的使用包括安置、粗平、照准、精平和读数五大步。

1. 安置

安置就是将仪器安放在测站上以便观察，首先打开三脚架，调节架脚长度使仪器高度与观测者颈部齐平，目估架头大致水平，取出仪器放在架头上，用连接螺旋将其与三脚架连紧，踩实架脚。

2. 粗平

粗平就是调节脚螺旋使圆水准气泡居中。具体操作步骤如图2.16（a）所示，先任选一对脚螺旋，然后转动脚螺旋使圆水准气泡居中。先调两个脚螺旋，将圆水准器转至该两个脚螺旋的中间，双手分别握住脚螺旋做相反的等速转动，将气泡调至这两个脚螺旋连线的垂直平分线上（气泡运行方向与左手大拇指旋转方向一致），然后转动第三个脚螺旋，使气泡居中，这时水准仪就粗略整平了。

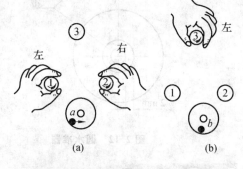

图 2.16 圆水准器粗平的过程

3. 照准

照准的作用是通过望远镜看清楚并对准水准尺，以便正确读数。操作程序如下：

（1）目镜对光。调节目镜对光螺旋，使十字丝成像清晰。

（2）粗略瞄准。放松制动螺旋，旋转望远镜瞄向目标，当缺口准星与目标处于一直线时，拧紧制动螺旋。

（3）物镜对光。调节物镜对光螺旋，使目标成像清晰。

（4）消除视差。如果调焦不准，水准尺的像没有落在十字丝分划板上，此时，眼睛在目镜端上下移动，就会发现十字丝和尺像相对移动，这种现象称为视差。视差的存在会影响读数的准确性，因此，必须消除视差，方法是反复地交替进行物镜和目镜调焦，直到视差消除为止。

（5）精确瞄准。调节微动螺旋，使十字丝竖丝处于水准尺的中间，如图2.17所示。

4. 精平

精平是使管水准气泡居中,从而使视准轴精确水平。为了使视线精确地处于水平位置,在读数之前应调节微倾螺旋使管水准器气泡居中,也就是使符合水准器的两端气泡半影像对齐。调节微倾螺旋的一般规律是向前旋为抬高目镜端,向后旋为降低目镜端。调节时,可由外部观察气泡偏离的位置,来决定旋转的方向。

5. 读数

气泡符合后,应立即读取十字丝横丝在水准尺上的读数。读数前要清楚水准尺的注记方式,读数时应从小到大,一般先估读出毫米数,然后报出全部4位读数,如图2.17的中丝读数为1.358 m。

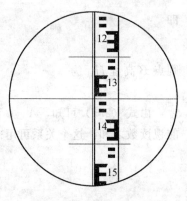

图 2.17 水准尺读数

 ## 2.5 普通水准测量的作业方法

当地面两点间的距离较长,或地势起伏较大时,仅安置一次仪器不能直接测得两点间的高差,此时,可连续分段测量,将各段高差累计,即可求得所需的高差值。

如图2.18所示,已知水准点 A 的高程,欲测定点 B 的高程,其外业施测步骤如下:

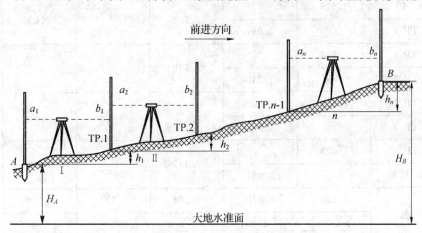

图 2.18 水准测量的方法

将水准尺立于已知点 A 的桩顶上作为后视,安置水准仪于Ⅰ处,在施测路线的前进方向,目估使前后视距离相等选立尺点 TP.1,放置尺垫并将它踩实,在尺垫上竖立水准尺作为前视。观测员将仪器整平,瞄准后视标尺,用微倾螺旋使符合水准器气泡居中,读取后视读数 a_1,记入表2.1的后视读数栏内。再瞄准前视标尺,使符合水准器气泡居中后,读取前视读数 b_1,记入表2.1的前视读数栏内。后视读数减前视读数,即得高差 h_1,记入表2.1的高差栏内。此为测站Ⅰ的全部工作。立尺点 TP.1 称为转点,转点是水准路线中传递高程的过渡点。

测站Ⅰ的工作结束后,转点1的尺垫不动。将仪器搬至测站Ⅱ,将转点1作为测站Ⅱ的后视点,在前进方向再选转点2,按与测站Ⅰ相同的工作程序,继续进行观测、记录与计算。这样,每安置一次仪器,就测得一个高差,即

$$h_1 = a_1 - b_1$$
$$h_2 = a_2 - b_2$$
$$\vdots$$
$$h_n = a_n - b_n$$

将上列各式相加,即得 A、B 两点的高差 h_{AB}。

即
$$h_{AB} = \sum h = \sum a - \sum b \tag{2.5}$$

则点 B 高程 H_B 为
$$H_B = H_A + h_{AB} \tag{2.6}$$

由式（2.5）可知，A、B 两点的高差等于两点间各段高差的代数和，也等于后视读数之和减去前视读数之和。这个关系可用来校核计算中出现的粗差，表 2.1 中

$$\sum h = +1.377$$
$$\sum a - \sum b = +1.377$$

两项相等，说明计算无误，如不等，说明计算有误，需要重算。必须指出，此法只能检查计算是否有误，不能校核观测、记录中的错误。表 2.1 为普通水准测量手簿的记录和计算示例。

表 2.1 普通水准测量手簿

测线：自 A 至 B　　　　日期：2003.10.11　　　　观测：张××
仪器号：S 800314　　　　天气：晴、微风　　　　　记录：王××

测站	点号	水准尺读数		高差		高程	备注
		后视(a)	前视(b)	+	−		
Ⅰ	A	1.725		0.738		20.032	
	TP.1		0.987				
Ⅱ	TP.1	1.762		0.519			
	TP.2		1.243				
Ⅲ	TP.2	0.674			0.327		
	TP.3		1.001				
Ⅳ	TP.3	1.428		0.447		21.409	
	B		0.981				
计算校核	$\sum$	5.589	4.212	1.704	0.327		
		$\sum a - \sum b = +1.377$		$\sum h = +1.377$		+1.377	

2.6 水准测量的校核方法和闭合差的调整

在水准测量中，测得的高差包含着各种误差。为了避免错误或粗差，使观测成果达到预期的精度，必须进行校核。校核出现的测量误差，应在规定的容许限度以内。观测中的校核包括测站校核和路线校核。

1. 测站校核

测站校核可采用双面尺法或改变仪器高法。

（1）双面尺法。

采用双面水准尺，在每个测站上读取后视尺的黑、红面读数和前视尺的黑、红面读数，然后进行下列两项校核：

①同一根水准尺黑红面的读数之差应为一常数（4 687 mm 或 4 787 mm），在普通水准测量中，其误差不得超过 4 mm。

②黑、红面分别算得的高差应相等，其高差之差在普通水准测量中不得超过 6 mm。若在容许范围内，可取两次高差的平均值作为最后结果。

(2) 改变仪器高法。

在每个测站上观测一次高差后,在原地重新安置仪器(升高或降低仪器高度 10 cm 以上),再测一次高差。两次高差应相等,其不符值,在普通水准测量中不得超过 6 mm。

2. 路线校核

水准路线的形式有如下 3 种。

(1) 附合水准路线。

如图 2.19 所示,从一个已知水准点 BM.A 开始,沿线测定 1、2、3 等点高程,最后连测到另一个已知水准点 BM.B。从理论上来说,测得高差总和应等于其理论值——两个已知水准点的高差,即 $\sum h_{测} = \sum h_{理} = H_{BM.B} - H_{BM.A}$。由于测量存在误差,实测的高差不等于理论值,其差值 Δh 称为高差闭合差,即

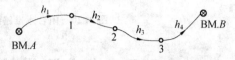

图 2.19 附合水准路线

$$\Delta h = \sum h_{测} - \sum h_{理} = \sum h_{测} - (H_{终} - H_{始}) \qquad (2.7)$$

式中,$H_{始}$ 与 $H_{终}$ 分别为附合水准路线起点与终点的水准点高程,如图 2.19 中 $H_{BM.A}$ 与 $H_{BM.B}$。由于测量误差值的存在,闭合差是不可避免的。为了保证精度,必须规定一容许限值,超过限值时,说明观测误差太大,必须检查原因,返工重测。《工程测量规范》(GB 50026—93)规定,普通水准测量高差闭合差容许值如下。

三等水准测量:

$$平地 \ \Delta h_{容} = \pm 12 \ \text{mm} \sqrt{L}; \ 山地 \ \Delta h_{容} = \pm 4 \ \text{mm} \sqrt{n} \qquad (2.8)$$

四等水准测量:

$$平地 \ \Delta h_{容} = \pm 20 \ \text{mm} \sqrt{L}; \ 山地 \ \Delta h_{容} = \pm 6 \ \text{mm} \sqrt{n} \qquad (2.9)$$

图根水准测量:

$$平地 \ \Delta h_{容} = \pm 40 \ \text{mm} \sqrt{L}; \ 山地 \ \Delta h_{容} = \pm 12 \ \text{mm} \sqrt{n} \qquad (2.10)$$

式中 L——往返测段、附合或闭合水准线路长度,以 km 计;

n——单程测站数;

$\Delta h_{容}$——高差闭合差容许值,以 mm 计。

(2) 闭合水准路线。

如图 2.20 所示,从一个已知水准点 BM.3 开始,沿着环形路线测定 1、2、4、5、6 等点高程,最后仍回到水准点 BM.3,称为闭合水准路线。

闭合水准路线测得的高差总和,在理论上应等于零,即 $\sum h_{理} = 0$。由于测量存在误差,$\sum h_{测} \neq 0$,则高差闭合差

$$\Delta h = \sum h_{测} \qquad (2.11)$$

闭合差的容许值同附合水准路线。

(3) 支水准路线。

如图 2.21 所示,由一已知水准点开始,如果最后没有闭合到原水准点或连测到另一已知水准点,称为支水准路线。为了对测量成果进行校核,支水准路线必须进行往返测量。往返观测的高差绝对值应相等,符号应相反,即往返观测高差的代数和应等于零,如不为零,则产生高差闭合差,即

$$\Delta h = \sum h_{往} + \sum h_{返} \qquad (2.12)$$

闭合差容许值 $\Delta h_{容}$ 应根据不同的地形情况,采用式(2.8)、(2.9)或式(2.10)计算,但此时式中 L 为水准路线单程长度的千米数,n 为单程测站数。

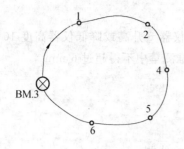

图2.20 闭合水准路线

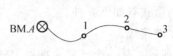

图2.21 支水准路线

2.7 水准测量的成果整理

2.7.1 高差闭合差的计算

根据不同形式的水准路线，分别选用式（2.7）、（2.11）或式（2.12）计算其高差闭合差，并根据式（2.8）、（2.9）或式（2.10）计算容许闭合差。

若 $|\Delta h| \leqslant |\Delta h_{容}|$，则外业观测合格，可以进行高差闭合差的调整。

若 $|\Delta h| > |\Delta h_{容}|$，则外业观测不合格，应查明原因，及时返工重测。

2.7.2 高差闭合差的调整

若 $|\Delta h| \leqslant |\Delta h_{容}|$，就可以进行闭合差的调整，一般情况下，同一条水准路线的观测条件基本相同，因此，可以认为各测站产生误差的机会相同，观测站数越多，路线距离越长，误差的累积也越多，因此，得出高差闭合差的调整原则：将高差闭合差的反符号按与路线长度或测站数按正比分配给各测段，即

$$v_i = \frac{-\Delta h}{\sum L} \times L_i \tag{2.13}$$

或

$$v_i = \frac{-\Delta h}{\sum n} \times n_i \tag{2.14}$$

式中 v_i——第 i 测段的改正数。

v_i 算出后，要用公式 $\sum v_i = -\Delta h$ 检查计算正确与否。

2.7.3 待定点高程计算

将各测段的实测高差分别加上相应的改正数，可得到各测段改正后的高差 h_i'，然后按起点高程，逐一计算各待定点的高程，计算中要注意步步校核。

【例2.1】图2.22为一附合水准路线观测成果略图，$BM.A$ 和 $BM.B$ 为水准点，高程分别为 56.345 m 和 59.039 m，1、2、3 为待求高程点，各测段的测站数和高差分别注在路线的上方和下方，计算过程如下：

图2.22 附合水准路线观测成果略图

1. 高程闭合差的计算

计算之前先把已知数据和观测数据填入表中,然后分别计算出 $\sum n = 54$, $\sum h_{测} = +2.741$ m, $H_B - H_A = +2.694$ m,则高差闭合差

$$\Delta h = +2.741 \text{ m} - 2.694 \text{ m} = +0.047 \text{ m} = +47 \text{ mm}$$

而
$$\Delta h_{容}/\text{mm} = \pm 12\sqrt{n} = \pm 12 \times \sqrt{54} \approx \pm 88$$

因为 $|\Delta h| \leqslant |\Delta h_{容}|$,所以合格,可以调整。以上计算过程填入表2.2的辅助计算栏中。

2. 高程闭合差的调整

根据高差闭合差的调整原则,由式(2.14)可以算出每测段高差改正数。

$$v_1/\text{mm} = \frac{-\Delta h}{\sum n} \times n_1 = \frac{-47}{54} \times 12 \approx -10$$

$$v_2/\text{mm} = \frac{-\Delta h}{\sum n} \times n_2 = \frac{-47}{54} \times 18 \approx -16$$

$$\vdots$$

改正数 v_i 的计算有效数字保留到毫米,但必须满足 $\sum v_i = -\Delta h$,填入表2.2中4栏。

表2.2 水准测量成果计算表

点号	测站数/站	实测高差/m	改正数/mm	改正后高差/m	高程/m	备注
1	2	3	4	5	6	7
BM.A	12	+2.785	-10	+2.775	56.345	已知
1	18	-4.369	-16	-4.385	59.120	
2	13	+1.980	-11	+1.969	54.735	
3	11	+2.345	-10	+2.335	56.704	
BM.B					59.039	
$\sum$	54	+2.741	-47	+2.694		
辅助计算	$\Delta h = \sum h - (H_A - H_B) = 2.741 \text{ m} - (59.039 - 56.345) \text{ m} = +0.0047(\text{m}) = +47(\text{mm})$ $\Delta h_{容} = \pm 12\sqrt{n} \text{ mm} = \pm 12\sqrt{54} \text{ mm} \approx \pm 88(\text{mm})$, $|\Delta h| \leqslant |\Delta h_{容}|$,合格,可以调整					

3. 待定高程的计算

先算出各测段改正后高差 h'_i 并填入表第5栏中,同时计算 $\sum h'$,并用公式 $\sum h' = H_B - H_A$ 进行校核,确认无误后,可根据点高程和各测段改正后高差计算各待定点高程,并填入表中第6栏中,最后再计算 BM.A 点高程以做校核。

2.8 水准仪的检验与校正

水准仪的作用就是提供水平视线,而视线的水平是以望远镜旁管水准器的气泡居中为标志的。因此,管水准器的水准轴平行于视准轴,就成了水准仪必须满足的首要条件(图2.13)。其次,水准仪的圆水准轴应平行于竖轴。这样,当圆水准气泡居中时,竖轴便基本竖直,即仪器基本整平,长水准气泡也就容易居中了。第三,水准仪的十字丝横丝应垂直于竖轴,这样,就可用横丝代替交点进行读数,给观测带来方便。

水准仪使用前,必须对上述各项条件依次进行检验。如不满足,应进行校正或采用适当的操作方法消除其影响。

2.8.1 圆水准器轴平行于竖轴的检验与校正

1. 检验原理

如图2.23（a）所示，竖轴与圆水准器轴不平行，圆水准器轴偏于竖轴的左侧，交叉成δ角。此时若调脚螺旋使圆气泡居中，则圆水准器轴竖直，竖轴偏斜。将仪器绕偏斜的竖轴旋转180°，如图2.23（b）所示，圆水准器轴转至竖轴的右侧，仍交叉成δ角。显然，此时圆水准器轴偏离铅垂线的角度为2δ。圆气泡也随之偏向高的一端。

不难想象，若圆水准器轴与竖轴平行，则气泡居中后，竖轴处于铅垂位置，仪器旋转至任意位置，圆气泡也必然居中。

2. 检验方法

安置仪器后，先调脚螺旋使圆水准器气泡居中，然后将仪器旋转180°，若气泡仍然居中，说明条件满足。若气泡有了偏移，说明条件不满足，需校正。

3. 校正方法

如图2.23（b）所示，圆水准器轴偏离铅垂线2δ，这是由两个等量因素构成的，一是竖轴偏离铅垂线，二是圆水准器轴不平行竖轴。由此可见，圆水准器轴与竖轴间的误差仅占气泡偏移量的一半。另一半是由于竖轴偏斜引起的。因此，校正时，应针对这两个因素分两步进行。具体操作如下：

在检验的基础上，先调脚螺旋使气泡向中央移回一半（图2.23（c）），此时竖轴已处于铅垂位置。然后用校正针按脚螺旋整平圆水准器的操作程序，拨动圆水准器底下3个校正螺旋，使气泡居中。此时，圆水准轴也处于铅垂位置。至此，条件获得满足。

校正后，应将仪器旋转180°再次进行检验。如果气泡仍不居中，应再行校正。如此反复进行，直至条件满足为止。

4. 误差消除方法

在外业工作中，如无条件校正，只需使仪器的竖轴处于铅垂位置，即图2.23（d）所示情况，就达到了安置仪器的目的，可不必再顾及此项误差的影响。

以后在作业中，只要整平仪器时始终使气泡处于图2.23（d）所示的位置即可。

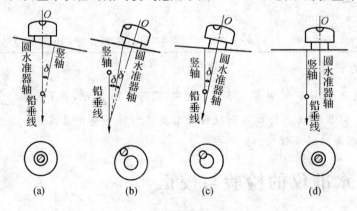

图 2.23 圆水准器轴的检验与校正

2.8.2 十字丝横丝垂直于竖轴的检验与校正

1. 检验原理

当仪器竖轴处于铅垂位置时，如果十字丝横丝垂直于竖轴，横丝必然水平。这样，当望远镜绕竖轴旋转时，横丝上任何部分必然始终在同一水平面内。

2. 检验方法

整平仪器后,将十字丝横丝的一端瞄准一明显点,如图2.24(a)、2.24(c)中的点P,固定制动螺旋,转动微动螺旋,如果点P始终在横丝上移动,如图2.24(b)所示,则表示条件满足;如果点P偏离横丝,如图2.24(d)所示,则需进行校正。

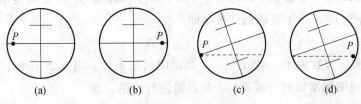

图2.24 十字丝水平检验

3. 校正方法

放松十字丝环的校正螺钉(图2.25),转动十字丝环,使条件满足。最后再上紧校正螺钉。此项校正后,也应重复检验,直至条件满足为止。

4. 误差消除方法

在外业工作中,如无条件进行校正,每次都用十字丝交点进行读数,即可消除此项误差的影响。

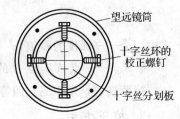

图2.25 十字丝分划板校正

2.8.3 视准轴平行于管水准器轴的检验与校正

1. 检验原理

如果仪器的管水准器轴和视准轴平行,当管水准器气泡居中时,视线即水平。这时水准仪安置在两点间任何地点,所测得的高差都是正确的。假如管水准器轴与视准轴不平行,当管水准器气泡居中时,视线却是向上(或向下)倾斜的,与管水准器轴形成一个小角i,此时,水准尺上的读数比视准轴水平时要大(或小)。此项误差的大小与尺子到仪器的距离成正比。如果将水准仪安置在两立尺点的中央,$s_1 = s_2$,即后视与前视距离相等(图2.26),则两尺上的读数误差相等,均为x。此时,即使存在i角,也可以获得正确高差,即

$$h_{AB} = (a_1 - x) - (b_1 - x) = a_1 - b_1 \tag{2.15}$$

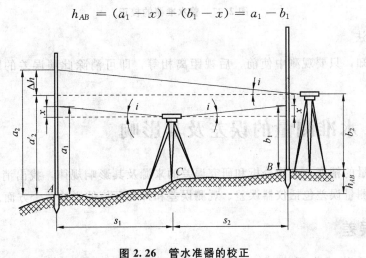

图2.26 管水准器的校正

当后视距离与前视距离不相等时,两尺上的读数误差也不相等,算出的高差就要受到影响。前后视距相差越大,i角对高差的影响也越大。

2. 检验方法

选相距约 80 m 的 A、B 两点,各打一木桩。先将仪器安置在 AB 线段的中点 C,如图 2.26 所示,用改变仪器高法测出正确高差 h_{AB}。然后将仪器搬到点 B 尺附近约 3 m 处。当气泡居中时读取 B 尺读数 b_2。因仪器距点 B 很近,可以忽略 i 角对 b_2 的影响,认为 b_2 是视线水平时的读数。由此可以计算出视线水平时点 A 尺上正确的读数,即

$$a_2' = h_{AB} + b_2 \tag{2.16}$$

设点 A 尺上的实际读数为 a_2,若 $a_2' = a_2$,则说明满足条件。当 $a_2 > a_2'$ 时,说明视准轴向上倾斜;当 $a_2 < a_2'$ 时,说明视准轴向下倾斜;否则,需进行校正。

由图 2.26 可以写出 i 角的计算公式为

$$i'' = \frac{(a_2 - b_2) - (a_1 - b_1)}{S_{AB}} \rho'' \tag{2.17}$$

式中 ρ''——弧度的秒值,$\rho'' = 206\,265''$;

S_{AB}——点 A 到点 B 的距离,m。

规范规定,用于三、四等水准测量的水准仪,其 i 角不得大于 $20''$,否则,需要校正。

3. 校正方法

转动微倾螺旋,使十字丝横丝对准点 A 尺上的正确读数 a_2',此时视准轴已处于水平位置,但水准气泡却偏离了中心,为了使管水准器轴也处于水平位置,亦即使之与视准轴平行,可用校正针拨动管水准器一端的上、下两个校正螺丝(图 2.27),使气泡居中即可,此项检验校正也应反复进行,直至符合要求为止。一般要求 a_2' 与 a_2 的差值在 3~5 mm 以内;若达到要求,就可不必校正。

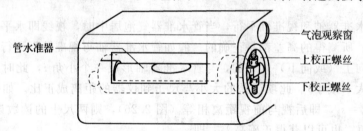

图 2.27 管水准器的校正

4. 误差消除法

由检验原理可知,只要观测中使前、后视距离相等,即可消除此项误差的影响,获得正确的高差。

2.9 水准测量的误差及其影响

为提高水准测量的精度,必须分析和研究误差的来源及其影响规律,找出消除或减弱这些误差影响的措施。水准测量误差包括仪器误差、观测误差和外界环境的影响 3 个方面。

2.9.1 仪器误差

1. 仪器校正后的残余误差

规范规定,DS_3 水准仪的 i 角大于 $20''$ 才需要校正,因此,正常使用情况下,i 角将保持在 $\pm 20''$ 以内。由图 2.26 可知,i 角引起的水准尺读数误差与仪器至标尺的距离成正比,只要观测时注意使前、后视距相等,便可消除或减弱 i 角误差的影响。在水准测量的每站观测中,使前、后视距完全

相等是不容易做到的,因此规范规定,对于四等水准测量,一站的前、后视距差应小于等于 5 m。任一测站的前、后视距累积差应小于等于 10 m。

2. 水准尺误差

由于水准尺分划不准确、尺长变化、尺弯曲等原因而引起的水准尺分划误差会影响水准测量的精度,因此须检验水准尺每米间隔平均真长与名义长度之差。规范规定,对于区格式木质标尺,不应大于 0.5 mm。由于水准尺的使用、磨损等原因,水准标尺的底面与其分划零点不完全一致,其差值称为水准标尺的零点差。对于水准尺的零点差,可在一水准测段的观测中安排偶数个测站予以消除。

2.9.2 观测误差

1. 管水准器气泡居中误差

水准测量的原理要求视准轴必须水平,视准轴水平是通过居中管水准气泡来实现的。精平仪器时,如果管水准气泡没有精确居中,将造成管水准器轴偏离水平面而产生误差。由于这种误差在前视与后视读数中不相等,所以,高差计算中不能抵消。

设管水准器的分划值为 τ'',居中误差一般为 $0.15\tau''$。当采用符合水准器时,居中精度可提高 2 倍。居中误差引起的读数误差与视距 D 成正比,即

$$Mr = \frac{\pm 0.15\tau''}{2\rho''}D \tag{2.18}$$

式中 D——水准仪到水准尺的距离。

削弱这种误差的方法只能是每次读尺前进行精平操作时使管水准器气泡严格居中。

2. 读数误差

普通水准测量观测中的毫米位数字是根据十字丝横丝在水准尺的厘米分划内的位置进行估读的,在望远镜内看到的横丝宽度相对于厘米分划格宽度的比例决定了估读的精度。读数误差与望远镜的放大倍数和视线长有关。视线越长,读数误差越大。

因此,《国家三、四等水准测量规范》(GB 12898—91)规定,使用 DS_3 水准仪进行四等水准测量时,视线长度不能超过 80 m。

3. 水准尺倾斜

读数时,水准尺必须竖直。如果水准尺前后倾斜,在水准仪望远镜的视场中不会察觉,但由此引起的水准尺读数总是偏大,且视线高度越高,误差就越大。在水准尺上安装圆水准器是保证尺子竖直的主要措施。

4. 视差

视差是指在望远镜中,水准标尺的像没有准确地成在十字丝分划板上,造成眼睛观察位置不同时,读出的标尺读数也不同,由此产生读数误差。水准测量中视差的影响会给观测结果带来较大误差,因此,观测前必须反复调节目镜与物镜的调焦螺旋,使水准尺的像与十字丝平面重合。

2.9.3 外界环境的影响

1. 仪器下沉和尺垫下沉

仪器或水准尺安置在软土上时,容易产生下沉。采用"后前前后"的观测顺序可以削弱仪器下沉的影响,采用往返观测取观测高差的中数可以削弱尺垫下沉的影响。

2. 大气折光影响

晴天在日光的照射下,地面的温度较高,靠近地面的空气温度也较高,其密度较上层为稀。水准仪的水平视线离地面越近,光线的折射也就越大。规范规定,三、四等水准测量时,应保证上、中、下三丝能读数,二等水准测量则要求下丝读数大于等于 0.3 m。

3. 温度影响

当日光照射水准仪时,由于仪器各构件受热不均匀而引起的不规则膨胀,将影响仪器轴线间的正常关系,使观测产生误差。观测时,应注意为仪器撑伞遮阳。

2.9.4 水准测量注意事项

(1) 作业前,必须对水准仪进行检验与校正。

(2) 测站应选在土质坚实的地方,脚架应踩稳,防止碰动。前、后视距应尽量相等。视线不宜过长,一般不要大于 100 m。

(3) 瞄准标尺时应注意消除视差。每次读数前必须调节微倾螺旋使管水准器气泡严格居中。尺上读数应按十字丝交点处的横丝读取,毫米数应精确估读。

(4) 水准尺应竖直。尺垫应踩实,尺子应立在尺垫突起的半球顶上。在观测中,转点的尺垫只有当其作为后视点的那一站测完后才能移动。在固定标志点不得使用尺垫。

(5) 记录要工整,计算要准确,要及时进行校核计算。

(6) 必须严格按照规定的限差要求,控制每一项校核条件。误差超限,必须重测。

2.10 精密水准仪

DS_{05}、DS_1 型水准仪属于精密水准仪,它主要用于国家一、二等水准测量,以及地震测量、大型建筑工程高程控制与沉降观测、精密机械设备安装等精密测量。图 2.28 为我国生产的 DS_1 型精密水准仪。

1. 精密水准仪的构造特点与测微原理

精密水准仪的构造与 DS_3 型水准仪基本相同。主要区别在于:其一是为了提高安平精度,管水准器采用符合水准器,且 $\tau = (8''-10'')/2\,mm$,安平精度不大于 $\pm 0.2''$。望远镜和水准器均套装在隔热罩内,结构坚固,LL(管水准器轴 LL)$//CC$(视准轴 CC)稳定,受外界影响因素小。其二是为了提高读数精度,望远镜放大倍率一般不小于 40×,并配有测量微小读数 0.1~0.05 mm 的光学测微器和楔形丝,以及配套的精密水准尺。

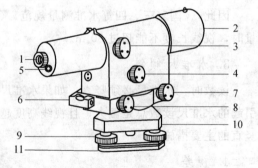

图 2.28 DS_1 型精密水准仪

1—目镜调焦螺旋;2—物镜;3—物镜调焦螺旋;4—测微螺旋;5—测微器读数镜;6—粗平管水准器;7—微动螺旋;8—微倾螺旋;9—脚螺旋;10—基座;11—连接底板

图 2.29 所示为 DS_1 水准仪的平行玻璃板测微装置示意图。望远镜前装有一块平行玻璃板,转动测微螺旋,齿轮带动齿条推动传导杆使平行玻璃板前后倾斜,固定在齿条上方的测微尺也随之移动。标尺影像的光线通过倾斜平行玻璃板后,在垂直面上移动一个量,该移动量的大小可由测微尺量测,并显示在测微显微镜视场中。测微尺刻有 100 个分划,测微螺旋转动一周,测微尺恰好移动 100 个分划,标尺影像移动 5 mm 或 10 mm。因而,测微尺的分

划值为0.05 mm或0.1 mm，测微周值为5 mm或10 mm。

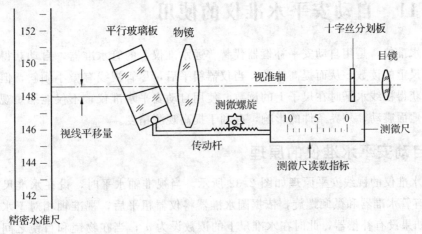

图 2.29　DS₁水准仪的平行玻璃板测微装置示意图

精密水准尺又称铟瓦水准尺，与精密水准仪配套使用。这种尺是在优质木标尺中间的尺槽内，安装厚1 mm、宽30 mm、长3 m的铟钢合金尺带，尺带底端固定，顶端用弹簧绷紧。尺带上刻有间隔为5 mm或10 mm的左右两排相互错开的分划，左边为基本分划，右边为辅助分划，分米或厘米注记刻在木尺上。两种分划相差常数K，供读数检核用。有的尺无辅助分划，而将基本分划按左右分为奇数和偶数排列，以便读数，图2.30所示为两种精密水准尺。图2.31（a）所示分划值为10 mm，图2.31（b）所示分划值为5 mm，可与相应测微周值的仪器配套使用。精密水准仪的操作方法与DS₃型仪器相同，仅读数方法有差异。读数时，先转动微倾螺旋使符合水准器气泡居中（气泡影像在望远镜视场的左侧，符合程度用格线度量）；再转动测微螺旋，调整视线上、下移动，用十字水平丝或楔形丝精确对准或夹住就近的标尺分划（图2.31），而后读数。现以分划值为5 mm，而注记为1 cm的尺为例说明读数方法。先直接读出对准或夹住的分划注记读数（如1.94 m），再在望远镜旁测微读数显微镜中读出不足1 cm的微小读数（如1.54 mm）。图2.31（a）所示的水准尺的全读数为1.94 m＋0.001 54 m＝1.941 54 m，实际读数应为：1.941 54/2＝0.970 77（m）。对于1 cm分划的精密水准尺，读数即为实际读数，无需除2，如图2.31（b）所示，读数为1.486 50 m。

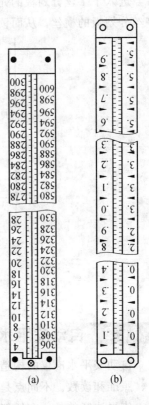

图 2.30　两种精密水准尺

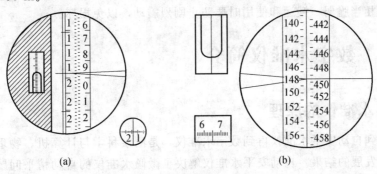

图 2.31　精密水准尺读数方法

2.11 自动安平水准仪的使用

自动安平水准仪,是用自动安平补偿器代替普通水准仪上的管水准器,自动获得水平视线时所对应的水准标尺上的读数,从而提高功效。当仪器粗平后,尽管视线有微小倾斜,但借助于补偿器的作用,仍能获得视线水平时在尺子上的读数。使用自动安平水准仪,不仅能缩短观测时间,而且可以自动调整地面震动、外界条件的影响,有利于提高观测精度。

2.11.1 自动安平水准仪的原理

自动安平水准仪的视线安平原理如图 2.32 所示。当视准轴水平时,设在水准尺上的正确读数为 a,因为没有管水准器和微倾螺旋,依据圆水准器将仪器粗平后,视准轴相对于水平面将有微小的倾斜角 α,如果没有补偿器,此时在水准尺上的读数设为 a';当在物镜和目镜之间设置有补偿器后,进入十字丝分划板的光线将全部偏转 β 角,使来自正确读数 a 的光线经过补偿器后正好通过十字丝分划板的横丝,从而读出视线水平时的正确读数。

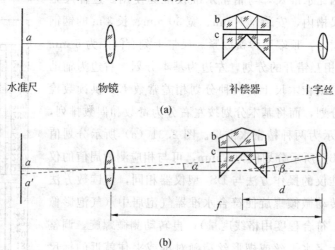

图 2.32 自动安平水准仪原理

2.11.2 自动安平水准仪的使用

自动安平水准仪的构造与微倾水准仪大致相同,其基本操作也大致一样,主要包括安置、粗平、照准和读数。不同点是不需要人为精平,由仪器自动补偿。

值得注意的是,有的仪器在目镜下方装有一个与补偿器连接的按钮,观测时,用手轻轻按动按钮,观察尺上读数有无变化,如无变化,则说明补偿器工作正常,否则,必须进行检修。另外,补偿器中的金属吊丝相当脆弱,搬运和使用时要防止剧烈震动,以免损坏。

2.12 数字水准仪简介

2.12.1 数字水准仪的原理

从微倾水准仪到自动安平水准仪再到数字水准仪,是测绘科学与计算机、物理、电子等相关学科相互渗透、共同发展的结果。自动安平水准仪解决了微倾水准仪的自动精平问题,数字水准仪则解决了自动读数问题。

1990年,瑞士研制成功世界上第一台数字水准仪NA 2000,从而拉开了数字水准仪(也称电子水准仪)发展的序幕。

数字水准仪采用条纹编码标尺(RAB尺)和电子影像处理原理,用线阵CCD替代观测员的肉眼,将望远镜像面上的标尺影像转换成数字信息,再利用数字图像处理技术来识别标尺条码进而获得标尺读数和视距。

另外,仪器光学系统将视准光束的一部分按一般光路行进,因此,数字水准仪仍可与光学水准仪一样读数。

2.12.2 数字水准仪及条形码尺

数字水准仪的构造包括传统水准仪的光学系统和机械系统,它同样可以作为光学水准仪使用。此外,数字水准仪还包括信息处理系统,这是与光学水准仪不同的地方。图2.33为数字水准仪的构造示意图。

图2.34为与数字水准仪配套使用的水准尺,有铟钢和玻璃钢两类,铟钢尺受环境因素影响较小,精度高。水准尺分正反两面注记,一面印有条形码图案,另一面和普通水准尺分划相同。

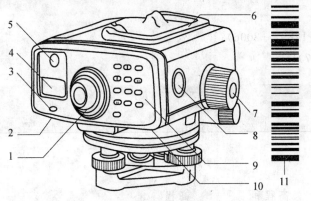

图2.33 数字水准仪　　　　　　图2.34 数字水准尺

1—望远镜目镜；2—圆气泡调整螺丝；3—开关键(POWER)；
4—显示窗；5—圆气泡窗；6—提手；7—望远镜调焦钮；
8—测量钮(MEAS)；9—操作键盘；10—串行接口；11—条形码水准尺

2.12.3 数字水准仪的特点

(1)操作简便,作业效率高,自动读数,无疲劳操作。
(2)自动观测和记录,避免了人为因素的影响,测量精度高。
(3)将测量结果以数字形式显示,并能自动存储数据,与计算机进行数据通信。

2.12.4 数字水准仪的使用

数字水准仪与光学水准仪在使用上有相同之处,也有不同特色。安置、粗平、照准这3步和光学水准仪一样,由于数字水准仪都带有自动补偿器,所以不需要人为精平,照准标尺后直接测量,当按下测量键时,仪器就会把瞄准并调焦好的尺子上的条码图片用CCD获取一个影像,然后把它和仪器内存中的同样的尺子条码图片进行比较和计算。这样,尺子的中丝读数和视距就可以显示在屏幕上,同时保存在内存中。

【重点串联】

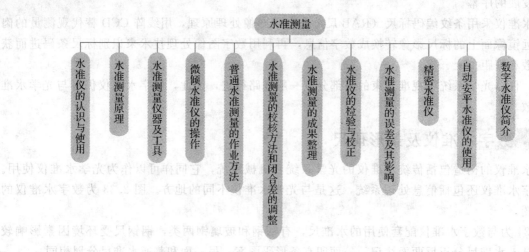

【知识链接】

《国家一、二等水准测量》(GB/T 12897—2006);

《工程测量规范》(GB 50026—2007)。

拓展与实训

职业能力训练

一、填空题

1. 地面点的高程可分为_____高程和_____高程。

2. 水准仪的圆水准器气泡居中,表明仪器达到_____,管水准器气泡居中,表明仪器达到_____。

3. 在水准测量中,将水准仪安置在地面上两点的中点处,可以消除_____轴和_____轴不平行的误差。

4. 水准测量测站校核的方法有_____法和_____法。

5. 设点 A 为后视点,点 B 为前视点,$H_A = 100$ m,后视读数为 0.983,前视读数为 1.149,则 A、B 两点的高差为_____m,$H_B =$_____m。

二、单选题

1. 当物像不清晰时,应旋转( )。
   A. 目镜螺旋　　　B. 对光螺旋　　　C. 脚螺旋　　　D. 微动螺旋

2. 在调节水准仪粗平时,气泡移动方向与左手大拇指旋转脚螺旋的方向( )。
   A. 相反　　　　　B. 相同　　　　　C. 没关系

3. 在使用水准仪时,如发现有视差存在,应调节( )。
   A. 对光和目镜螺旋　　B. 微动螺旋　　　C. 微倾螺旋　　　D. 制动螺旋

4. 水准测量中,测站校核的方法有( )。
   A. 改变仪高法和双面尺法　　　　　B. 测绘法
   C. 方向观测法　　　　　　　　　　D. 高差法

三、简答题

1. 水准测量的基本原理是什么？
2. 什么叫视准轴？什么叫视差？
3. 什么叫水准轴、圆水准轴以及管水准器分划值？管水准器分划值与仪器整平精度有何关系？水准仪上圆水准器与管水准器各有什么作用？
4. 如何用脚螺旋与圆水准器整平仪器？
5. 水准测量时，通常采用"中间法"，它能消除哪些影响？
6. 水准测量中测站校核有几种方法？如何校核？
7. 安置水准仪在 A、B 两点中央，测得 A、B 两点距离为 50 m，测得后视点 A 标尺读数为 1.567 m，前视点 B 标尺读数为 1.363 m。然后搬仪器到点 B 近旁 2 m 处，测得点 B 标尺度数为 1.433 m，点 A 读数为 1.863 m。试问：

   (1) 视准轴是否平行于管水准器轴？
   (2) 如不平行，当管水准器气泡居中时，视线是向上还是向下倾斜？是否需要校正？
   (3) 如需要校正，简述其校正方法和步骤。

8. 根据图 2.35 所示的水准测量的观测成果，完成表 2.3 中计算并调整高差闭合差，最后求出各点高程。将图中的水准测量数据填入表 2.3 中，A、B 两点为已知高程点 H_A = 23.456 m，H_B = 25.080 m。

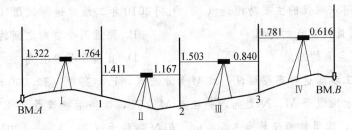

图 2.35 附合水准路线观测成果略图

表 2.3 水准测量成果计算表

测站	测点	水准尺读数		实测高差 /m	高差改正数 /mm	改正后高差 /m	高程 /m
		后视（a）	前视（b）				
Ⅰ	BM.A 1						
Ⅱ	1 2						
Ⅲ	2 3						
Ⅳ	3 BM.B						
计算 检核	Σ						

工程模拟训练

1. 利用校园中已知水准点来测量教学楼第一层地坪高程。
2. 假定教学楼附近某点的高程已知,利用闭合水准路线测量教学楼周围的道路各特征点的高程。

链接执考

1. 在一般工程水准测量中通常使用（　　）。[2014年二级建造师试题（单选题）]

    A. DS_{05}型水准仪　　　　　　　　　　B. DS_3型水准仪

    C. DS_{10}型水准仪　　　　　　　　　　D. DS_1型水准仪

2. 水准仪的型号DS_{05},其中数字下标表示了每千米往返测高差中数的中误差为（　　）。[2014年二级建造师试题（单选题）]

    A. 0.5 mm　　　　B. 5 cm　　　　C. 0.5 m　　　　D. 5 m

3. 水准测量中,设点A为后视点,点B为前视点。点A的高程是45.382 m,后视读数为1.202 m,前视读数为1.302 m,则点B的高程是（　　）m。[2014年二级建造师试题（单选题）]

    A. 44.180　　　　B. 44.482　　　　C. 45.182　　　　D. 45.282

4. 工程测量用水准仪的主要功能是（　　）。[2010年二级建造师试题（单选题）]

    A. 直接测量待定点的高程　　　　　　B. 测量两个方向之间的水平夹角

    C. 测量两点间的高差　　　　　　　　D. 直接测量竖直角

5. 对某一施工现场进行高程测设,点M为水准点,已知高程为12.000 m,点N为待测点,安置水准仪于M、N之间,先在点M立尺,读得后视读数为4.500 m,然后在点N立尺,读得前视读数为3.500 m,点N高程为（　　）m。[2010年二级建造师试题（单选题）]

    A. 11.000　　　　B. 12.000　　　　C. 12.500　　　　D. 13.000

6. 水准测量中,点A为后视点,点B为前视点,点A高程为h_A,后视读数为a,前视读数为b,则点B高程为（　　）。[2011年二级建造师试题（单选题）]

    A. h_A-a+b　　　B. h_A+a-b　　　C. $a+b-h_A$　　　D. $a-b-h_A$

模块 3 角度测量

【模块概述】

角度测量是测量工作的基本内容之一。它包括水平角测量和竖直角测量。本模块主要讲述角度测量的基本原理、光学经纬仪的构造及测角方法、经纬仪的检验与校正、经纬仪测角误差分析和经纬仪测角注意事项。同时介绍电子经纬仪的构造及使用方法。

【知识目标】

1. 角度（水平角和竖直角）的测量原理；
2. J6级光学经纬仪的构造和使用；
3. 水平角、竖直角的测、记、算；
4. J6级经纬仪的检验；
5. 测量角度的误差分析及注意事项；
6. 电子经纬仪的特点和使用。

【技能目标】

1. 会用不同精度的经纬仪测出水平角、竖直角，并计算出角值；
2. 会使用现代精密仪器（全站仪）观测角度。

【学习重点】

水平角、竖直角的概念；水平角、竖直角的测量方法；使用全站仪、经纬仪进行角度测量。

【课时建议】

8课时

工程导入

已知地面上有3个点A、B、C，3点之间距离相差500 m以上，这3个点之间的水平夹角∠ABC为45°25′15″，AB的竖直角为15°12′20″。

试想，如果这3个点之间距离较近，我们可以用数学中解析几何的方法，用直尺和量角器量出这3个点之间的水平角度。而它们的竖直角也可以借助解析几何的方法测得。可是，它们的距离是500 m以上，一来，没有这么长的直尺，二来，如果它们中间又有台阶、草坪、林带，这要怎么量取呢？

通过本模块的学习，同学们就会明白，我们使用什么样的工具可以得到这3个点之间的水平角、竖直角，同时，它们之间怎么样的角度是水平角，怎么样又是竖直角？

3.1 经纬仪的认识与使用

在常规测量工作中，地面点点位通常是使用投影三维定位方法来确定的，即将地面点的空间位置分解为水平位置和高程位置来确定。为了确定地面点的平面位置，通常需要观测水平角，为了观测高程位置，除了采用水准测量方法外，还经常通过观测竖直角按三角原理来确定。

角度测量包括水平角测量和竖直角测量。

3.1.1 水平角和竖直角测量原理

1. 水平角测量原理

水平角是从一点出发的两条方向线所构成的空间角在水平面上的投影，或是指地面上一点到两个目标点的方向线垂直投影到水平面上的夹角，或者是过两条方向线的竖直面所夹的两面角。

如图3.1所示，A、B、C是空间任意高度的3点，∠bac是这3个点在同一个水平面上的垂直投影。ab、ac是直线AB、AC在水平面上的垂直投影，从数学角度来讲∠bac就是通过AB和AC两个面所形成的二面角，也就是测量所需的水平角（及通过空间任意两条相交直线的面与已知水平面的二面角），简言之，测量中的水平角就是空间两条相交直线在水平面上的垂直投影所夹的角，用β表示。

设想在两铅垂面交线Aa铅垂线上的任意一点水平放置一个全圆顺时针刻划的度盘（称水平度盘），并使其中心落在角的顶点的铅垂线上，水平方向ab和ac在水平度盘上的读数为a_1和b_1，则水平角为

$$\beta = b_1 - a_1 \qquad (3.1)$$

水平角角值范围为0°～360°，均为正值。

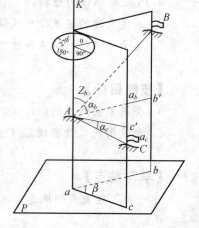

图3.1 水平角测量原理

由上述可知，用于测量水平角的仪器必须具备以下主要条件：

（1）能将刻度盘置于水平的水准器，其度盘中心安置在角顶点的铅垂线上的对中装置。

（2）应有能读取水平度盘读数的读数装置。

（3）能在铅垂面内转动，并能绕铅垂线水平转动的照准设备望远镜。

2. 竖直角测量原理

竖直角是空间方向线与水平面或天顶方向的夹角，指在同一竖直面内，某一方向线与水平线的夹角。测量上又称为倾斜角，或竖角，或垂直角，用α表示。竖角分为仰角和俯角。夹角在水平线

之上称为仰角,用"$+α$"表示;在水平线之下称为俯角,用"$-α$"表示。由图3.2可知,同一铅垂面上,空间方向线OA和水平线所夹的角$α_1$就是OA方向与水平线的竖直角,同理$α_2$就是OB方向与水平线的竖直角。竖直角值域为$0°\sim±90°$。

若在竖直面内,竖直方向AK与某一方向线的夹角称为天顶距,用Z表示,值域为$0°\sim180°$。天顶距与竖直角的关系为

$$α = 90° - Z \quad (3.2)$$

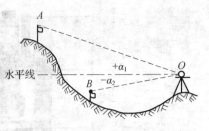

图3.2 竖直角概念

如果在过点A的铅垂面上,安置一个垂直圆盘,并令其中心过点A,这个盘称为竖直度盘。当竖直度盘与过AB直线的竖直面重合时,则AB方向与水平方向线Ab'的夹角为$α_b$,AB与竖直方向夹角为Z_b。竖直角与水平角一样,其角值也是度盘上两个方向的读数之差,不同的是,这两个方向必有一个是水平方向。经纬仪设计时,将提供这一固定方向。即视线水平时,竖盘读数为固定值90°或270°。在竖直角测量时,只需读目标点一个方向值,便可算得竖直角。

根据上述角度测量原理可知,用于角度测量的经纬仪必须具有下述的基本条件:

(1)要有一个能照准远方目标的瞄准设备,它不但能上下绕横轴转动而形成一竖直平面,并可绕竖轴在水平方向转动。

(2)为测水平角必须有一个带分划的圆盘(即水平度盘),其中心应与竖轴重合。为在水平度盘上读数,还应有一个在水平度盘上读数的指标。为将水平度盘安置在水平位置并使竖轴中心位于过测站点的铅垂线方向上,应具有仪器整平装置和对中装置。

(3)为测取竖直角必须具有一个处于竖直位置并带分划的圆盘(即竖直度盘),且其中心应与横轴中心重合。为了在竖直度盘上读数,应具有能被安置在水平位置或竖直位置的指标。

根据这些要求研制出的能同时完成水平角和竖直角测量的仪器称为经纬仪。

3.1.2 光学经纬仪的认识与使用 (J2、J6)

光学经纬仪按其精度划分为DJ0.7、DJ1、DJ2、DJ6等,"D"和"J"分别为"大地测量仪器"和"经纬仪"汉语拼音的第一个字母,0.7、1、2、6分别表示该等级经纬仪一测回水平方向的中误差不超过$±0.7″$、$±1″$、$±2″$、$±6″$。

每个等级的经纬仪,由于生产厂家不同,而有各种型号,仪器部件和结构也不完全一样,但其主要部件的构造大致相同。下面以我国北京光学仪器厂生产的TDJ6型和TDJ2型仪器为例,对经纬仪的构造做简单介绍。

1. DJ6型光学经纬仪

(1) DJ6型光学经纬仪各部件的名称。

图3.3是北京光学仪器厂生产的TDJ6型光学经纬仪。

(2) DJ6型光学经纬仪的构造及作用。

经纬仪的构造主要由照准部、水平度盘和基座3部分组成,如图3.4所示。

①照准部。照准部是指经纬仪上部的能够转动的部分,主要包括望远镜、竖直度盘、水准器、照准部旋转轴、横轴、读数设备、支架装置及水平和竖直制动和微动装置等。经纬仪望远镜和水准器的构造及作用同水准仪。

照准部下部的旋转轴,插在水平度盘空心轴内,水平度盘空心轴插在基座竖轴轴套内。旋转轴的几何中心线称为竖轴。望远镜与横轴固连在一起安置在支架上,支架上装有望远镜的制动和微动螺旋控制望远镜在竖直方向的转动。竖直度盘(简称竖盘)固定在横轴的一端,用于测量竖直角。竖盘随望远镜一起转动,而竖盘读数指标不动,但可通过竖盘指标管水准器微动螺旋做微小移动。

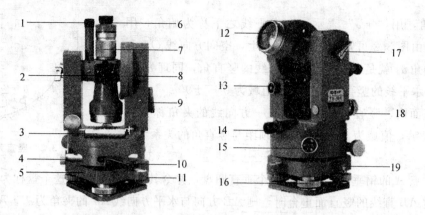

图 3.3　TDJ6 型光学经纬仪

1—读数目镜；2—外粗瞄器；3—管水准器；4—照准部微动螺旋；5—基座；6—目镜；
7—物镜对光螺旋；8—竖直度盘；9—度盘照明反光镜；10—照准部制动扳手；11—圆水准器；
12—物镜；13—竖直度盘补偿器开关；14—对中目镜；15—水平度盘拨盘手轮；16—脚螺旋；
17—望远镜制动扳手；18—望远镜微动螺旋；19—基座固定螺丝

调整此微动螺旋使竖盘指标管水准器气泡居中，指标位于正确位置。目前，有许多经纬仪已不采用竖盘指标管水准器，而用自动归零装置代替。照准部管水准器是用来整平仪器的，圆水准器用作粗略整平。读数设备包括一个读数显微镜、测微器以及光路中一系列的透镜和棱镜等。此外，为了控制照准部水平方向的转动，装有水平制动和微动螺旋。

望远镜可以绕横轴在竖直面内上、下转动，又能随着支架绕竖轴做水平方向 360°旋转。利用水平和竖直制动、微动螺旋，可以使望远镜固定在任一位置。望远镜边上设有光学读数显微镜，通过它可以读出水平角和竖直角。

②水平度盘。水平度盘是由光学玻璃制成的精密刻度盘，用于测量水平角。度盘全圆周刻划 0°～360°，最小间隔有 1°、30′、20′3 种。水平度盘顺时针注记。在水平角测角过程中，水平度盘固定不动，不随照准部转动。

为了改变水平度盘位置，仪器设有水平度盘转动装置。

一种是采用水平度盘位置变换手轮，或称转盘手轮。使用时，将手轮推压进去，转动手轮，此时水平度盘随着转动。待转到所需位置时，将手松开，手轮退出，水平度盘位置即安置好。这种结构不能使度盘随照准部一起转动。

少数仪器采用复测装置。水平度盘与照准部的关系依靠复测装置控制。如图 3.5 所示，复测装置的底座固定在照准部外壳 6 上，随照准部一起转动。当复测扳手拨下时，由于偏心轮的作用，使顶轴 5

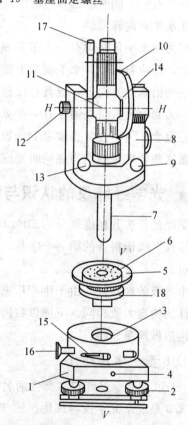

图 3.4　照准部、水平度盘、基座结构图

1—基座；2—脚螺旋；3—竖轴轴套；4—固定螺旋；5—水平度盘；6—度盘轴套；7—旋转轴；8—支架；9—竖直度盘管水准器微动螺旋；10—望远镜；11—横轴；12—望远镜制动螺旋；13—望远镜微动螺旋；14—竖直度盘；15—水平制动螺旋；16—水平微动螺旋；17—光学读数显微镜；18—复测盘

向外移,在簧片3的作用下,使两滚珠之间距离变小,簧片与铆钉的间距缩小,从而把外轴上的复测盘(见图3.4中18)夹紧。此时,照准部转动将带动水平度盘一起转动,度盘读数不变。若将复测扳手拨上时,顶轴往里移,使簧片与铆钉的间距扩大,复测盘与复测装置相互脱离,照准部转动就不再带动水平度盘,读数窗中的读数随之改变。

所以在测角过程中,复测扳手应始终保持在向上的位置。

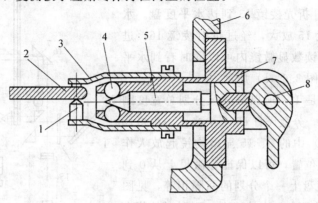

图 3.5 复测装置

1—铆钉;2—复测盘;3—簧片;4—滚珠;5—顶轴;6—照准部外壳;7—复测扳手底座;8—离合扳钮

③基座。基座用于支承整个仪器,利用中心螺旋使经纬仪照准部紧固在三脚架上。基座上有3个脚螺旋,用于整平仪器。基座上固连一个竖轴轴套及固定螺旋。该螺旋拧紧后,可将照准部固定在基座上,所以使用仪器时切勿随意松动此螺旋,以免照准部与基座分离而坠落。中心螺旋下有一个挂钩,用于挂垂球。当垂球尖对准地面测点,水平度盘水平时,水平度盘中心位于测点的铅垂线上。

目前生产的光学经纬仪一般均装有光学对中器,与垂球对中相比,具有精度高和不受风的影响等优点。

(3)分微尺装置的读数方法。

目前生产的DJ6光学经纬仪多数采用分微尺测微器进行读数。这类仪器的度盘分划值为1°,按顺时针方向注记每度的读数。在读数显微镜的读数窗上装有一块带分划的分微尺,度盘上1°的分划线间隔经显微物镜放大后成像于分微尺上。图3.6就是读数显微镜内所看到的度盘和分微尺的影像,上面注有"H"(或"水平")的为水平度盘读数窗,注有"V"(或"竖直")的为竖直度盘读数窗。分微尺的长度等于放大后度盘分划线间隔1°的长度,分微尺分为60个小格,每小格为1′。分微尺上每10小格注有数字,表示0′,10′,20′,…,60′,其注记增加方向与度盘注记相反。角度的整度值可从度盘上直接读出,不到1°的值在分微尺上读取。这种读数装置可以直接读到1′,估读到0.1′,即6″。

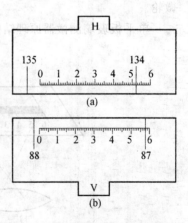

图 3.6 读数显微镜内度盘成像

读数时,分微尺上的0分划线为指标线,它所指的度盘上的位置就是度盘读数的位置,例如图3.6中,在水平度盘的读数的读数窗中,分微尺的零分划线已超过134°多,但不到135°,所以其数值,还要由分微尺的0分划线至度盘上分划线之间有多少小格来确定,图中为53.1格,故为53′06″,分微尺水平度盘的读数应是134°53′06″。同理,竖直度盘读数应是87°58′06″。

实际上在读数时,只要看度盘哪一条分划线与分微尺相交,读数就是这条分划线的注记数,分数则为这条分划线所指分微尺上的读数。

图3.7为DJ6型光学经纬仪分微尺测微器读数系统的光路图。外来光线经反光镜1反射,经进

光镜2进入经纬仪内部,一部分光线经折光棱镜3照到竖直度盘上。竖直度盘像经直角折光棱镜5、显微物镜6放大,再经过折射棱镜7,到达刻有分微尺的读数窗8,再通过转像棱镜9,在读数显微镜内能看到竖直度盘分划及分微尺,如图3.6(b)所示。外来光线另一路经折射棱镜12、聚光镜14、折光棱镜13到达水平度盘。水平度盘像经过显微物镜15放大,经过折射棱镜16,进入分微尺的读数窗。在读数显微镜内可以同时看到水平度盘分划和分微尺,如图3.6(a)所示。

由于度盘分划间隔是$1'$,所以分微尺分划总宽度刚好等于度盘一格的宽度。分微尺有60个小格,一小格代表$1'$。光路图(图3.7)中的6、15显微物镜起放大作用。调节透镜组上、下位置,可以保证分微尺上从0到60的全部分划间隔和度盘上一个分划的间隔相等,见图3.8。角度的整度值可从度盘上直接读出,不到$1°$的值在分微尺上读取。可估读到$0.1'$,即$6''$。图3.6中水平度盘的读数应是$134°53'06''$,竖直度盘读数是$87°58'06''$。

由于光线通过不同的介质会产生折射,所以光线以一定的入射角i穿过一定厚度d的玻璃板时,会产生光线的平移现象,如图3.9所示。当平板玻璃的折射率n和厚度一定时,平移量h的大小将取决于光线的入射角i。

单平板玻璃测微器就是根据这一原理设计的。它的组成部分主要包括平板玻璃、测微尺、连接机构和测微轮。

单平板玻璃测微器原理结构如图3.10所示。

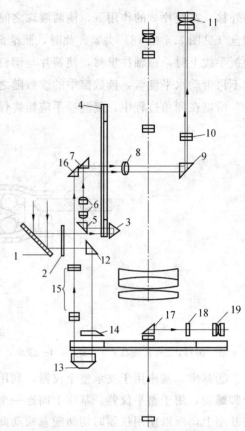

图 3.7 DJ6 型光学经纬仪光路图

1—反光镜;2—进光镜;3—折光棱镜;
4—竖直度盘;5—直角折光棱镜;6—显微物镜;
7—折射棱镜;8—读数窗;9—转向棱镜;
10—读数物镜;11—读数目镜;12—折光棱镜;
13—折光棱镜;14—聚光镜;15—显微物镜;
16—折射棱镜;17—光学对点器折射棱镜;
18、19—光学对点器物镜、目镜

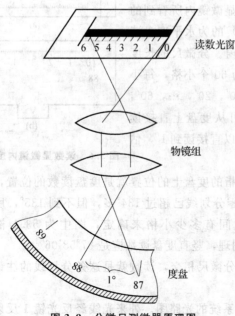

图 3.8 分微尺测微器原理图

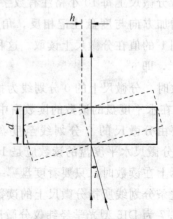

图 3.9 光折射平移原理图

测微尺 5 和平板玻璃 3 连接在一起。转动仪器照准部上的测微手轮 1，平板玻璃和测微尺都绕同一轴 $P-P'$ 旋转。由于平板玻璃的转动，使水平度盘和竖直度盘分划像在读数显微镜的视场内移动。读数窗 6 刻有双指标线和单指标线。度盘分划线、测微尺分划线都分别呈现在读数窗内。

当光线垂直入射到平板玻璃上，测微尺的读数应为 0，这时竖盘读数为 $92°+d$，如图 3.11（a）所示。调节测微手轮，平板玻璃转动，度盘像移动，同时测微尺也随之移动，使度盘刻线像移动到刚好被双指标线夹住，如图 3.11（b）所示，此时双线夹住 92°，移动量可以从测微尺上读取，为 $92°18'10''$。

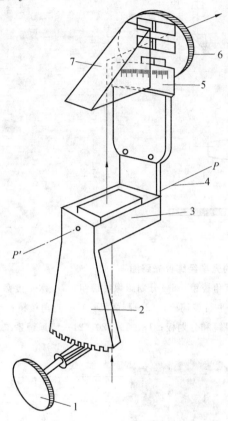

图 3.10　单平板玻璃测微器

1—测微手轮；2—扇形齿轮；3—平板玻璃；
4—轴线；5—测微尺；6—读数窗；7—转向棱镜

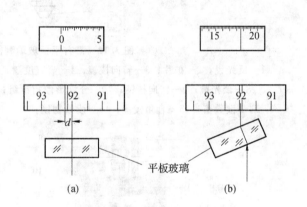

图 3.11　平行玻璃板测微器原理

带有平板玻璃测微器的光学经纬仪光路图如图 3.12 所示。平板玻璃测微器安装在光路中。外来光线经反光镜 1、进光镜（护片）2 进入仪器内。光线先经过竖直度盘 4，再经过水平度盘 7。这时，竖直度盘和水平度盘的刻划像同时被聚光镜 8 放大，进入平行玻璃板 11，再经过直角棱镜 13，使水平度盘和竖直度盘刻划线及测微尺都成像在读数窗 14 上。这些像再经过直角棱镜 15、读数物镜 16 和目镜 17，从读数显微镜中就可看到度盘像，并进行读数。

读数时，先转动测微轮，使度盘某分划线精确地移在双指标线的中央，读出该分划线的度盘读数，再根据单指标线在测微尺上读取分、秒数，然后相加，即为全部读数。

2. DJ2 型光学经纬仪

（1）DJ2 型光学经纬仪各部件的名称。

图 3.13 是北京光学仪器厂生产的 DJ2 型光学经纬仪。

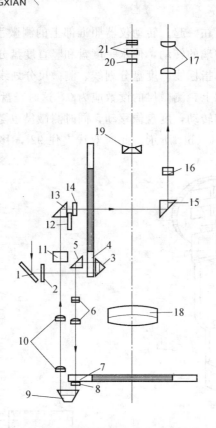

图 3.12 带有平板玻璃测微器的光学经纬仪光路图

1—反光镜；2—护片；3—转向棱镜；4—竖直度盘；5—直角棱镜；6—分划影像物镜组；7—水平度盘；
8—聚光镜；9—转向棱镜；10—分划影像物镜组；11—平行玻璃板；12—测微尺；13—直角棱镜；
14—读数窗；15—直角棱镜；16—读数物镜；17—读数目镜和分划板；18、19、20、21—望远镜系统

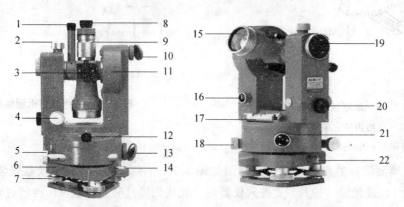

图 3.13 DJ2 型光学经纬仪

1—读数目镜；2—望远镜制动螺旋；3—粗瞄器；4—望远镜微动螺旋；5—照准部微动螺旋；6—基座；
7—脚螺旋；8—目镜；9—物镜对光螺旋；10—竖盘照明反光镜；11—竖直度盘；12—对中目镜；
13—水平盘照明反光镜；14—圆水准器；15—物镜；16—竖盘补偿器开关；17—管水准器；
18—照准部制动螺旋；19—测微轮；20—换像手轮；21—拨盘手轮；22—固定螺丝

(2) 读数装置。

在读数窗内一次只能看到一个度盘的影像。读数时，可通过转动换像手轮，转换所需要的度盘影像，以免读错度盘，当手轮面上，刻线处于水平位置时，显示水平度盘影像，当刻线处于竖直位置时，显示竖直度盘影像。

采用数字式读数装置使读数简化，如图 3.14 所示，上窗数字为度数，读数窗上突出小方框中所注数字为整 $10'$，中间的小窗为分划线符合窗，下方的小窗为测微器读数窗，读数时瞄准目标后，

转动测微轮使度盘对径分划线重合，度数由上窗读取，整 10′ 数由小方框中数字读取，小于 10′ 的由下方小窗中读取，如图 3.14 所示，读数为 58°55′53.6″。

3. 经纬仪的使用

经纬仪最基本的功能是测取水平角和竖直角，为此，必须首先将经纬仪安置在测站上，然后瞄准目标进行读数，经过计算而获得其角值，因此，经纬仪的使用主要包括对中、整平、瞄准、读数。

(1) 经纬仪的安置。

①对中。对中的目的是使仪器的旋转轴位于测站点的铅

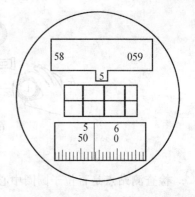

图 3.14　DJ2 型光学经纬仪数字化读数窗

垂线上。对中可用垂球对中或光学对点器对中。垂球对中精度一般在 3 mm 之内。光学对点器对中可达到 1 mm。用垂球对中时，先在测站点安放三脚架，使其高度适中，架头大致水平，架腿与地面约成 75°角。在连接螺旋的下方悬挂垂球，移动脚架，使垂球尖基本对准站点，并使脚架稳固地架在地面上。然后装上经纬仪，旋上连接螺旋（不要拧紧），双手扶基座在架头上平移，使垂球尖精确对准测站点，最后将连接螺旋拧紧。

光学对点器由一组折射棱镜组成。使用光学对点器对中时先用对点器调焦螺旋，看清分划板刻划圈，再转动对点器目镜看清地面标志。若照准部管水准器气泡居中，即可旋松连接螺旋，手扶基座平移照准部，使对点器分划圈对准地面标志。如果刻划圈偏离地面标志太远，可旋转基座上的脚螺旋使其对中，此时管水准器气泡会偏移，可根据气泡偏移方向，调整相应三脚架的架腿，使气泡居中。对中工作应与整平工作穿插进行，直到既对中又整平为止。

> **技能提示**
>
> 在对中时，如果目标太小不好找，可先将一只脚放在测站点上，这样对快速找点很有帮助。

②整平。整平的目的是使仪器竖轴在铅垂位置，而水平度盘在水平位置。操作步骤为：首先转动照准部，使管水准器与任意两个脚螺旋连线平行。双手相向转动这两个脚螺旋使气泡居中，如图 3.15 (a) 所示。再将照准部旋转 90°，调整第三个脚螺旋使气泡居中，按上述方法反复操作，直到仪器旋至任意位置气泡均居中为止。注意气泡移动方向与左手大拇指移动方向一致。

对于具有光学对点器的经纬仪，其对中和整平是互相影响的，应交替进行，直至对中、整平均满足要求为止。

具体操作方法如下：

a. 将三脚架安置于测站点上，目估使架头大致水平，同时注意仪器高度要适中，安上仪器，拧紧中心螺旋，转动目镜调整螺旋使对点器中心圈清晰，再拉伸镜筒，使测站点成像清晰，然后将一个架腿插入地面固定，用两手把握住另外两个架腿，并移动这两个架腿，直至测站点的中心位于圆圈的内边缘处或中心，停止转动脚架并将其踩实。注意基座面要基本水平。

b. 调节脚螺旋，使测站点中心处于圆圈中心位置。

c. 伸缩架腿，使圆气泡居中。

d. 调节脚螺旋，使管水准器气泡居中。

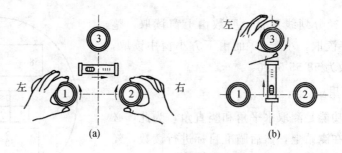

图 3.15 经纬仪整平方法

e. 检查测站点是否位于圆圈中心,若相差很小,可轻轻平移基座,使其精确对中(注意仪器不可在基座面上转动),如此反复操作直到仪器对中和整平均满足要求为止。

> **技能提示**
>
> 在调节管水准器气泡时,务必要将两个脚螺旋对调,是同时向内,或同时向外,不能出现一只手调动,或者调动不均匀的情况,这样很容易使气泡不能很快准确地调平。

③瞄准。瞄准方法同水准仪操作,只是测量水平角时应使十字丝纵丝平分或夹准目标,并尽量对准目标底部,如图 3.16 所示。

测角时要照准目标,目标一般是竖立于地面上的标杆、测钎或觇牌。测水平角时,以望远镜的十字丝的纵丝照准目标,操作方法是用光学瞄准器粗略瞄准目标,进行目镜对光,使十字丝清晰,调节物镜对光螺旋,使成像清晰,并注意消除视差的影响。准确瞄准目标方法如图 3.16 所示,用十字丝的单丝和垂线重合、用垂线平分十字丝双丝。若为标杆、测钎等粗目标时,用十字丝的单丝平分目标,目标位于双丝中央。

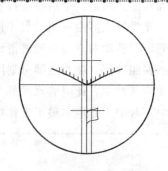

图 3.16 测水平角时瞄准目标

④读数。读数时要先调节反光镜,使读数窗明亮,旋转显微镜调焦螺旋,使刻划数字清晰,然后读数。测竖直角时注意调节罗盘水准气泡微动螺旋,使气泡居中后再读数。

⑤对点。测点通常以打入地面木桩上的小钉作为标志,测量时,由于距离远、地面起伏及植被的遮挡,不能直接从望远镜观看到小钉,需要用线铊、测钎、花杆、铅笔竖立在小钉的铅垂线上供仪器照准,这项工作称为对点。对点的方法一般有 3 种,即花杆对点法、测钎对点法和线铊对点法。应根据距离情况选用合适的方法。

【知识拓展】

对点工具如下:

(1) 花杆对点。

一般用于远距离对点(经验数据约为 500 m),对点时花杆应竖直,对点者端正地面向司镜者,两脚分开与肩平齐,手握花杆上半截,这样可使花杆依靠自重直立于桩上测点,并使花杆铁尖离开铁钉少许,以保证对点正确。

(2) 测钎或铅笔对点。

如图 3.17 (a) 所示,这种方法一般在地面平坦,没有杂草阻碍视线,从望远镜中能直接看到测钎或铅笔尖时使用,测钎或铅笔尖要竖直。因目标为深色,在光线较暗、距离较远时往往模糊不清,可在测钎后方用白纸衬托,以便使照准目标清晰。

(3) 线锤对点。

线锤对点是施工现场最常用、最准确的方法,以下介绍几种常用方法:

①使用线锤架对点。

如图 3.17(b)所示,简易线锤架制作方法:将 3 根细竹竿上端用细绳捆扎,叉开下端即成,中间吊一线锤,移动竹竿使线锤尖对准测点。此法准确、平稳,用于对点次数较多的点。

②单手吊挂线锤对点。

将花杆斜插在测站与测点连线方向的一侧(左或右)约 30~50 cm 的地上,使花杆与地面约成 45°角,用手的四指夹握在花杆上,用拇指吊挂线锤,使线锤尖对准桩上小钉,如图 3.17(c)所示,对点时注意力要集中,身体要站稳,为了防止线锤摆动,照准垂线一刹那,应全神贯注,暂屏呼吸,司镜者迅速照准垂线。

③两手合执线锤对点。

面对仪器坐在测点后方,两肘放在两膝上,两手合执线锤悬线,使线锤尖对准桩上小钉,如图 3.17(d)所示,对准测点中心的瞬间应全神贯注,暂屏呼吸,防止垂线摆动。

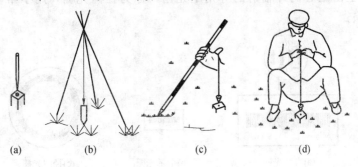

图 3.17 对点方法

3.1.3 电子经纬仪(全站仪)简介

随着电子技术的发展,19 世纪 80 年代出现了能自动显示、自动记录和自动传输数据的电子经纬仪。这种仪器的出现标志着测角工作向自动化迈出了新的一步。

电子经纬仪与光学经纬仪相比,外形结构相似,但测角和读数系统有很大的区别。电子经纬仪测角系统主要有以下 3 种:

①编码度盘测角系统,是采用编码度盘及编码测微器的绝对式测角系统。

②光栅度盘测角系统,是采用光栅度盘及莫尔干涉条纹技术的增量式读数系统。

③动态测角系统,是采用计时测角度盘及光电动态扫描绝对式测角系统。

1. 电子经纬仪主要功能

图 3.18 是瑞士 WILD 厂生产的 T2000 电子经纬仪。该仪器测角精度为 ±0.5″,其竖直角测量采用硅油液体补偿器,可实现竖盘自动归零。补偿器工作范围为 ±10′,补偿精度为 ±0.1″。

仪器两侧都设有操纵面板,由键盘和 3 个显示器组

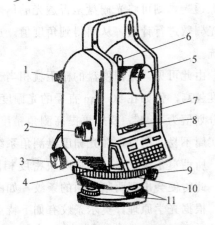

图 3.18 电子经纬仪

1—目镜;2—望远镜制动、微动螺旋;
3—水平制动、微动螺旋;4—操纵面板;
5—望远镜;6—瞄准器;7—内嵌式电池盒;
8—管水准器;9—轴座连接螺旋;
10—概略定向度盘;11—脚螺旋

成。键盘上有18个键。在3个显示器中,一个提示显示内容,两个显示数据。

仪器的测角模式有两种:一种是单次测量,精度较高;另一种是跟踪测量,它将随着经纬仪的转动自动测角。这种方式精度较低,适合于放样及跟踪活动目标。测角显示可以设置到$0.1''$、$1''$、$10''$或$1'$。

仪器内嵌有电池盒。充满后可用单次测角1 500个。测量结果存储在仪器内,通过数据传输线传到计算机。

若将电子经纬仪与光电测距仪联机,即构成电子速测仪,或称电子全站仪。

2. 电子经纬仪测角原理

由于目前电子经纬仪大部分是采用光栅度盘测角系统和动态测角系统,现介绍这两种测角原理。

(1)光栅度盘测角原理。

在光学玻璃上均匀地刻划出许多等间隔细线,即构成光栅。刻在直尺上用于直线测量,称为直线光栅。刻在圆盘上由圆心向外辐射的等角距光栅,称为径向光栅,用于角度测量,也称光栅度盘,如图3.19所示。

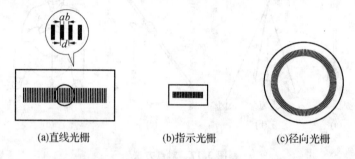

(a)直线光栅　　(b)指示光栅　　(c)径向光栅

图3.19　光栅

光栅的基本参数是刻划线的密度和栅距。密度为1 mm内刻划线的条数。栅距为相邻两栅的间距。光栅宽度为d,缝隙宽度为b,栅距为$d=a+b$。

电子经纬仪是在光栅度盘的上、下对称位置分别安装光源和光电接收机。由于栅线不透光,而缝隙透光,则可将光栅盘是否透光的信号变为电信号。当光栅度盘移动时,光电接收管就可对通过的光栅数进行计数,从而得到角度值。这种靠累计计数而无绝对刻度数的读数系统称为增量式读数系统。

由此可见,光栅度盘的栅距就相当于光学度盘的分划,栅距越小,则角度分划值越小,即测角精度越高。例如在80 mm直径的光栅度盘上,刻划有12 500条细线(刻线密度为50条/毫米),栅距分划值为$1'44''$。要想再提高测角精度,必须对其做进一步的细分。然而,这样小的栅距,再细分实属不易。所以,在光栅度盘测角系统中,采用了莫尔条纹技术进行测微。

所谓莫尔条纹,就是将两块密度相同的光栅重叠,并使它们的刻划线相互倾斜一个很小的角度,此时便会出现明暗相间的条纹,如图3.20所示,该条纹称为莫尔条纹。

根据光学原理,莫尔条纹有如下特点:

①两光栅之间的倾角越小,条纹间距ω越宽,则相邻明条纹或暗条纹之间的距离越大。

②在垂直于光栅构成的平面方向上,条纹亮度按正弦规律周期性变化。

③当光栅在垂直于刻线的方向上移动时,条纹顺着刻线方向移动。光栅在水平方向上相对移动一条刻线,莫尔条纹则上下移动一周期,如图3.20(a)所示,即移动一个纹距ω。

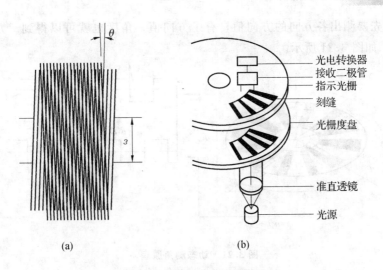

(a)　　　　　　　　　(b)

图 3.20　光栅度盘测角原理

④光栅间距 d 与条纹间距 w 满足如下关系：

$$w = \frac{d}{\theta}\rho' \tag{3.3}$$

式中　ρ'——3438'；

　　　θ——两光栅（图 3.20 中指示光栅和光栅度盘）之间的倾角。

例如，当 $\theta=20'$ 时，纹距 $w=172d$，即纹距比栅距放大了 172 倍。这样，就可以对纹距进一步细分，以达到提高测角精度的目的。

使用光栅度盘的电子经纬仪，如图 3.20（b）所示，其指示光栅、发光管（光源）、光电转换器和接收二极管位置固定，而光栅度盘与经纬仪照准部一起转动。发光管发出的光信号通过莫尔条纹落到光电接收管上，度盘每转动一栅距（d），莫尔条纹就移动一个周期（w）。所以，当望远镜从一个方向转动到另一个方向时，流过光电管光信号的周期数，就是两方向间的光栅数。由于仪器中两光栅之间的夹角是已知的，所以通过自动数据处理，即可算得并显示两方向间的夹角。为了提高测角精度和角度分辨率，仪器工作时，在每个周期内再均匀地填充 n 个脉冲信号，计数器对脉冲计数，则相当于光栅刻划线的条数又增加了 n 倍，即角度分辨率就提高了 n 倍。

为了判别测角时照准部旋转的方向，采用光栅度盘的电子经纬仪其电子线路中还必须有判向电路和可逆计数器。判向电路用于判别照准时旋转的方向，若顺时针旋转时，则计数器累加；若逆时针旋转时，则计数器累减。

（2）动态测角原理。

瑞士 WILD T2000 电子经纬仪采用的就是动态测角原理。该仪器的度盘仍为玻璃圆环，测角时，由微型马达带动而旋转。度盘分成 1 024 个分划，每一分划由一对黑白条纹组成，白的透光，黑的不透光，相当于栅线和缝隙，其栅距设为 ϕ_0，如图 3.21 所示。光阑 L_S 固定在基座上，称固定光阑（也称光闸），相当于光学度盘的零分划。光阑 L_R 在度盘内侧，随照准部转动，称活动光阑，相当于光学度盘的指标线。它们之间的夹角即为要测的角度值。因此这种方法称为绝对式测角系统。两种光阑距度盘中心远近不同，照准部旋转以瞄准不同目标时，彼此互不影响。为消除度盘偏心差，同名光阑按对径位置设置，共 4 个（两对），图中只绘出 2 个。竖直度盘的固定光阑指向天顶方向。

光阑上装有发光二极管和光电二极管，分别处于度盘上、下侧。发光二极管发射红外光线，通过光阑孔隙照到度盘上。当微型马达带动度盘旋转时，因度盘上明暗条纹而形成透光亮的不断变化，这些光信号被设置在度盘另一侧的光电二极管接收，转换成正弦波的电信号输出，用以测角。

测量角度,首先要测出各方向的方向值,有了方向值,角度也就可以得到。方向值表现为 L_R 与 L_S 间的夹角 ϕ,如图 3.21 所示。

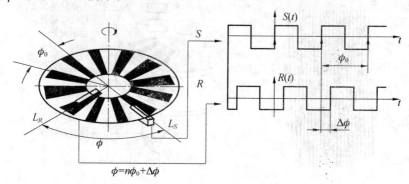

图 3.21 动态测角原理

设一对明暗条纹(即一个分划)相应的角值即栅距为 ϕ_0,其值为

$$\phi_0 = \frac{360°}{1\,024} = 21.094' = 21'05''.625$$

由图 3.21 可知,角度 ϕ 为 n 个整周期 ϕ_0 和不足整周数的 $\Delta\phi$ 分划值之和。它们分别由粗测和精测求得,即

$$\phi = n\phi_0 + \Delta\phi \tag{3.4}$$

①粗测,求出 ϕ_0 的个数 n。

为进行粗测,度盘上设有特殊标志(标志分划),每 90° 一个,共 4 个。光阑对度盘扫描时,当某一标志被 L_R 或 L_S 中的一个首先识别后,脉冲计数器立即计数,当该标志达到另一光阑后,计数停止。由于脉冲波的频率是已知的,所以由脉冲数可以统计相应的时间 T_i。马达的转速是已知的,其相应于转角 ϕ_0 所需的时间 T_0 也就知道了,将 T_i/T_0 取整(即取其比值的整数部分,舍去小数部分)就得到 n_i,由于有 4 个标志,可得到 n_1、n_2、n_3、n_4 4 个数,经微处理机比较,如无差异可确定 n 值,从而得到 $n\phi_0$。由于 L_R、L_S 识别标志的先后不同,所测角可以是 ϕ,也可以是 $360° - \phi$,这可由角度处理器做出正确判断。

②精测,测算 $\Delta\phi$。

如图 3.21 所示,当光阑对度盘扫描时,L_R、L_S 各自输出正弦波电信号 R 和 S,经过整形成方波,运用测相技术便可测出相位差 $\Delta\phi$。$\Delta\phi$ 的数值是采用在此相位差里填充脉冲数计算的,由脉冲数和已知的脉冲频率(约 1.72 MHz)算得相应时间 ΔT。因度盘上有 1 024 个分划(栅格),度盘转动一周即输出 1 024 个周期的方波,那么对应于每个分划均可得到一个 $\Delta\phi_i$。若 ϕ_0 对应的周期为 T_0,$\Delta\phi_i$ 所对应的时间为 ΔT_i 则有

$$\Delta\phi_i = \frac{\phi_0}{T_0}\Delta T_i \tag{3.5}$$

测量角度时,机内微处理器自动将整周度盘的 1 024 个分划所测得的 $\Delta\phi_i$ 值,取平均值作为最后结果,即

$$\Delta\phi = \frac{\sum \Delta\phi_i}{n} = \frac{\phi_0}{T_0} \frac{\sum \Delta T_i}{n} \tag{3.6}$$

粗测和精测信号送角度处理器处理并衔接成完整的角度(方向)值,送中央处理器,然后由液晶显示器显示或记录于数据终端。

动态测角直接测得的是时间 T 和 ΔT,因此,微型马达的转速要均匀、稳定,这是十分重要的。

3. 苏一光 DJD 型电子经纬仪的使用

DJD 型电子经纬仪采用光栅度盘测角系统,使用微型计算机技术进行测量、计算、显示、存储等多项功能,可同时显示水平、竖直角测量结果,可以进行角度、坡度等多种模式的测量数据采集,如图 3.22 所示。

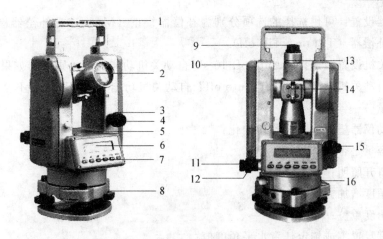

图 3.22 DJD 型电子经纬仪

1—仪器中心；2—望远镜物镜；3—垂直微动手轮；4—垂直制动手轮；5—管水准器；6—液晶显示屏；
7—键盘；8—基座固定扳手；9—望远镜目镜；10—电池盒；11—水平制动手轮；12—水平微动手轮；
13—望远镜调焦手轮；14—粗瞄准器；15—光学对点器；16—圆水准器

(1) 仪器显示屏及操作键（如图 3.23 所示）。

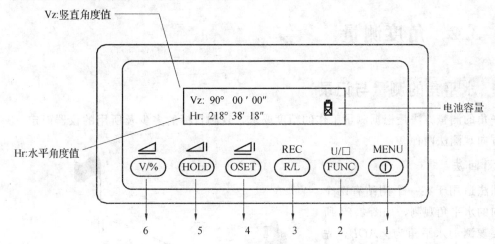

图 3.23 DJD 电子经纬仪操作面板

a. 开机、关机。

b. 300°/400gon 单位转换：按住〔FUNC〕键直到显示屏第一行显示 To400gon 或 To360°即实现单位转换；照明开/关（按键时间较短）；进入菜单后返回键。

c. 向右/左水平角值增加：仪器每次开机，并初始化后，显示"Hr"表示顺时针转动仪器时，水平角度值顺时针增加，按住〔R/L〕键并释放，显示"Hl"表示逆时针转动仪器时，水平角度值为增加方向。

d. 水平角度值置零：按住〔OSET〕键直到显示屏第二行显示〔SET0〕并释放，则水平角度值自动显示为 00°00′00″。

e. 水平角值设置及任意设置：按住〔HOLD〕键并释放，此时转动仪器，水平角值不变；任意设置，转动水平微动手轮，使仪器显示屏显示所需水平角度值，然后锁定，照准目标，按住〔HOLD〕键并释放。

f. 垂直角测量模式转换：仪器开机并初始化后，垂直角自动显示天顶距模式 Vz；显示角度值范围为 0°到 360°。按住〔V/%〕键并释放，可转换为坡度模式。

(2) 仪器设置。

①角度测量最小显示读数设置：可供选择的选项分别为 1″、5″、10″、20″。

②竖盘补偿器设置：可供选择的选项分别为补偿器校正（Modify）、补偿器检查（Theck）、开启补偿器或关闭补偿器（Tilt on、Tilt off）。

③仪器自动关机设置：选择"Auto off 10 s"自动关机功能开启，则仪器如果在10 min以内无任何操作，仪器自动关机。选择"Not Auto off"自动关机功能关闭，则仪器不会自动关机。

（3）角度测量。

①开机，转动仪器望远镜，仪器初始化；

②确定电池容量是否足够进行测量；

③确定是否打开照明；

④选择水平角度增加方向；

⑤选择测量角度单位；

⑥水平角度度盘置零或锁定任意水平角度值；

⑦瞄准目标；

⑧读数；

⑨进行下一个测量项目；

⑩测量结束并关机。

3.2 角度测量

3.2.1 水平角的测量与记录

水平角的测量方法是根据测量工作的精度要求、观测目标的多少及所用的仪器而定，一般有测回法和方向观测法两种。

1. 测回法

测回法适用于在一个测站有两个观测方向的水平角观测，如图3.24所示，设要观测的水平角为∠AOB，先在目标点A、B设置观测标志，在测站点O安置经纬仪，然后分别瞄准A、B两目标点进行读数，水平度盘两个读数之差即为要测的水平角，为了消除水平角观测中的某些误差，通常对同一角度要进行盘左盘右两个盘位观测（观测者对着望远镜目镜时，

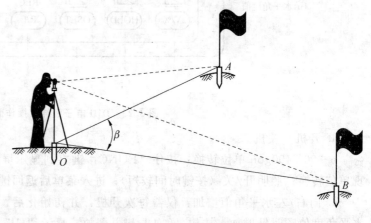

图3.24 测回法测水平角

竖盘位于望远镜左侧，称盘左又称正镜，当竖盘位于望远镜右侧时，称盘右又称倒镜），盘左位置观测，称为上半测回。盘右位置观测，称为下半测回，上下两个半测回合称为一个测回。

具体步骤如下：

（1）安置仪器于测站点O上，对中、整平。

（2）盘左位置瞄准A目标，读取水平度盘读数为a_1，设为0°04′30″，记入记录手簿（表3.1）盘左A目标水平度盘读数一栏。

（3）松开制动螺旋，顺时针方向转动照准部，瞄准点B，读取水平度盘读数为b_1，设为95°22′48″，记入记录手簿表盘左B目标水平度盘读数一栏。此时完成上半个测回的观测，即

$$\beta_左 = b_1 - a_1 \tag{3.7}$$

(4) 松开制动螺旋，倒转望远镜成盘右位置，瞄准点 B，读取水平度盘的读数为 b_2，设为 $277°19'12''$，记入记录手簿盘右 B 目标水平度盘读数一栏。

(5) 松开制动螺旋，顺时针方向转动照准部，瞄准点 A，读取水平度盘读数为 a_2，设为 $182°00'42''$，记入记录手簿盘右 A 目标水平度盘读数一栏。此时完成下半个测回观测，即

$$\beta_{右} = b_2 - a_2 \tag{3.8}$$

上下半测回合称为一个测回，取盘左、盘右所得角值的算术平均值作为该角的一测回角值，即

$$\beta = \frac{\beta_{左} + \beta_{右}}{2} \tag{3.9}$$

表 3.1　水平角观测记录手簿（测回法）

测站	目标	盘位	水平度盘读数	角 值	平均角值	备 注
O	A	左	$0°04'30''$	$95°18'18''$	$95°18'24''$	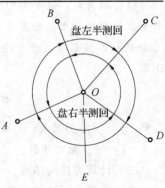
	B		$95°22'48''$			
	A	右	$182°00'42''$	$95°18'30''$		
	B		$277°19'12''$			

测回法用盘左、盘右观测（即正、倒镜观测），可以消除仪器某些系统误差对测角的影响，校核观测结果和提高观测结果精度。测回法测角盘左、盘右观测值之差不得超过 $±40''$。若超过此限应重新观测。

测回法的限差规定：一是两个半测回角值较差；二是各测回角值较差。对于精度要求不同的水平角，有不同的规定限差。《铁路工程测量规范》水平角观测规定限差见表 3.2。当要求提高测角精度时，往往要观测 n 个测回，每个测回可按变动值概略公式 $\frac{180°}{n}$ 的差数改变度盘起始读数，其中 n 为测回数，例如测回数 $n=4$，则各测回的起始方向读数应等于或略大于 $0°$、$45°$、$90°$、$135°$，这样做的主要目的是为了减弱度盘刻划不均匀造成的误差。

表 3.2　水平角角值限差

仪器类型	两半测回间角值较差	各测回间角值较差
DJ6	$30''$	$20''$
DJ2	$20''$	$15''$

2. 方向观测法

当一个测站有 3 个或 3 个以上的观测方向时，应采用方向观测法进行水平角观测，方向观测法是以所选定的起始方向（零方向）开始，依次观测各方向相对于起始方向的水平角值，也称方向值。两任意方向值之差，就是这两个方向之间的水平角值。如图 3.25 所示，为 5 个观测方向，需采用方向观测法进行观测，现就其观测、记录、计算及精度要求做如下介绍。

(1) 观测步骤。

① 安置经纬仪于测站点 O，对中、整平。

② 盘左位置瞄准起始方向（也称零方向）点 A，并安置水平度盘

图 3.25　方向法观测方法

读数使其略大于零。转动测微轮使对径分划吻合，读取 A 方向水平度盘读数，同样以顺时针方向转动照准部，依次瞄准 B、C、D、E 点读数，为了检查水平度盘在观测过程中有无变动，最后再一次瞄准点 A 读数，称为归零。

每一次照准要求测微器两次重合读数，将方向读数按观测顺序自上而下记入观测记录手簿表（表 3.3）。

以上称为上半个测回。

③盘右位置瞄准点 A 读取水平度盘的读数，逆时针方向转动照准部，依次瞄准点 E、D、C、B、A，将方向读数按观测顺序自下而上记入观测记录手簿表。

表 3.3　水平角观测记录（方向观测法）

测回数	目标	度盘读数		$\dfrac{I+II}{2}$	2C	正倒镜平均值	起始方向	各测回归零方向值	备注
		I	II						
1	2	3	4	5	6	7	8	9	10
O		° ′ ″	″	″	″	° ′ ″	° ′ ″	° ′ ″	
	A	00 00 50	51	50.5	−1.5	00 00 51.2	00 00 50.7	0 00 00	
		180 00 52	52	52.0					
	B	35 14 56	55	55.5	−2.0	35 14 56.5		35 14 05.8	
		215 14 58	57	57.5					
	C	100 24 14	12	13.0	2.5	100 24 11.8		100 23 21.1	
		280 24 10	11	10.5					
	D	224 06 37	39	38.0	−1.5	224 06 38.8		224 05 48.1	
		44 06 40	39	39.5					
	E	301 01 21	22	21.5	4.0	301 01 19.5		301 00 28.8	
		121 01 17	18	17.5					
	A	00 00 48	50	49.0	−2.5	00 00 50.2			
		180 00 51	52	51.5					

以上称为下半个测回。

上下半测回合称为一个测回。需要观测多个测回时，各测回间应按 $\dfrac{180°}{n}$ 变换度盘位置。

【知识拓展】

精密测角时，每个测回照准起始方向，应改变度盘和测微盘位置的读数，使读数均匀分布在整个度盘和测微盘上。安置方法：照准目标后，用测微轮安置分、秒数，转动拨盘手轮安置整度及整10分的数，然后将拨盘手轮弹起即可。例如用 DJ2 级仪器时，各测回起始方向的安置读数按下式计算：

$$R = \dfrac{180°}{n}(i-1) + 10'(i-1) + \dfrac{600''}{n}\left(i-\dfrac{1}{2}\right) \tag{3.10}$$

式中　n——总测回数；

　　　i——该测回序数。

(2) 计算方法与步骤。

①测微器重合读数之差：表 3.3 第 3、4 栏的秒数差不超过规定限差，大于限差则超限。例 A 方向 50″、51″的差值为 1″，符合限差要求，取平均值填写在第 5 栏。

②半测回归零差：盘左 50.5″−49.0″=1.5″，盘右 52.0″−51.5″=0.5″。

③计算同一方向上 2C 误差：2C=盘左读数−（盘右读数±180°）

例如：表 3.3 第 5 栏盘左与盘右之差，A 方向 2C=00°00′50.5″−（180°00′52.0″−180°）= −1.5″。

④计算一个测回各方向的正倒镜平均读数：

平均读数=1/2［盘左读数＋（盘右读数±180°）］

例如： A方向平均读数=1/2［00°00′50.5″＋（180°00′52.0″－180°）］＝00°00′51.2″

⑤计算起始方向值：第7栏两个A方向的平均值1/2（00°00′51.2″＋00°00′50.2″）＝00°00′50.7″，填写在第八栏。

⑥计算归零后方向值：各方向平均读数减起始方向平均读数。

例如： B方向归零方向值＝35°14′56.5″－00°00′50.7″＝35°14′05.8″

（3）精度要求（见表3.4）。

①光学测微器两次重合读数之差：每一次照准，测微器两次重合读数之差值在限差以内时，取其平均值作为该次照准的读数。

②半测回归零差：两次观测零方向之差值，在限差以内时，取其平均值作为起始方向值。

③一测回2C值变动范围：2C即为2倍的照准差，测规对2C值规定了各方向之间的互差限差。

④各测回同一方向值互差：例如观测为4个测回，各测回的B方向归零方向值间的差值。

表3.4 方向观测法的限差

等级	仪器型号	光学测微器两次重合读数之差	半测回归零差	一测回中2C值变动范围	各测回同一方向值互差
四等及以上	DJ1	1″	6″	9″	6″
	DJ2	3″	8″	13″	10″
一级及以下	DJ2		12″	18″	12″
	DJ6		18″		24″

3.2.2 竖直角的测量与记录

1. 竖直度盘的构造

经纬仪竖盘包括竖直度盘、竖盘指标管水准器和竖盘指标管水准器微动螺旋。竖直度盘固定在横轴一端，可随望远镜在竖直面内转动。分微尺的零刻划线是竖盘读数的指标线，可看成与竖盘指标管水准器固连在一起，指标管水准器气泡居中时，指标就处于正确位置。如果望远镜视线水平，竖盘读数应为90°或270°。当望远镜上下转动瞄准不同高度的目标时，竖盘随着转动，而指标线不动，因而可读得不同位置的竖盘读数，用以计算不同高度目标的竖直角，如图3.26所示。

竖盘是由光学玻璃制成的，其刻划有顺时针方向和逆时针方向两种，如图3.27所示。

不同刻划的经纬仪其竖直角公式不同。盘左时：

当望远镜物镜抬高时，竖盘读数减小（顺时针刻划），竖直角为

$$\alpha = 起始读数 - 读数 = 90° - L \tag{3.11}$$

反之，当物镜抬高时，竖盘读数增加（逆时针刻划），竖直角为

$$\alpha = 读数 - 起始读数 = L - 90° \tag{3.12}$$

2. 竖直角观测

竖直角观测步骤如下：

（1）仪器安置在测站点上，对中、整平。盘左位置瞄准目标点，使十字丝中横丝精确切准目标顶端，如图3.28所示。

（2）盘左位置瞄准点A，用十字丝横丝照准或相切目标点，读取竖直度盘的读数L，设为80°04′12″，记入观测记录手簿（表3.5），这样就完成了上半个测回的观测。

（3）将望远镜倒镜变成盘右，瞄准点A读取竖直度盘的读数R，设为279°55′42″记入观测手簿，这样就完成了下半个测回的观测。

上下半测回合称为一个测回，根据需要进行多个测回的观测。

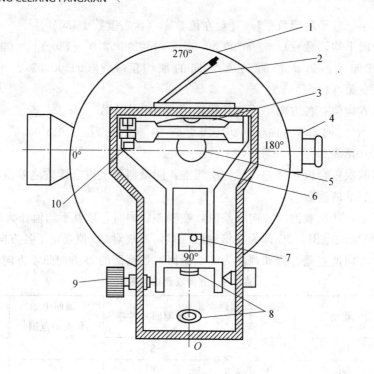

图 3.26 经纬仪竖盘结构

1—竖直度盘；2—管水准器反射镜；3—竖盘管水准器；4—望远镜；5—横轴；
6—支架；7—转向棱镜；8—透镜组；9—竖盘管水准器微动螺旋；10—管水准器校正螺丝

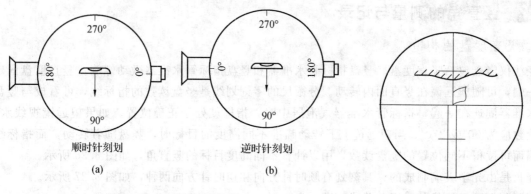

图 3.27 不同刻划的竖盘　　　　　　　　**图 3.28 竖直角测量瞄准**

表 3.5 竖直角观测记录

测站	测点	盘位	竖盘读数 ° ′ ″	半测回角值 ° ′ ″	一测回角值 ° ′ ″	指标差
O	A	左	80 04 12	9 55 48	9 55 45	+3″
		右	279 55 42	9 55 42		

3. 竖直角的计算

竖直角是指某一方向与其在同一铅垂面内的水平线所夹的角度，则视线方向读数与水平线读数之差即为竖直角值。其水平线读数为一固定值，实际只需观测目标方向的竖盘读数。度盘的刻划注记形式不同，用不同盘位进行观测，视线水平时读数不相同，因此，竖直角计算应根据不同度盘的刻划注记形式相对应的计算公式计算所测目标的竖直角。下面以顺时针方向注字形式说明竖直角的计算方法及如何确定计算式。

如图 3.29（a）所示，盘左位置，视线水平时读数为 90°。如图 3.29（b）所示，望远镜上仰，

视线向上倾斜，指标处读数减小，根据竖直角定义仰角为正，则盘左时竖直角计算公式为

$$\alpha_L = 90° - L \tag{3.13}$$

如果 $L > 90°$，竖直角为负值，表示是俯角。

如图 3.29（c）所示，盘右位置，视线水平时读数为 270°。如图 3.29（d）所示，望远镜上仰，视线向上倾斜，指标处读数增大，根据竖直角定义仰角为正，则盘右时竖直角计算公式为

$$\alpha_R = R - 270° \tag{3.14}$$

如果 $R < 270°$，竖直角为负值，表示是俯角。

式（3.13）、（3.14）中，L 为盘左竖盘读数；R 为盘右竖盘读数。

为了提高竖直角精度，取盘左、盘右的平均值作为最后结果，即

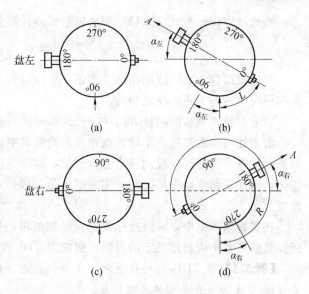

图 3.29 竖直角计算

$$\alpha = \frac{\alpha_L + \alpha_R}{2} = \frac{1}{2}(R - L - 180°) \tag{3.15}$$

同理可推出全圆逆时针刻划注记的竖直角计算公式，即

$$\alpha_L = L - 90° \tag{3.16}$$

$$\alpha_R = 270° - R \tag{3.17}$$

4. 竖盘指标差

上述竖直角计算公式是依据竖盘的构造和注记特点，即视线水平，竖盘自动归零时，竖盘指标应指在正确的读数 90°或 270°上，但因仪器在使用过程中受到震动或者制造上不严密，使指标位置偏移，导致视线水平时的读数与正确读数有一差值，此差值称为竖盘指标差，用 x 表示，如图 3.30 所示。由于指标差存在，盘左读数和盘右读数都差了一个 x 值。正确的竖直角应对竖盘读数进行指标差改正。由图 3.27 可知，竖直角计算公式为

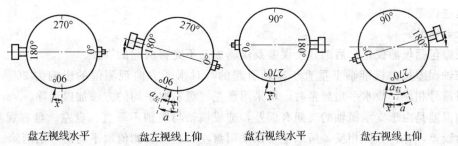

盘左视线水平　　盘左视线上仰　　盘右视线水平　　盘右视线上仰

图 3.30 竖盘指标差

盘左竖直角值：

$$\alpha = 90° - (L - x) = \alpha_L + x \tag{3.18}$$

盘右竖直角值：

$$\alpha = (R - x) - 270° = \alpha_R - x \tag{3.19}$$

将式（3.18）与式（3.19）相加并除以 2 得

$$\alpha = \frac{\alpha_L + \alpha_R}{2} = \frac{L - R + 180°}{2} \tag{3.20}$$

用盘左、盘右测得竖直角取平均值，可以消除指标差的影响。

将式（3.18）与式（3.19）相减得指标差计算公式：

$$x = \frac{\alpha_L - \alpha_R}{2} = \frac{1}{2}(L + R - 360°) \tag{3.21}$$

用单盘位观测时，应加指标差改正，可以得到正确的竖直角。当指标偏移方向与竖盘注记的方向相同时指标差为正，反之为负。

以上各公式是按顺时针方向注字形式推导的，同理可推出逆时针方向注字形式的计算公式。

由上述可知测量竖直角时，盘左盘右观测取平值可以消除指标差对竖直角的影响，对同一台仪器的指标差，在短时间段内理论上为定值，即使受外界条件变化和观测误差的影响，也不会有大的变化，因此在精度要求不高时，先测定 x 值，以后观测时可以用单盘位观测，加指标差改正得正确的竖直角。

在竖直角测量中，常以指标差检验观测成果的质量，即在观测不同的测回中或不同的目标时，指标差的互差不应超过规定的限制，例如用 TDJ6 级经纬仪做一般工作时指标差互差不超过 25″。

【例 3.1】用 TDJ6 经纬仪观测一点 A，盘左、盘右测得的竖盘读数如表 3.5 竖盘读数一栏，计算观测点 A 的竖直角和竖盘指标差。

由公式（3.16）、（3.17）得半测回角值：

$$\alpha_L = 90° - L = 90° - 80°04'12'' = 9°55'48''$$
$$\alpha_R = R - 270° = 279°55'42'' - 270° = 9°55'42''$$

由公式（3.18）得一测回角值：

$$\alpha = \frac{\alpha_L + \alpha_R}{2} = \frac{9°55'48'' + 9°55'42''}{2} = 9°55'45''$$

由公式（3.21）得竖盘指标差：

$$x = \frac{\alpha_L - \alpha_R}{2} = \frac{9°55'48'' - 9°55'42''}{2} = +3''$$

3.2.3 角度测量的误差分析及注意事项

1. 角度测量误差来源

角度测量误差来源有仪器误差、观测误差和外界环境造成的误差。研究这些误差是为了找出消除和减少这些误差的方法。

（1）仪器误差。

仪器误差包括仪器校正之后的残余误差及仪器加工不完善引起的误差。

①视准轴误差是由视准轴不垂直于横轴引起的，对水平方向观测值的影响为 $2C$。由于盘左、盘右观测时符号相反，故水平角测量时，可采用盘左、盘右取平均的方法加以消除。

②横轴误差是由于支承横轴的支架有误差，造成横轴与竖轴不垂直。盘左、盘右观测时对水平角影响为角误差，并且方向相反，所以也可以采用盘左、盘右观测值取平均的方法消除。

③竖轴倾斜误差是由于管水准器轴不垂直于竖轴，以及竖轴管水准器不居中引起的误差。这时，竖轴偏离竖直方向一个小角度，从而引起横轴倾斜及度盘倾斜，造成测角误差。这种误差与正、倒镜观测无关，并且随望远镜瞄准不同方向而变化，不能用正、倒镜取平均的方法消除。因此，测量前应严格检校仪器，观测时仔细整平，并始终保持照准部管水准器气泡居中，气泡不可偏离一格。

④度盘偏心差主要是度盘加工及安装不完善引起的。使照准部旋转中心 C_1 与水平度盘圆心 C 不重合引起读数误差，如图 3.31 所示。若 C 和 C_1 重合，瞄准 A、B 目标时正确读数 a_L、b_L、a_R、b_R。若不重合，其读数为 a'_L、b'_L、a'_R、b'_R。与正确读数相比变了 x_a、x_b。从图中可见，在正、倒镜时，指标线在水平度盘上的读数具有对称性，而符号相反，因此，可用盘左、盘右读数取平均的方法予以减小。

⑤度盘刻划不均匀误差是由于仪器加工不完善引起的。这项误差一般很小。在高精度测量时，为了提高测角精度，可利用度盘位置变换手轮或复测扳手在各测回间变换度盘位置，减小这项误差的影响。

⑥竖盘指标差可以用盘左、盘右取平均的方法消除。

（2）观测误差。

①对中误差。在测角时，若经纬仪对中有误差，将使仪器中心与测站点不在同一铅垂线上，造成测角误差。

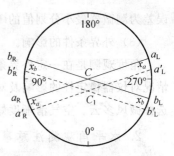

图 3.31　度盘偏心差

如图 3.32 所示，O 为测站点，A、B 为目标点，O' 为仪器中心在地面上的投影。OO' 为偏心距，以 e 表示。则对中引起测角误差 ε 为

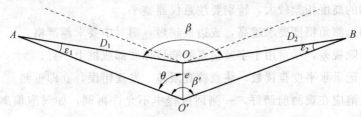

图 3.32　仪器对中误差

$$\beta = \beta' + (\varepsilon_1 + \varepsilon_2) \tag{3.22}$$

$$\varepsilon_1 \approx \frac{\rho}{D_1} e \sin \theta, \varepsilon_2 \approx \frac{\rho}{D_2} e \sin(\beta' - \theta) \tag{3.23}$$

$$\varepsilon = \varepsilon_1 + \varepsilon_2 = \rho e \left[\frac{\sin \theta}{D_1} + \frac{\sin(\beta' - \theta)}{D_2} \right] \tag{3.24}$$

式中 ρ 以秒计。从上式可见，对中误差的影响 ε 与偏心距成正比，与边长成反比。当 $\beta' = 180°$，$\theta = 90°$ 时，ε 角值最大。当 $e = 3$ mm，$D_1 = D_2 = 60$ m 时，对中误差为

$$\varepsilon = \rho e \left(\frac{1}{D_1} + \frac{1}{D_2} \right) = 20.6''$$

这项误差不能通过观测方法消除，所以测水平角时要仔细对中，在短边测量时更要严格对中。

②目标偏心误差。目标偏心是由于标杆倾斜引起的。如标杆倾斜，又没有瞄准底部，则产生目标偏心误差，如图 3.33 所示，O 为测站，A 为地面目标点，AA' 为标杆，杆长为 d，杆倾角为 α。目标偏心差为

$$e = d \sin \alpha \tag{3.25}$$

目标偏斜对观测方向的影响为

$$\varepsilon = \frac{e}{D} \rho = \frac{d \sin \alpha}{D} \rho \tag{3.26}$$

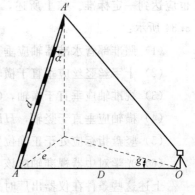

图 3.33　目标偏心误差

从式（3.26）可见，目标偏心误差对水平方向影响与 e 成正比，与边长成反比。

为了减少这项误差，测角时标杆应竖直，并尽可能瞄准底部。

③照准误差。测角时由人眼通过望远镜瞄准目标产生的误差称为照准误差。影响照准误差的因素很多，如望远镜放大倍数、人眼分辨率、十字丝的粗细、标志形状和大小、目标影像亮度、颜色等，通常以人眼最小分辨视角（60″）和望远镜放大率 v 来衡量仪器的照准精度，即

$$m_v = \pm \frac{60''}{v} \tag{3.27}$$

对于 DJ6 型经纬仪，$v = 28$，$m_v = \pm 2.2''$。

④读数误差。读数误差主要取决于仪器读数设备。对于采用分微尺读数系统的经纬仪，读数中

误差为测微器最小分划值的1/10，即0.1′=6″。

(3) 外界条件的影响。

角度观测是在一定外界条件下进行的。外界环境对测角精度有直接影响，如大风、日晒、土质情况对仪器稳定性的影响及对气泡居中的影响，大气热辐射、大气折光对瞄准目标影响等，所以应选择微风多云、空气清晰度好、大气湍流不严重的条件下观测。

2. 水平角观测注意事项

(1) 仪器安置的高度应合适，脚架应踩实，中心螺旋拧紧，观测时手不扶脚架，转动照准部及使用各种螺旋时，用力要轻。

(2) 若观测目标的高度相差较大，特别要注意仪器整平。

(3) 对中要准确。测角精度要求越高，或边长越短，则对中要求越严格。

(4) 观测时要消除视差，尽量用十字丝交点照准目标底部或桩上小钉。

(5) 按观测顺序记录水平度盘读数，注意检查限差。发现错误，立即重测。

(6) 管水准器气泡应在观测前调好，一测回过程中不允许再调，如气泡偏离中心超过两格时，应再次整平重测该测回。

3.2.4 经纬仪的检验与校正

1. 经纬仪各轴线间应满足的几何关系

经纬仪是根据水平角和竖直角的测角原理制造的，当管水准器气泡居中时，仪器旋转轴竖直，水平度盘水平，则要求管水准器轴垂直竖轴。测水平角要求望远镜绕横轴旋转为一个竖直面，就必须保证视准轴垂直横轴。另一点保证竖轴竖直时，横轴水平，则要求横轴垂直竖轴。照准目标使用竖丝，只有横轴水平时竖丝竖直，则要求十字丝竖丝垂直横轴。为使测角达到一定精度，仪器其他状态也应达到一定标准。综上所述，经纬仪应满足的基本几何关系如图3.34所示：

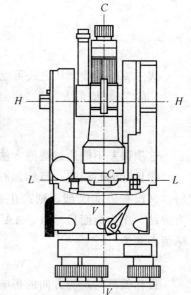

图3.34 经纬仪的轴线

(1) 照准部管水准器轴应垂直于竖轴，$LL \perp VV$；

(2) 十字丝竖丝应垂直于横轴；

(3) 视准轴应垂直于横轴，$CC \perp HH$；

(4) 横轴应垂直于竖轴，$HH \perp VV$；

(5) 竖盘指标应处于正确位置；

(6) 光学对中器视准轴应该与竖轴中心线重合。

上述这些条件在仪器出厂时一般都能满足，但由于仪器长期在野外使用，其轴线关系可能被破坏，从而产生测量误差。因此，测量规范要求，正式作业前应对经纬仪进行检验。必要时需对调节部件加以校正，使之满足要求。DJ6型经纬仪应进行下述检验。

2. 经纬仪的检验和校正

(1) 照准部管水准器轴垂直于竖轴的检验与校正。

检验目的是使仪器满足照准部管水准器轴垂直于仪器竖轴的几何条件。使仪器整平后，保证竖轴铅直，水平度盘保持水平。

①检验。将仪器大致整平，转动照准部，使管水准器平行于任一对脚螺旋。调节两脚螺旋，使

管水准器气泡居中。将照准部旋转180°，此时，若气泡仍然居中，则说明满足条件。若气泡偏离量超过一格，应进行校正。

②校正。如图3.35（a）所示，若管水准器轴与竖轴不垂直，之间误差角为α。当管水准器轴水平时竖轴倾斜，竖轴与铅垂线夹角为α。当照准部旋转180°，如图3.35（b），基座和竖轴位置不变，但气泡不居中，管水准器轴与水平面夹角为2α，这个夹角将反映在气泡中心偏离的格值。校正时，可用校正针调整管水准器校正螺丝，使气泡退回偏移量的一半（即α），如图3.35（c），再调整脚螺旋使管水准器气泡居中，如图3.33（d）所示。这时，管水准器轴水平，竖轴处于竖直位置。这项工作要反复检验直到满足要求。

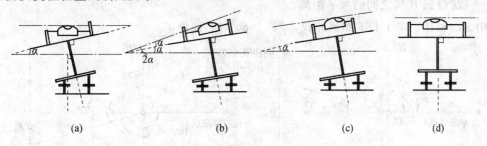

图3.35 照准部管水准器轴检校

（2）十字丝竖丝垂直于横轴的检验与校正。

①检验。检验目的是使十字丝的竖丝垂直于横轴，保证精确瞄准目标。用十字丝中点精确瞄准一个清晰目标点P，然后锁紧望远镜制动螺旋。慢慢转动望远镜微动螺旋，使望远镜上、下移动。如点P沿竖丝移动，则满足条件，否则需校正，如图3.36所示。

②校正。

a. 精确整平仪器，用竖丝的一端瞄准一个固定点，旋紧水平制动螺旋和望远镜制动螺旋。

b. 转动望远镜微动螺旋，观察"·"点，是否始终在竖丝上移动，若始终在竖丝上移动，如图3.36（a）所示，说明满足条件，否则需要进行校正，如图3.36（b）所示。

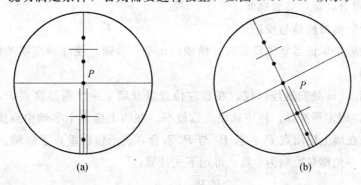

图3.36 十字丝竖丝检验

校正方法：

a. 拧下目镜前面的十字丝的护盖，松开十字丝环的压环螺丝；

b. 转动十字丝环，使竖丝到达竖直位置，然后将松开的螺丝拧紧。

此项检验校正工作需反复进行。

（3）视准轴垂直于横轴的检验与校正。

①检验。检验目的是当横轴水平时，望远镜绕横轴旋转，其视准面应是与横轴正交的铅垂面。若视准轴与横轴不垂直，望远镜将扫出一个圆锥面。当两轴不垂直，用该仪器测量同一铅垂面内不同高度的目标时，所测水平度盘读数与真实角值就不一样，从而产生测角误差。水平角测量时，对

水平方向目标，正倒镜读数所求 c 即为这项误差。仪器检验常用四分之一法。如图 3.37，在平坦地区选择距离 60 m 的 A、B 两点。在其中点 O 安置经纬仪。点 A 设标志，点 B 横放一根刻有毫米分划的直尺。尺与 OB 垂直，并使点 A、尺和仪器的高度大致相同。盘左位置瞄准点 A，固定照准部，纵转望远镜，在 B 尺上读数为 B_1。然后用盘右位置照准点 A，再纵转望远镜，在 B 尺上读数为 B_2。若 B_1 和 B_2 重合，表示视准轴垂直于横轴，否则条件不满足。$\angle B_1 O B_2 = 4c$，为 4 倍照准差。由此算得

$$c = \frac{\overline{B_1 B_2}}{4D} \rho \tag{3.28}$$

式中　D——点 O 到 B 尺之间的水平距离。

上式中 ρ 以秒计。对于 DJ6 型经纬仪，当 $c > 60''$ 时必须校正。

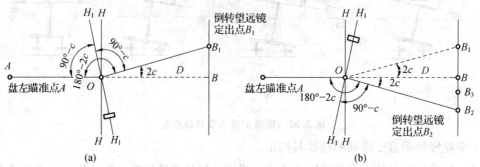

图 3.37　视准轴检验

②校正。在盘右位置，保持 B 尺不动，在 B 尺上定出点 B_3，使

$$\overline{B_2 B_3} = \frac{1}{4} \overline{B_1 B_2}$$

OB_3 便与横轴垂直。

用校正针拨十字丝校正螺旋（左、右），如图 3.38 所示，一松一紧，平移十字丝分划板，直到十字丝交点与点 B_3 重合，最后旋紧螺丝。

（4）横轴垂直于竖轴的检验与校正。

①检验。此项检验是保证当竖轴铅垂时，横轴应水平；否则，视准轴绕横轴旋转轨迹不是铅垂面，而是一个倾斜面。

检验时，在距墙 30 m 处安置经纬仪，在盘左位置瞄准墙上一个明显高点 P，如图 3.39 所示。要求仰角应大于 30°。固定照准部，将望远镜大致放平。在墙上标出十字丝中点所对位置 P_1。再用盘右瞄准点 P，同法在墙上标出点 P_2。若 P_1 与 P_2 重合，表示横轴垂直于竖轴。P_1 与 P_2 不重合，则条件不满足，对水平角测量影响为 i 角，可用下式计算：

$$i = \frac{\overline{P_1 P_2}}{2} \cdot \frac{\rho}{D} \cot \alpha \tag{3.29}$$

上式中 ρ 以秒计。对于 DJ6 型经纬仪，若 $i > 20''$ 则需校正。

②校正。用望远镜瞄准 P_1、P_2 直线的中点 P_M，固定照准部，然后抬高望远镜使十字丝交点移到点 P'。由于 i 角的影响，P' 与 P 不重合。校正时应打开支架护盖，放松支架内的校正螺丝，使横轴一端升高或降低，直到十字丝交点对准点 P。注意：由于经纬仪横轴密封在支架内，该项校正应由专业维修人员进行。

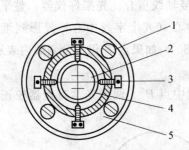
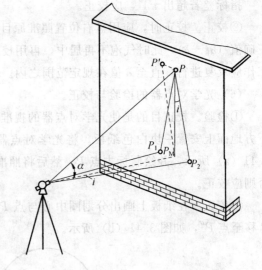

图 3.38 十字丝分划板校正螺丝

1—压环螺丝；2—十字丝分划板；3—十字丝校正螺丝；
4—分划板座；5—压环

图 3.39 横轴检验

(5) 竖盘指标差及其检验与校正。

①检验。经纬仪由于长期使用及运输，会使望远镜视线水平、竖盘管水准器气泡居中时，其指标不恰好在 90°或 270°，而与正确位置差一个小角度 δ，称为竖盘指标差，如图 3.40 所示。

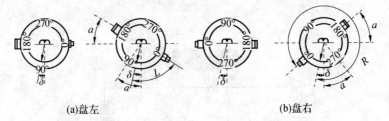

(a)盘左　　　　　　　(b)盘右

图 3.40 竖盘指标差

此时进行竖直角测量，盘左读数为 $90°+\delta$。正确的竖直角为

$$\alpha = (90°+\delta) - L \tag{3.30}$$

盘右时，正确的竖直角为

$$\alpha = R - (270°+\delta) \tag{3.31}$$

将式 (3.13)、(3.14) 代入式 (3.30)、(3.31) 得

$$\alpha = \alpha_L + \delta \tag{3.32}$$

$$\alpha = \alpha_R - \delta \tag{3.33}$$

将式 (3.32)、(3.33) 两式相加除以 2，得

$$\alpha = \frac{\alpha_L + \alpha_R}{2}$$

此式与式 (3.15) 相同，而指标差可用下式求得，即

$$\delta = \frac{\alpha_R + \alpha_L}{2} = \frac{1}{2}(R + L - 360°) \tag{3.34}$$

指标差可用于检查观测质量。在同一测站上，观测不同目标时，DJ6 型经纬仪指标差变化范围为 25″。此外，在精度要求不高或不便纵转望远镜时，可先测定指标差 δ，在以后观测时只做正镜观测，求 α_L，按式 (3.32) 求竖直角。

指标差若超出±1′，应校正。

②校正。校正时，应用盘右位置照准原目标。转动竖盘指标管水准器微动螺旋，使竖盘读数为正确值（$α_R-δ$），此时气泡不再居中，再用校正针拨动竖盘管水准器校正螺丝，使气泡居中。这项工作应反复进行，直至$δ$值在规定范围之内。

（6）光学对点器的检验与校正。

①检验。校正目的是使光学对点器的视准轴与仪器竖轴线重合。先架好仪器，整平后在仪器正下方地面上安置一块白色纸板。将光学对点器分划圈中心（或十字丝中心）投影到纸板上，如图3.41（a）所示，并绘制标志点P。然后将照准部旋转180°，如果点P仍在分划圈内表示条件满足，否则应校正。

②校正。在纸板上画出分划圈中心与点P之间连线中点P''。调节光学对点器校正螺钉，使点P移至点P''，如图3.41（b）所示。

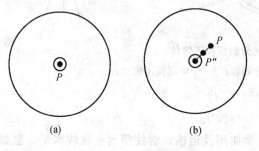

图3.41 光学对中器

【重点串联】

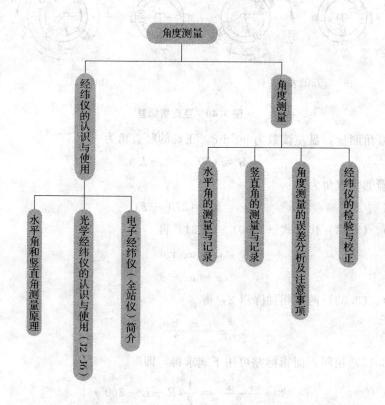

【知识链接】

建筑工程测量规范
GB 50026—2007（建设部国家标准）
（Ⅲ）水平角观测

3.3.8 水平角观测宜采用方向观测法，并符合下列规定：

1. 方向观测法的技术要求，不应超过表 3.3.8 的规定。

表 3.3.8 水平角方向观测法的技术要求

等级	仪器精度等级	光学测微器两次重合读数之差/s	半测回归零差/s	一测回内 2C 互差/s	同一方向值各测回较差/s
四等及以上	1 秒级仪器	1	6	9	6
	2 秒级仪器	3	8	13	9
一级及以下	2 秒级仪器	—	12	18	12
	6 秒级仪器	—	18	—	24

3.3.9 三、四等导线的水平角观测，当测站只有两个方向时，应在观测总测回中以奇数测回的度盘位置观测导线前进方向的左角，以偶数测回的度盘位置观测导线前进方向右角。左右角的测回数为总测回数的一半。但在观测右角时，应以左角起始方向为准变换度盘位置，也可用起始方向的度盘位置加上左角的概值在前进方向配置度盘。

左角平均值与右角平均值之和与 3 600 之差，不应大于本规范表 3.3.1 中相应等级导线测角中误差的 2 倍。

拓展与实训

职业能力训练

一、填空题

1. 经纬仪对中误差大小与偏心距的大小成_____比，与边长的大小成_____比。
2. 经纬仪的测站安置工作包括_____和_____，其目的分别是_____。
3. 用测回法测量水平角时，计算角度总是用右目标读数减左目标读数，其原因是_____。
4. 经纬仪主要轴线之间关系应满足的条件是：(a)_____，(b)_____，(c)_____。
5. 水平角观测时，不同测回之间起始方向变动度盘位置，其目的是_____。

二、单选题

1. 存在横轴误差时，对水平角测量的影响是（　　）。
   A. 当视线水平时，对测水平角影响最大
   B. 随目标竖角的增大，横轴误差影响逐渐减小
   C. 随目标竖角的增大，横轴误差影响逐渐增大

2. 经纬仪在测站上安置是先对中后整平，通过对中达到（　　）。
   A. 水平度盘中心与测站在同一铅垂线上
   B. 仪器中心螺旋的中心与测站在同一铅垂线上
   C. 仪器基座中心线与测站在同一铅垂线上
3. 水平角观测时，各测回间要求变换度盘位置，其目的是（　　）。
   A. 改变起始方向的度盘度数　　　　　　B. 减小度盘偏心差的影响
   C. 便于检查观测的粗差　　　　　　　　D. 减弱度盘刻划误差的影响

三、简答题

1. 简述经纬仪照准部管水准器检校的目的和步骤。如果管水准器位置不正确，此时又无工具，用该仪器观测，怎样将仪器整平？
2. 在检校横轴时，为什么要选高一点的点位做目标？而在视准轴检校时又要求照准点、横尺与仪器大约同高，这是为什么？
3. 测量水平角时，当边长越短越要注意对中误差和目标误差，道理何在？试绘图说明。
4. 什么叫竖盘指标差？如何进行检验与校正？用竖盘指标差来衡量竖角观测成果是否合格？
5. 什么叫竖角？为什么测量竖角只须在瞄准目标时读取竖盘读数，而不必把望远镜置水平位置进行读数？

工程模拟训练

1. 用 DJ6 经纬仪测回法观测水平角，两个测回，要求测绘间较差小于 40″。
2. 用 DJ6 经纬仪竖直角观测。

链接执考

1. 经纬仪的安置工作包括_____、_____。[2013年测量高级工试题库]
2. 竖直角就是在同一竖直面内_____与_____之夹角。[2013年测量高级工试题库]
3. 经纬仪安置过程中，整平的目的是使_____，对中的目的是使仪器_____与_____点位于同一铅垂线上。[测量高级工试题库]
4. 视准轴是指（　　）的连线。[2013年测量高级工试题库]
   A. 物镜光心与目镜光心　　　　　　　　B. 目镜光心与十字丝中心
   C. 物镜光心与十字丝中心
5. 采用盘左、盘右的水平角观测方法，可以消除（　　）误差。[2013年测量高级工试题库]
   A. 对中　　B. 十字丝的竖丝不铅垂　　C. 2C
6. 用测回法观测水平角，测完上半测回后，发现管水准器气泡偏离2格多，在此情况下应（　　）。[2011注册测绘师考试测量学知识题库]
   A. 继续观测下半测回　　　　　　　　　B. 整平后观测下半测回
   C. 继续观测或整平后观测下半测回　　　D. 整平后全部重测
7. 测量竖直角时，采用盘左、盘右观测，其目的之一是可以消除（　　）误差的影响。[2011注册测绘师考试测量学知识题库]
   A. 对中　　B. 视准轴不垂直于横轴　　C. 指标差

8. 用经纬仪观测水平角时，尽量照准目标的底部，其目的是为了消除（　　）误差对测角的影响。[2013注册测绘师考试测量学知识题库]

　　A. 对中　　　　　B. 照准　　　　　C. 目标偏离中心

9. 经纬仪安置时，整平的目的是使仪器的（　　）。[2013年测量高级工试题库]

　　A. 竖轴位于铅垂位置，水平度盘水平

　　B. 管水准器气泡居中

　　C. 竖盘指标处于正确位置

10. 在点 B 上安置经纬仪观测 A 和 C 两个方向，盘左位置先照准点 A，后照准点 C，水平度盘的读数为 $6°23'30''$ 和 $95°48'00''$；盘右位置照准点 C，后照准点 A，水平度盘读数分别为 $275°48'18''$ 和 $186°23'18''$，试记录在测回法测角记录表中（见表3.6），并计算该测回角值是多少？[2013年测量高级工试题库]

表3.6　测回法测角记录表

测站	盘位	目标	水平度盘读数 (° ′ ″)	半测回角值 (° ′ ″)	一测回角值 (° ′ ″)	备注

11. 某台经纬仪的竖盘构造是：盘左位置当望远镜水平时，指标指在 $90°$，竖盘逆时针注记，物镜端为 $0°$。用这台经纬仪对一高目标 P 进行观测，测得其盘右的读数为 $263°18'25''$，试确定盘右的竖直角计算公式，并求出其盘右时的竖直角。[2013年测量高级工试题库]

模块 4 距离测量与直线定向

【模块概述】

距离是确定地面点相对位置的重要几何要素，距离测量是测量外业3项基本工作之一。在测量工作中，两点间的距离是指其间的直线方向的距离，而且是两点间连线在同一个水平面上的投影长度，即水平距离。

测定地面上两点间距离的方法有很多，按其精度要求不同，可分为普通量距和精密量距；按其所使用的仪器、工具的不同，又可分为皮尺、钢尺、铟瓦基线尺量距和光学视距仪测距，以及电磁波测距仪测距等。本章主要介绍钢尺量距、光学视距仪测距、电磁波测距仪测距的基本原理和方法。

【知识目标】

1. 距离测量的方法；
2. 钢尺量距的一般方法；
3. 电磁波测距的基本原理以及短程红外测距仪的使用方法；
4. 距离测量的误差来源及注意事项。

【技能目标】

1. 会用钢尺、测距仪测距，并能进行斜改平计算；
2. 会使用现代精密仪器（全站仪）观测距离。

【学习重点】

1. 距离测量的方法；
2. 钢尺量距的一般方法；
3. 电磁波测距的基本原理以及短程红外测距仪的使用方法；
4. 距离测量的误差来源及注意事项。

【课时建议】

6课时

距离测量与直线定向 模块 **4**

> **工程导入**
>
> 已知地面有两个点 A、B，要想测得两点之间的水平距离，应该用什么方法观测呢？地面是有起伏的，量出的距离是否是正确的呢？是否是我们所需要的呢？学习完本章内容，同学们就知道应该用什么样的工具量具，量出来的距离是否符合我们所需要的精度标准。

4.1 距离测量的方法

丈量距离所用的工具是由丈量所需要的精度决定的，主要有钢卷尺、皮尺及测绳，其次还有花杆、测钎等辅助工具。

4.1.1 钢尺量距

1. 钢卷尺

钢卷尺一般用薄钢片制成，如图 4.1 所示，其长度有 15 m、20 m、30 m、50 m 等，有的全尺刻划到毫米，有的只在 0~1 dm 之间刻至毫米，其余部分刻至厘米。钢卷尺用于较高精度的距离丈量，如控制测量及施工放样中的距离丈量等。

2. 钢尺量距的一般方法

(1) 在平坦地面上丈量水平距离。

如图 4.2，欲丈量 AB 直线，丈量之前先要进行定线，定线可用目测法在 AB 间用花杆定直线方向。当精度要求较高时，应用经纬仪定线。

图 4.1 钢卷尺

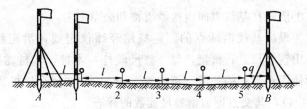

图 4.2 钢尺量距的一般方法

丈量距离时，后测手拿尺子的零端和一根测钎，立于直线的起点 A。前测手拿尺子另一端和测钎数根，沿 AB 方向前进至一整尺 1 处，前测手听后测手指挥，将尺子放在 AB 直线上，两人抖动并拉紧尺子（注意尺子不能扭曲），当后测手将零点对准点 A，发出"好"的信号，前测手就将一根测钎对准尺子末端刻划插于地上，同时回发"好"的信号。这就完成一整尺段的丈量工作。然后两人抬起尺子，沿 AB 方向继续前进，等后测手走到 1 点时停止前进，用同样方法丈量 2，3，…整尺段，最后量不足一整尺的距离 q。设尺子长度为 l，则所量 AB 直线长度 L 可按下式计算：

$$L = nl + q \tag{4.1}$$

式中 L——直线的总长度；

l——尺子长度（尺段长度）；

n——尺段数；

q——不足一尺段的余数。

在实际丈量中，为了校核和提高精度，一般需要进行往返丈量。往测和返测之差称为较差，较差与往返丈量长度平均值之比，称为丈量的相对误差，用以衡量丈量的精度。例如，一条直线的距离，往测为 208.926 m，返测为 208.842 m，则其往返平均值 L 平为 208.884 m，相对误差为

$$K = \frac{|L_{往} - L_{返}|}{L_{平}} = \frac{|208.926 - 208.842|}{208.884} \approx \frac{1}{2\,487}$$

相对误差应用分子为1的分数来表示，在平坦地区量距，其精度一般要求达到1/2 000以上，在困难的山地要求在1/1 000以上。上例符合精度要求，即可将往返测量的平均值$L_{平}$作为丈量的最终成果。

(2) 在倾斜地面丈量水平距离。

a. 平量法。如图4.3 (a)，当地面坡度不大时，可将尺子拉平。然后用垂球在地面上标出其端点，则AB直线总长度可按下式计算：

$$L = l_1 + l_2 + \cdots + l_n \tag{4.2}$$

这种量距的方法，产生误差的因素很多，因而精度不高。

b. 斜量法。如果地面坡度比较均匀，可沿斜坡丈量出倾斜距离L，并测出倾斜角α（图4.3 (b)），然后按下式改算成水平距离L：

$$D = L' \cos \alpha \tag{4.3}$$

3. 钢尺量距的精密方法

对于小三角测量中的基线丈量和施工放样中有些部位的测设，常要求量距精度达到$\frac{1}{10\,000} \sim \frac{1}{40\,000}$，这就要求用如下精密方法进行量距。

(1) 定线。

①清除在基线方向内的障碍物和杂草。

②根据基线两端点的固定桩用经纬仪定线，沿定线方向用钢卷尺进行概量，每一整尺段打一木桩，木桩需高出地面3 cm左右，木桩间的距离应略短于所使用钢卷尺的长度（例如短5 cm），并在每个桩桩顶按视线画出基线方向和其垂直向的短直线（图4.4），其交点即为钢卷尺读数的标志。

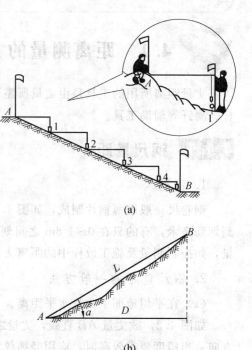

图4.3 倾斜地面量距

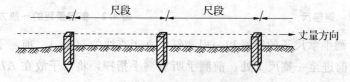

图4.4 钢尺量距的精密方法

(2) 量距。

用检定过的钢尺丈量相邻木桩之间的距离。丈量时，将钢卷尺首尾两端紧贴桩顶，并用弹簧秤施以钢卷尺检定时相同的拉力（一般为100 N），同时根据两桩顶的十字交点读数，读至毫米。读完一次后，将钢卷尺移动1～2 cm，再读两次，根据所读的3对读数即可算得3个丈量结果，3个长度间最大互差若小于3 mm，则取其平均值作为该尺段的丈量数值。每测一尺段均应记载温度，估读到0.1 ℃，以便计算温度改正数。逐段丈量至终点，不足整尺段同法丈量，即为往测（记载格式见表4.1）。往测完毕后，应立即进行返测，若备有两盘比较过的钢卷尺，亦可采用两尺同向丈量。

表 4.1 基线丈量记录与计算表

尺段	次数	前尺读数/m	后尺读数/m	尺段长度/m	尺段平均长度/m	温度 t 温度改正 Δl_t/mm	高差 h 倾斜改正 Δl_h/mm	尺长改正 Δl/mm	改正后的尺段长度/m	备注
A—1	1	29.930	0.064	29.866		25.8	+0.272			
	2	40	76	64						
	3	50	85	65	29.865 0	+2.1	−1.2	+2.5	29.868 4	
1—2	1	29.920	0.015	29.905		27.5	+0.174			钢尺名义长度为30 m，在标准温度和标准拉力下实际长度为 30.002 5 m
	2	30	25	05						
	3	40	33	07	29.905 7	+2.7	−0.5	+2.5	29.910 4	
…	…	…	…	…	…	…	…	…	…	
…	…	…	…	…	…	…	…	…	…	
…	…	…	…	…	…	…	…	…	…	
14—B	1	1.880	0.076	1.804		27.5	−0.065			
	2	70	64	06						
	3	60	55	05	1.805 0	+0.2	−1.2	+0.2	1.804 2	

(3) 测定桩顶间高差。

用水准仪按一般水准测量方法测定各段桩顶间的高差，以便计算倾斜改正数。

(4) 尺段长度的计算。

每次往测和返测的结果，应进行尺长改正、温度改正和倾斜改正，以便算出直线的水平长度，各项改正数的计算方法如下。

①尺长改正。由于金属质量和刻划的精度影响，钢卷尺出厂时含有一定的误差。或者经长期使用，受外界条件的影响，钢卷尺的长度也可能发生变化。为此，在丈量距离之前，应对钢卷尺进行检验以求得钢卷尺的实际长度。设被检验钢卷尺的名义长度为 l_0，与标准尺比较求得实际长度为 l，则尺长改正值 Δl 可按下式求得：

$$\Delta l = l - l_0 \tag{4.4}$$

如表 4.1 给出的实例中，钢卷尺的名义长度为 30 m，在标准温度 $t=20\ ℃$ 和标准拉力 100 N 时，其实际长度为 30.002 5 m，则尺长度改正数为

$$\Delta l = 30.002\ 5\ \text{m} - 30\ \text{m} = +2.5\ \text{mm}$$

所以每丈量一尺段 30 m，应加上 2.5 mm 的尺长改正数；不足 30 m 的尺段，按比例计算其尺长改正数。例如在表 4.1 中，最后一段的尺段长为 1.805 0 m，其尺长改正值为

$$\Delta l/\text{mm} = +\frac{2.5}{30} \times 1.805\ 0 = +0.2$$

计算时应注意，当钢卷尺比标准尺长时改正值取正号，反之取负号。

②温度改正。设钢卷尺在检定时的温度为 t_0，而丈量时的温度为 t，则一尺段长度的温度改正数 Δl_t 为

$$\Delta l_t = \alpha(t - t_0)l \tag{4.5}$$

式中 α——钢卷尺的膨胀系数，一般为 0.000 012/℃；

l——该尺的长度。

表 4.1 算例中，第一尺段 $l=29.865\ 0$ m，$t=25.8\ ℃$，$t_0=20\ ℃$，则该尺段的温度改正数为

$$\Delta l_t = 0.000\ 012 \times (25.8 - 20) \times 29.865\ 0\ \text{m} = +2.1\ \text{mm}$$

③倾斜改正。如图 4.5，设一尺段两端的高差为 h，量得的倾斜长度为 l，将倾斜长度化为水平长度 d 应加入的改正数为 Δl_h，其计算公式推导如下：

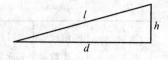

图 4.5 倾斜改正

$$h^2 = l^2 - d^2 = (l-d)(l+d)$$

$$l - d = \frac{h^2}{l+d}$$

因改正数 Δl_h 很小，在上式分母中可近似地取 $d=l$，则 Δl_h 为

$$\Delta l_h = -\frac{h^2}{2l} \tag{4.6}$$

上式中的负号是由于水平长度总比倾斜长度要短，所以倾斜改正数总是负值。以表 4.1 中第一尺段为例，该尺段两端的高差 $h=+0.272$ m，倾斜长度 $l=29.865\ 0$ m，则按式（4.6）中算得倾斜改正数：

$$\Delta l_h / \text{mm} = -\frac{(0.272)^2}{2 \times 29.865\ 0} = -1.2$$

每尺段进行以上 3 项改正后，即得改正后尺段的长度为

$$L = l + \Delta l + \Delta l_t + \Delta l_h \tag{4.7}$$

（5）计算全长。

将各个改正后的尺段长度相加，即得往测（或返测）的全长。如往返丈量相对误差小于允许值，则取往测和近测的平均值作为基线的最后长度。

【知识拓展】

钢卷尺检定简介

钢卷尺的检验，是将待检验的钢卷尺与已知实际长度的标准尺进行比较，求得两者间的差值，给出被检钢卷尺的尺长方程式。例如，某 30 m 钢卷尺的尺长方程式为

$$L_{30} = 30 \text{ m} + 2.5 \text{ mm} + 0.36(t-t_0) \text{ mm} \tag{4.8}$$

式中 $+2.5$ mm——尺长改正数；

$+0.36$——30 m 钢尺温度每变化 1 ℃的温度改正数。

标准尺应由国家计量单位检定认可，并有尺长方程式的尺，一般采用铟钢带尺或线尺，工程单位在要求不高时，亦可采用检定过质量较好的钢卷尺作为标准尺。

检定钢卷尺宜在恒温室或温度变化很小的地下室内进行，野外比尺时宜在阴天进行。

检定方法简介如下：

（1）在一定长度（如 30 m）的平台上，两端备有良好的标志，将标准尺与被检钢卷尺平放好，待尺子与室温一致后，即可开始检定。

（2）将标准尺施以 100 N 拉力，测定两端标志间的水平距离，一般应丈量 6~10 次，并读取测前测后温度各一次。

（3）同法用被检钢卷尺测定两标志间的水平距离，丈量次数可为 6 次。

（4）被检钢卷尺测完后，再用标准尺测定一次。

计算方法为：首先用标准尺的尺长方程式将两标志间长度计算出来，然后归算成标准温度（一般为 20 ℃）下的长度，这就是已知的实际长度。再算出被检钢尺丈量两标志间的名义长度，并将其归算到标准温度。用实际长度 l 减去名义长度 l，即得在标准温度下的尺长改正数。

在精度要求较高的情况下，必须考虑钢卷尺刻划不均匀的误差，因此亦可进行每 5 m 和每 1 m 检定，例如某 30 m 钢卷尺，0~5 m 可进行每米检定，其余可按每 5 m 检定。

若需进行悬空丈量，则应按悬链进行检定，以求得钢卷尺悬链时的尺长方程式。

4. 距离丈量误差及其消减方法

丈量距离时不可避免地存在误差。为了保证丈量所要求的精度，必须了解距离丈量的误差来源，并采取相应的措施消减其影响。现分述如下：

(1) 尺长本身的误差。钢卷尺本身存在一定误差，规范规定：国产 30 m 长的钢卷尺，其尺长误差不应超过±8 mm。如用未经检定的钢尺量距，以其名义长度进行计算，则包含有尺长误差。对于 30 m 长的距离而言，则最大可达±8 mm。若尺长改正数未超过尺长的 1/10 000，且丈量距离又短，一般可不加尺长改正。其他情况下应加入尺长改正。

(2) 温度变化的误差。钢尺的膨胀系数 $\alpha=0.000\ 012/℃$，每米每摄氏度温差变化仅 1/80 000，但当温差较大、距离较长时影响也不小，故精密量距应进行温度改正，由于空气温度与钢卷尺本身的温度往往存在差异，故有条件时尽可能用点温度计测定钢尺本身的温度，并在尺段上不同位置测定 2~3 点的温度取其平均值。

(3) 拉力误差。如果丈量不用弹簧秤衡量拉力，仅凭手臂感觉，最大的拉力误差可达 50 N 左右，对于 30 m 长的钢尺则可产生±1.9 mm 的误差，故在精密量距时最好用弹簧秤使其拉力与钢尺检定时的拉力相同。

(4) 丈量本身的误差。如一般量距时的对点及插测钎的误差，这在平坦地区使其不超过一定限度还是容易做到的，但在倾斜地区量距时，则需特别仔细，并用垂球进行投点及对点。又如读数误差，如果一般量距时仅读至厘米，其凑整误差是较大的，故为了达到较好的精度，一般量距也应和精密量距一样读至毫米。

(5) 钢尺垂曲的误差。钢尺悬空丈量时，中间下垂而产生的误差称为垂曲误差。检定钢尺时，可把尺子分悬空与水平两种情况予以检定，得出各自相应的尺长改正值，在悬空测量时，可以利用悬链方程式进行尺长改正。

(6) 钢尺不水平的误差。钢尺不水平会产生距离增长的误差。对一条 30 m 的钢尺而言，若尺两端的高差达 0.4 m，则产生 0.002 67 m 的误差，其相对误差为 1/11 250。在一般量距中，有人从旁目估水平，使尺段两端高差不足 0.4 m 是不难办到的，因此，该项误差实际很小，一般量距可不加改正。但对精密量距，则应测出尺段两端的高差，进行倾斜校正。

(7) 定线误差。钢尺丈量时若偏离直线定线方向，则成一折线，距离量长了，这与上述钢尺不水平相似，仅一个是竖直面内的偏斜，一个是水平面内的偏斜。使用标杆目估定线，使每 30 m 整尺段偏离直线方向不大于 0.4 m 是完全办得到的，实际情况会更小，故该项误差也是较小的。但在精密量距中则应考虑其影响，而应使用经纬仪定线。

> **技能提示**
>
> 普通钢尺量距要领：
> (1) 目估定线，边定线边量距。
> (2) 量距时，应使尺末端在前。
> (3) 量距时可以不使用标准拉力（即不用弹簧秤），只凭经验拉力拉直钢尺。
> (4) 除了最后一个尺段，其余均为整尺段量距。
> (5) 对每个尺段必须进行往返测。

5. 普通钢尺量距精度评定办法

钢尺量距的精度，一般采用相对误差来评定。

相对误差的数学含义是：单位观测量上所含误差的大小。相对误差的表示形式为：分子为 1、分母为 10 的整数倍形式。

相对误差应用于距离测量、面积测量和体积（容积）测量这 3 种测量工作。由于上述 3 种测量工作的误差大小与其测量值（测量结果）相关，因此，采用相对误差衡量其精度较为合理。

相对误差的计算方法如下。

往返测距离较差：

$$\Delta D = |D_{往} - D_{返}| \tag{4.9}$$

相对误差：

$$\frac{1}{N} = \frac{\Delta D}{D_{均}} \leqslant \frac{1}{1\,000} \tag{4.10}$$

技能提示

普通钢尺量距注意事项：
(1) 目估定线应直。
(2) 所拉钢尺的尺面要目估水平。
(3) 用经验拉力拉钢尺时，用力要匀。
(4) 钢尺两端应同时读数，确保读数准确。
(5) 普通钢尺量距的用途。

普通钢尺量距主要应用于建立图根级控制网的图根导线边长量距，以及渠道、堤线、建筑边界线量距等。

4.1.2 测距仪量距

传统的测距方法如钢尺量距、视距测量等，存在或是精度低，或是效率低并受地形限制等缺点，因此需要研制高精度、高效率、自动化、不受地形限制的测距仪器。1946 年瑞典物理学家 Bergstrand 测量了光速的值，并于 1948 年研制成了第一台用白炽灯做光源的测距仪。目前，由于电磁波技术，特别是微电子技术的飞速发展，电磁波测距仪正向小型化、多功能、智能化方向发展，现在电磁波测距已成为测量距离的主要方法。

1. 电磁波测距原理

如图 4.6，欲测 A、B 两点的距离，在点 A 安置测距仪，在点 B 安置反光镜。由测距仪在点 A 发出的测距电磁波信号通过反光镜反射回到仪器。如果电磁波信号往返所需时间为 t，信号的传播速度为 c，则 AB 之间的距离为

$$D = \frac{1}{2}ct \tag{4.11}$$

式中 c——电磁波信号在大气中的传播速度，其值约为 3×10^8 m/s。

由此可见，测出信号往返 A、B 所需时间即可测量出 A、B 两点的距离。

由式（4.17）可以看出测量距离的精度主要取决于测量时间的精度。在电磁波测距中，测量时间一般采用两种方法：直接测时和间接测时。对于第一种方法，若要求测距误差不超过 ± 10 mm，要求时间 t 的测定误差不大于 $\pm\frac{2}{3}\times 10^{-10}$ s，要达到这样的精度是非常困难的。因此，对于精密测距，多采用后者。目前用得最多的是通过测量电磁波信号往返传播产生的相位移来间接测时，即相位法。

图 4.7 为测距仪发出经调制的按正弦波变化的调制信号的往返传播情况。信号的周期为 T，一个周期信号的相位变化为 2π，信号往返所产生的相位移为

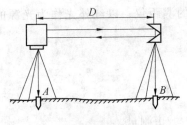

图 4.6　电磁波测距基本原理

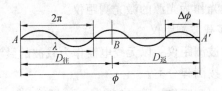

图 4.7　相位法测距

$$\varphi = 2\pi f \times t \tag{4.12}$$

则

$$t = \frac{\varphi}{2\pi f} \tag{4.13}$$

将式（4.13）代入式（4.11）有

$$D = \frac{1}{2}ct = \frac{1}{2}c \times \frac{\varphi}{2\pi f} = \frac{1}{2} \times \frac{c}{f} \times \frac{\varphi}{2\pi} \tag{4.14}$$

式中　f——调制信号的频率；

　　　t——调制信号往返传播的时间；

　　　c——调制信号在大气中的传播速度。

信号往返所产生的相位移为

$$\varphi = N \cdot 2\pi + \Delta\varphi = 2\pi(N + \frac{\Delta\varphi}{2\pi}) \tag{4.15}$$

式中　N——相位移的整周期数；

　　　$\frac{\Delta\varphi}{2\pi}$——不足一周期的尾数。

将其代入式（4.15），得

$$D = \frac{1}{2} \times \frac{c}{f} \times (N + \frac{\Delta\varphi}{2\pi}) = \frac{\lambda}{2} \times (N + \Delta N) \tag{4.16}$$

式中 $\lambda = \frac{c}{f}$，为调制正弦波信号的波长；$\Delta N = \frac{\Delta\varphi}{2\pi}$。令 $\frac{\lambda}{2} = u$，上式可写成

$$D = u(N + \Delta N) \tag{4.17}$$

上式可以理解为用一把测尺长度为 u 的"光尺"量距，N 为整尺段数，ΔN 为不足一整尺段的尾数。但仪器用于测量相位的装置（称相位计）只能测量出尺段尾数 ΔN，而不能测量整周数 N，例如，当测尺长度 $u=10$ m 时，要测量距离为 85.486 m 时，测量出的距离只能为 5.486 m，即此时只能测量小于 10 m 距离。为此，要增大测程则要增大测尺长度，但相位计的测相误差和测尺长度成正比，由测相误差所引起的测距误差为测尺长度的 1/1 000，增大测尺长度会使测距误差增大。为了兼顾测程和精度，仪器中采用不同的测尺长度，即所谓"粗测尺"（长度较大的尺）和"精测尺"（长度较小的尺）同时测距，然后将精测结果和粗测结果组合得最后结果，这样，既保证了测程，又保证了精度。例如，测量距离时采用 $u_1=10$ m 测尺和 $u_2=1\,000$ m 测尺，测量结果如下：精测结果 5.486，粗测结果 85.4，则仪器显示 85.486 m。

2. 电磁波测距仪的分类

（1）按载波分类。

以某种电磁波作为载波测定两点间距离的仪器，称为电磁波测距仪。其中，以微波作为载波的测距仪，称为微波测距仪；以红外光作为载波的测距仪，称为红外测距仪；以激光作为载波的测距仪，称为激光测距仪，后两者又统称为光电测距仪。

①光电测距仪（以光波作为载波）。

a. 单载波测距仪：早期的以白炽灯或汞灯作为光源的测距仪；以红外光作为光源的红外测距仪；以激光作为光源的激光测距仪。
　　b. 多载波测距仪。
　　②微波测距仪：以无线电波作为载波的微波测距仪。
　　(2) 按测程分类。
　　①短程测距仪：小于等于 3 km，用于普通工程测量、城市测量。
　　②中程测距仪：3～15 km，用于一般等级控制测量。
　　③远程（长程）测距仪：大于 15 km，主要用于国家等级的三角网、特级导线的边长测量。
　　(3) 按精度分级。
　　按测距仪出厂标称精度的绝对值，归算到 1 km 的测距中误差（标准偏差）计算，精度分为四级，见表 4.2。

表 4.2　测距仪按精度分级

测距仪精度等级	1 km 测距中误差（标准偏差）
Ⅰ	$\lvert m_D \rvert \leqslant 2$ mm
Ⅱ	2 mm $< \lvert m_D \rvert \leqslant 5$ mm
Ⅲ	5 mm $< \lvert m_D \rvert \leqslant 10$ mm
Ⅳ（等外级）	$\lvert m_D \rvert > 10$ mm

测距仪出厂时，标称精度表达式为

$$m_D = \pm (A + B \times D) \tag{4.18}$$

式中　A——标称精度固定误差，mm；
　　　B——标称精度比例误差系数，mm/km；
　　　D——实际测量工作中的实测边长，km。

　　(4) 按测距原理分类。
　　①相位式：中、短程测距仪多采用。
　　②脉冲式：远程测距仪采用。其测程大，但精度较低。
　　③脉冲相位式：中、远程测距仪采用。

3. 中、短程电磁波测距仪基本使用方法和要求

　　将测距仪和反射棱镜分别安置在测线的两端，仔细地对中。接通测距仪的电源，然后，照准反射棱镜（光瞄准），检查经反射棱镜返回的光强电信号（电瞄准），待合乎要求后，实测测站的气压、温度，进行气象参数改正，即可开始测距。为防止出现粗差及为了提高精度，一般应照准 n 次，每次照准应连续读取 m 个读数（称为一个测回）。
　　下面从《中、短程光电测距规范》中摘录几项技术要求。
　　(1) 与电磁波测距仪配套使用的对中装置，其对中精度要求见表 4.3。

表 4.3　电磁波测距仪对中装置精度要求　　　　　　　　　　单位：mm

测距仪精度等级	对中精度要求
Ⅰ	≤0.2　强制对中器或精密光学对中器
Ⅱ	≤1　光学对中器
Ⅲ、Ⅳ	≤2　对中杆或锤球

　　(2) 使用电磁波测距仪进行距离测量的技术要求见表 4.4。

表 4.4　电磁波测距仪进行距离测量的技术要求

等级	使用测距仪精度等级	每边测回数		备注
		往测	返测	
二等	Ⅰ、Ⅱ	4	4	或用不同时间段代替往、返测
三等	Ⅰ	2	2	
	Ⅱ、Ⅲ	4	4	
四等	Ⅰ、Ⅱ	2	2	
	Ⅲ	4	4	
等外	Ⅰ、Ⅱ、Ⅲ	2		
	Ⅳ	4		

注：①一测回是指整置仪器照准目标 1 次，读取数据 5 个

②时间段是指完成一距离测量和往测或返测的时间段，如上午、下午或不同白天

（3）各等级电磁波测距仪观测较差限值见表 4.5。

表 4.5　电磁波测距仪观测较差限值　　　　　　　　　　单位：mm

测距仪精度等级	一测回读数间较差限值	测回间较差限值	往返测或时间段内较差限值
Ⅰ	2	3	$\sqrt{2}(A+B\times D\times 10^{-6})$
Ⅱ	5	7	
Ⅲ	10	15	
Ⅳ	20	30	

注：①D——实际测量工作中的实测边长，单位：mm

②A——电磁波测距仪标称精度固定误差，单位：mm

③B——电磁波测距仪标称精度比例误差系数，单位：mm/km

④全站仪的测角部分参见经纬仪角度测量的相关规定；测距部分属于中、短程测距，参见上述有关规定

4.2　直线定向

在测量工作中常常需要确定两点在平面坐标中的相对关系。要确定这种关系，仅仅量得两点间的距离是不够的，还需要知道这条直线的方向，才能确定两点间的相对位置。

4.2.1　直线定向

一条直线的方向是根据某一起始方向来确定的，确定一条直线与起始方向的关系称为直线定向。

4.2.2　标准方向的种类

1. 真子午线方向

通过地球表面某点的真子午线的切线方向，称为该点的真子午线方向，真子午线方向是用天文测量方法或用陀螺经纬仪测定的。

2. 磁子午线方向

磁子午线方向是磁针在地球磁场的作用下，磁针自由静止时其轴线所指的方向。磁子午线方向可用罗盘仪测定。

真子午线与磁子午线如图4.8所示。

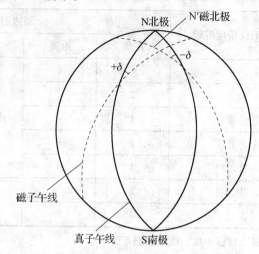

图4.8 真子午线与磁子午线

3. 坐标纵轴方向

模块1已述及，我国采用高斯平面直角坐标系，每一6°带或3°带内都以该带的中央子午线为坐标纵轴，因此，该带内直线定向，就用该带的坐标纵轴方向作为标准方向。如假定坐标系，则用假定的坐标纵轴（X轴）作为标准方向。

4. 表示直线方向的方法

测量工作中，常采用方位角来表示直线的方向。

由标准方向的北端起，顺时针方向量到某直线的夹角，称为该直线的方位角。

5. 几种方位角之间的关系

（1）真方位角与磁方位角之间的关系（图4.9）。

由于地磁南北极与地球的南北极并不重合，因此，过地面上某点的真子午线方向与磁子午线方向常不重合，两者之间的夹角称为磁偏角δ，磁针北端偏于其子午线以东称东偏，偏于其子午线以西称西偏。直线的真方位角与磁方位角之间可用下式进行换算：

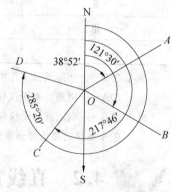

图4.9 方位角

$$A = A_m + \delta \tag{4.19}$$

δ东偏取正值，西偏取负值。我国磁偏角的变化大约在+6°到-10°之间。

（2）真方位角与坐标方位角之间的关系。

模块1中述及，中央子午线在高斯平面上是一条直线，如图4.10所示。

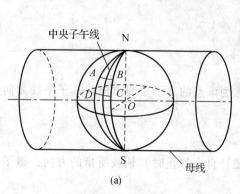

(a)

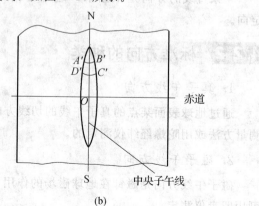

(b)

图4.10 高斯投影

等角投影就是正形投影。所谓正形投影，就是在极小的区域内椭球面上的图形投影后保持形状相似，即投影后角度不变形。按投影带不同通常分为 6°带和 3°带。6°带和 3°带投影如图 4.11 所示。

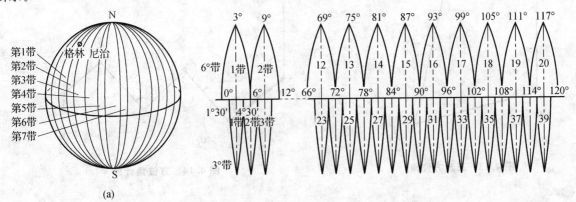

图 4.11　6°带和 3°带投影

作为该带的坐标纵轴，而其他子午线投影后为收敛于两极的曲线，地面点 M、N 等点的真子午线方向与中央子午线之间的夹角，称为子午线收敛角 γ（图 4.12），γ 角有正有负。在中央子午线以东地区，各点的坐标纵轴偏在真子午线的东边，γ 为正值；在中央子午线以西地区，γ 为负值。

真方位角与坐标方位角之间的关系，可用下式进行换算：

$$A_{12} = \alpha_{12} + \gamma \tag{4.20}$$

（3）坐标方位角与磁方位角的关系。

若已知某点的磁偏角 δ 与子午线收敛角 γ（图 4.12），则坐标方位角与磁方位角之间的换算式为

$$A_m + \delta = \alpha + \gamma$$

（4）正、反坐标方位角。

测量工作中的直线都是具有一定方向的。直线 1—2 的点 1 是起点，点 2 是终点；通过起点 1 的坐标纵轴方向与直线 1—2 所夹的坐标方位角 α_{12} 称为直线 1—2 的正坐标方位角。过终点 2 的坐标纵轴方向与直线 2—1 所夹的坐标方位角，称为直线 1—2 的反坐标方位角（是直线 2—1 的正坐标方位角）。正、反坐标方位角相差 180°（图 4.13），即

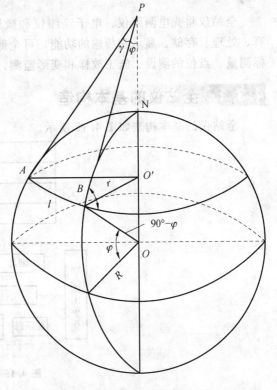

图 4.12　子午线收敛角

$$\alpha_{AB} = \alpha_{BA} \pm 180°$$

由于地面各点的真（或磁）子午线收敛于两极，并不互相平行，致使直线的反真（或磁）方位角不与正真（或磁）方位角差 180°，给测量计算带来不便，故测量工作中均采用坐标方位角进行直线定向。

（5）坐标方位角的推算。

为了整个测区坐标系统的统一，测量工作中并不直接测定每条边的方向，而是通过与已知点（其坐标为已知）的连测，以推算出各边的坐标方位角。A、B 为已知点，AB 边的坐标方位角 α_{AB} 为已知，通过连测求得 A—B 边与 B—1 边的连接角为 β，测出了各点的右（或左）角，现在要推算

B—1、1—2、2—3 和 3—4 边的坐标方位角。所谓右（或左）角是指位于以编号顺序为前进方向的右（或左）边的角度，如图 4.14 所示。

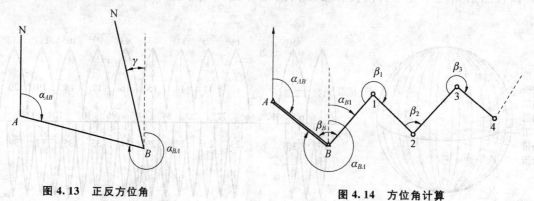

图 4.13　正反方位角　　　　　　　　　　图 4.14　方位角计算

4.3　全站仪的构造与操作

全站仪将光电测距仪、电子经纬仪和微处理器合为一体，具有对测量数据自动进行采集、计算、处理、存储、显示和传输的功能，可全部完成测站上所有的距离、角度和高程测量以及三维坐标测量、点位的测设、施工放样和变形监测。

4.3.1　全站仪的基本构造

全站仪的基本构造如图 4.15 所示。

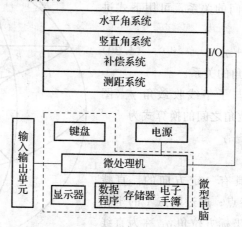

图 4.15　全站仪组成图框

全站仪由四大光电测量系统、微处理器、电子手簿和附属部件和同轴望远镜构成。全站仪其四大光电测量系统分别为水平角测量、竖直角测量、距离测量和水平补偿系。

【知识拓展】

全站仪是在电子经纬仪的功能结构的基础上，又增加了电磁波测距系统。它的功能更多，用途更加广泛，使用更加方便、灵活。由于它与计算机进行数据通信方便、快捷，所以，在外业工作开始之前，可以在室内的计算机上进行必要的数据准备，并将其传输到全站仪存储介质上以备外业使用；外业工作结束后，回到室内还可将外业所测得的数据传输到计算机内，进行存储、处理（例如平差计算）和应用（例如供企业或政府有关部门决策使用）。

不同型号、不同厂家生产的全站仪具体用法不尽相同，详见购买仪器时附带的仪器使用说明书。

如图 4.16，是目前国际上较为先进的两台全站仪；如图 4.17，是由电子经纬仪与测距仪组合的电子速测仪;如图 4.18,是南方测绘仪器公司生产的中文内存全站仪;如图 4.19,是南方测绘仪器公司生产的全站仪+控制精灵;如图 4.20,是南方测绘仪器公司生产的全站仪+测图精灵;如图 4.21,是南方测绘仪器公司生产的全站仪+工程精灵;如图 4.22,是南方测绘仪器公司生产的与全站仪配套使用的各种反射棱镜及觇牌。

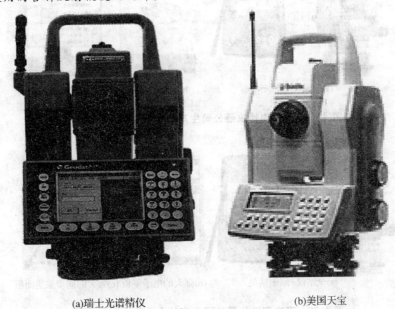

(a)瑞士光谱精仪　　　　　　　　(b)美国天宝

图 4.16　内置 Windows CE 系统的第四代全站仪

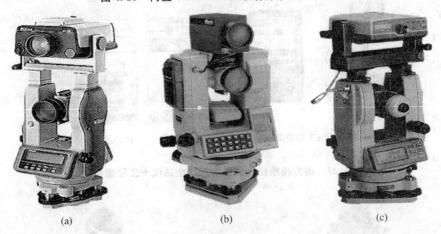

(a)　　　　　　　　(b)　　　　　　　　(c)

图 4.17　电子经纬仪与测距仪组合的电子速测仪

(a)　　　　　　　　(b)　　　　　　　　(c)

图 4.18　南方测绘仪器公司生产的中文内存全站仪 (NTS-322/NTS-325/NTS325S)

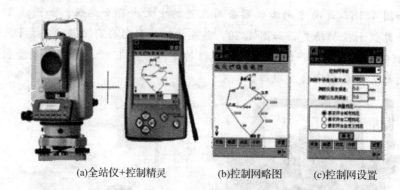

(a)全站仪+控制精灵　　(b)控制网略图　　(c)控制网设置

图 4.19　南方测绘仪器公司生产的全站仪+控制精灵

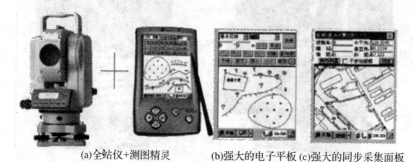

(a)全站仪+测图精灵　　(b)强大的电子平板 (c)强大的同步采集面板

图 4.20　南方测绘仪器公司生产的全站仪+测图精灵

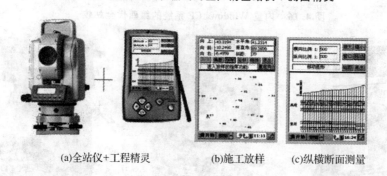

(a)全站仪+工程精灵　　(b)施工放样　　(c)纵横断面测量

图 4.21　南方测绘仪器公司生产的全站仪+工程精灵

图 4.22　南方测绘仪器公司生产的与全站仪配套使用的各种反射棱镜及觇牌

4.3.2 全站仪的基本操作方法

1. 全站仪有四种测量模式

如图 4.23 所示，全站仪有 4 种测量模式，分别为：

(1) 角度测量模式。
(2) 距离测量模式。
(3) 坐标测量模式。
(4) 特殊模式（菜单模式）。

2. 全站仪的使用步骤

(1) 安置——将全站仪安置于测站，反射镜安置于目标点。对中和整平步骤与光学经纬仪相同。

(2) 开机——打开电源开关（POWER 键），显示器显示当前的棱镜常数和气象改正数及电源电压。

(3) 仪器自检——转动照准部和望远镜各一周，使仪器水平度盘和竖直度盘初始化。

(4) 参数设置——棱镜常数、气象改正参数的检查与设置。

(5) 选择角度测量模式——瞄准第一目标，设置起始方向水平角为 $0°00'00''$；再瞄准第二方向，直接显示水平角和竖直角（多为倾斜视线的天顶距读数）。

(6) 选择距离测量模式——精测距离/跟踪测距/粗测距离。

(7) 照准、测量——方向观测时照准标杆或觇牌中心，距离测量时望远镜应瞄准反射棱镜中心（图 4.24），按测量键显示水平角、竖直角和斜距，或显示水平角、水平距离和高差。

(8) 测量完毕关机。

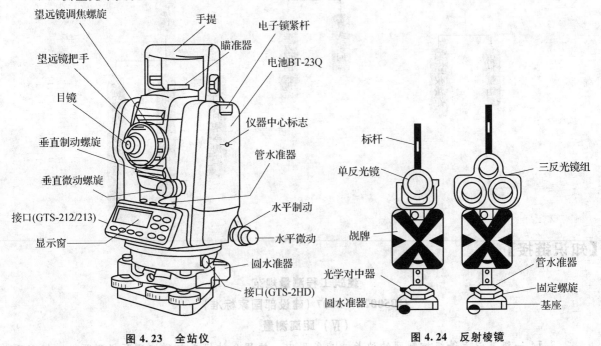

图 4.23 全站仪　　图 4.24 反射棱镜

4.3.3 全站仪角度测量、距离测量

1. 角度测量（Angle Observation）

(1) 功能：可进行水平角、竖直角的测量。
(2) 方法：与经纬仪相同，若要测出水平角 $\angle AOB$，则

①当精度要求不高时，

瞄准点 A—置零（0 SET）—瞄准点 B，记下水平度盘 HR 的大小。

②当精度要求高时可用测回法（Method of Observation Set）。

操作步骤同用经纬仪操作一样，只是配置度盘时，按"置盘"（H SET）。

2. 距离测量（Distance Measurement）

PSM、PPM 的设置——测距、测坐标、放样前。

①棱镜常数（PSM）的设置。

一般：PRISM＝0（原配棱镜），－30 mm（国产棱镜）。

②大气改正数（PPM）（乘常数）的设置。

输入测量时的气温（TEMP）、气压（PRESS），或经计算后，输入 PPM 的值。

③功能：可测量平距 HD、高差 VD 和斜距 SD（全站仪镜点至棱镜镜点间高差及斜距）。

④方法：照准棱镜点，按"测量"（MEAS）。

【重点串联】

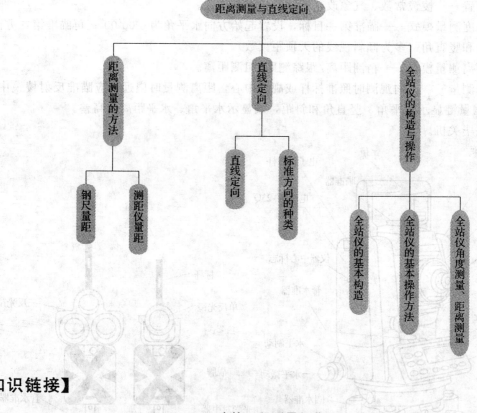

【知识链接】

建筑工程测量规范
GB50026—2007（建设部国家标准）
（Ⅳ）距离测量

3.3.14 一级及以上等级控制网的边长，应采用中、短程全站仪或电磁波测距仪测距，一组以下也可采用普通钢尺量距。

3.3.15 本规范对中、短程测距仪器的划分，短程为 3 km 以下，中程为 3～15 km。

3.3.16 测距仪器的标称精度，按下式表示：

$$m_D = a + b \times D \tag{4.21}$$

式中　m_D——测距中误差，mm；

a——标称精度中的固定误差,mm;

b——标称精度中的比例误差系数,mm/km;

D——测距长度,km。

3.3.17 测距仪器及相关的气象仪表,应及时校验。当在高海拔地区使用空盒气压表时,宜送当地气象台(站)校准。

3.3.18 各等级控制网边长测距的主要技术要求,应符合表3.3.18的规定。

表 3.3.18 测距的主要技术要求

平面控制网等级	仪器精度等级	每边测回数		一测回读数较差/mm	单程各测回较差/mm	往返测距较差/mm
		往	返			
三等	5 mm级仪器	3	3	≤5	≤7	≤2$(a+b\times D)$
	10 mm级仪器	4	4	≤10	≤15	
四等	5 mm级仪器	2	2	≤5	≤7	
	10 mm级仪器	3	3	≤10	≤15	
一级	10 mm级仪器	2	—	≤10	≤15	
二、三级	10 mm级仪器	1	—	≤10	≤15	

注:①测回是指照准目标一次,读数2~4次的过程

②困难情况下,边长测距可采取不同时间段测量代替往返观测

3.3.19 测距作业,应符合下列规定:

(1)测站对中误差和反光镜对中误差不应大于2 mm。

(2)当观测数据超限时,应重测整个测回,如观测数据出现分群时,应分析原因,采取相应措施重新观测。

(3)四等及以上等级控制网的边长测量,应分别量取两端点观测始末的气象数据,计算时应取平均值。

(4)测量气象元素的温度计宜采用通风干湿温度计,气压表宜选用高原型空盒气压表;读数前应将温度计悬挂在离开地面和人体1.5 m以外阳光不能直射的地方,且读数精确至0.2 ℃;气压表应置平,指针不应滞阻,且读数精确至50 Pa。

(5)当测距边用电磁波测距三角高程测量方法测定的高差进行修正时,垂直角的观测和对向观测高差较差要求,可按本规范第4.3.2和4.3.3条中五等电磁波测距三角高程测量的有关规定放宽1倍执行。

3.3.20 每日观测结束,应对外业记录进行检查。当使用电子记录时,应保存原始观测数据,打印输出相关数据和预先设置的各项限差。

3.3.21 普通钢尺量距的主要技术要求,应符合表3.3.21的规定。

表 3.3.21 普通钢尺量距的主要技术要求

等级	边长量距较差相对误差	作业尺数	量距总次数	定线最大偏差/mm	尺段高差较差/mm	读定次数	估读值至/mm	温度读数值至/℃	同尺各次或同段各尺的较差/mm
二级	1/20 000	1~2	2	50	≤10	3	0.5	0.5	≤2
三级	1/10 000	1~2	2	70	≤10	2	0.5	0.5	≤3

注:①量距边长应进行温度、坡度和尺长改正

②当检定钢尺时,其相对误差不应大于1/100 000

拓展与实训

职业能力训练

一、填空题

1. 钢尺丈量距离须做尺长改正，这是由于钢尺的_____与钢尺的_____不相等而引起的距离改正。当钢尺的实际长度变长时，丈量距离的结果要比实际距离_____。

2. 丈量距离的精度，一般是采用_____来衡量，这是因为_____。

3. 钢尺丈量时的距离的温度改正数的符号与_____有关，而倾斜改正数的符号与两点间高差的正负_____。

4. 相位法测距是将_____的关系改化为_____的关系，通过测定_____来求得距离。

5. 光电测距是通过光波或电波在待测距离上往返一次所需的时间，因准确测定时间很困难，实际上是测定调制光波_____。

6. 电磁波测距的3种基本方法是：①_____；②_____；③_____。

7. 光电测距仪按测程可分为：①短程测距仪，测程为_____ km 以内；②中程测距仪，测程为_____至_____ km；③远程测距仪，测程为_____ km 以上。

二、单选题

1. 斜坡上丈量距离要加倾斜改正，其改正数符号（　　）。
   A. 恒为负　　　　　　　　　　　B. 恒为正
   C. 上坡为正，下坡为负　　　　　D. 根据高差符号来决定

2. 由于直线定线不准确，造成丈量偏离直线方向，其结果使距离（　　）。
   A. 偏大　　　　　　　　　　　　B. 偏小
   C. 无一定的规律　　　　　　　　D. 忽大忽小相互抵消结果无影响

3. 相位式光电测距仪的测距公式中的所谓"光尺"是指（　　）。
   A. f　　　　B. $f/2$　　　　C. λ　　　　D. $\lambda/2$

4. 某钢尺名义长 30 m，经检定实际长度为 29.995 m，用此钢尺丈量 10 段，其结果是（　　）。
   A. 使距离长了 0.05 m　　　　　B. 使距离短了 0.05 m
   C. 使距离长了 0.5 m　　　　　　D. 使距离短了 0.5 m

三、简答题

1. 试绘图说明跨山头的定线的步骤。
2. 试比较串尺法丈量距离和整尺法丈量距离的优缺点。
3. 钢尺刻划零端与皮尺刻划零端有何不同？如何正确使用钢尺与皮尺？
4. 简述钢尺精密量距的方法。
5. 写出钢尺尺长方程式的一般形式，并说明每个符号的含义。

6. 钢尺的名义长度和实际长度为何不相等？钢尺检定的目的是什么？尺长改正数的正负号说明什么问题？

工程模拟训练

用钢尺量出地面两个任意点的距离，要求斜改平。

链接执考

1. 比较一般量距与精密量距有何不同？[2013年测量高级工试题库]

2. 下列情况对距离丈量结果有何影响？使丈量结果比实际距离增大还是减小？[2013年测量高级工试题库]

(1) 钢尺比标准长；(2) 定线不准；(3) 钢尺不水平；

(4) 拉力忽大忽小；(5) 温度比鉴定时低；(6) 读数不准。

3. 丈量 A、B 两点水平距离，用 30 m 长的钢尺，丈量结果为往测 4 尺段，余长为 10.250 m，返测 4 尺段，余长为 10.210 m，试进行精度校核，若精度合格，求出水平距离。（精度要求 $KP=1/2\,000$）[2013年测量高级工试题库]

4. 将一根 50 m 的钢尺与标准尺比长，发现此钢尺比标准尺长 13 mm，已知标准钢尺的尺长方程式为

$$l_t/\text{m} = 50 + 0.003\,2 + 1.25 \times 10^{-5} \times (t-20) \times 50$$

钢尺比较时的温度为 11 ℃，求此钢尺的尺长方程式。[2013年测量高级工试题库]

5. 请根据表 4.6 中直线 AB 的外业丈量成果，计算 AB 直线全长和相对误差。钢尺的尺长方程式为

$$l_t/\text{m} = 30 + 0.005 + 1.25 \times 10^{-5} \times (t-20) \times 30$$

精度要求 $KP=1/10\,000$。[2013年测量高级工试题库]

表 4.6 精密钢尺量距观测手簿

线段	尺段	尺段长度/m	温度/℃	高差/m	尺长改正/mm	温度改正/mm	倾斜改正/mm	水平距离/m
AB	A—1	29.391	10	+0.860				
	1—2	23.390	11	+1.280				
	2—3	26.680	11	−0.140				
	3—4	29.573	12	−1.030				
	4—B	17.899	13	−0.940				
	∑往							
AB	B—1	25.300	13	+0.860				
	1—2	23.922	13	+1.140				
	2—3	25.070	11	+0.130				
	3—4	28.581	11	−1.100				
	4—A	24.050	10	−1.060				
	∑返							

6. 设已知各直线的坐标方位角分别为 47°27′、177°37′、226°48′、337°18′，试分别求出它们的象限角和反坐标方位角。[2013年测量高级工试题库]

7. 如图 4.26，已知 $\alpha_{AB}=55°20′$，$\beta_B=126°24′$，$\beta_C=134°06′$，求其余各边的坐标方位角。[2013年测量高级工试题库]

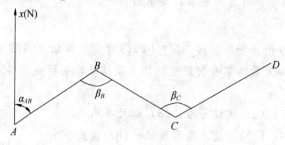

图 4.26　推导坐标方位角

模块 5

测量误差基本知识

【模块概述】

测量实践表明，在测量工作中，无论观测环境多么良好，无论采用多么精密的测量仪器设备，也无论观测者多么仔细认真，在测量结果中总是有误差存在。那么究竟什么是误差呢？我们如何避免或者削弱误差呢？本模块将讲述有关测量误差的基本知识。

【知识目标】

1. 了解测量误差的来源和概念；
2. 认识到观测条件对观测质量的影响；
3. 掌握测量误差的分类；
4. 理解偶然误差的特性；
5. 熟知衡量观测值精度的指标。

【技能目标】

1. 能够进行中误差、相对误差和极限误差的计算；
2. 能够根据精度指标来衡量观测值的精度高低；
3. 能够根据实际情况选取合适的精度指标来衡量精度高低。

【学习重点】

1. 误差的分类及特征；
2. 中误差；
3. 算术平均值。

【课时建议】

7 课时

工程导入

测量实践表明,在测量工作中,无论观测环境多么良好,无论采用多么精密的测量仪器设备,也无论观测者多么仔细认真,在测量结果中总是有误差存在。例如,观测某一闭合水准路线,各测站的高差之和不等于零;又如对某一三角形的 3 个内角进行观测,某 3 个内角值之和也不等于 180°。

通过上面的例子,究竟什么是误差?误差有哪些特性?误差能否避免?它有哪些作用?我们将一起学习误差的相关知识。

5.1 测量误差的分类

5.1.1 观测及观测误差

对未知量进行测量的过程,称之为观测。测量所获得的数值称为观测值。进行多次测量时,观测值之间往往存在差异。这种差异实质上表现为观测值与其真实值(简称为真值)之间的差异,这种差异称为测量误差或观测误差。用 L 代表观测值,设 X 代表真值,则有

$$\Delta = L - X \tag{5.1}$$

式中 Δ——观测误差,通常称为真误差,简称误差。

> **技能提示**
>
> 一般情况下,只要是观测值必然含有误差。例如,同一人用同一台经纬仪对某一固定角度重复观测若干测回,各测回的观测值往往互不相等;同一组人员,用同样的测距工具,对 A、B 两点间的距离重复测量若干次,各次观测值也往往互不相等。又如,平面三角形内角和的真值应等于 180°,但 3 个内角的观测值之和往往不等于 180°;闭合水准线路中各测段高差之和的真值应为 0,但事实上各测段高差的观测值之和一般不等于 0。这些现象在测量实践中是经常发生的。究其原因,是由于观测值中不可避免地含有观测误差的缘故。

5.1.2 观测误差的来源

测量是观测者使用某种仪器、工具,在一定的外界条件下进行的。观测误差来源于以下 3 个方面:

①观测者视觉鉴别能力和技术水平;
②仪器、工具的精密程度;
③观测时外界条件的好坏。

通常我们把这 3 个方面综合起来,称为观测条件。观测条件将影响观测成果的精度。

观测误差主要由仪器误差、观测者的误差以及外界条件的影响组成。仪器误差是指测量仪器构造上的缺陷和仪器本身精密度的限制,致使观测值含有一定的误差。观测者带来的误差是由于观测者技术水平和感官能力的局限,致使观测值产生的误差。外界条件的影响是指观测过程中不断变化着的大气温度、湿度、风力、透明度、大气折光等因素给观测值带来的误差。

【知识拓展】

一般认为,在测量中人们总希望使每次观测所出现的测量误差越小越好,甚至趋近于零。但要

真正做到这一点，就要使用极其精密的仪器，采用十分严密的观测方法，付出很高的代价。然而，在实际生产中，根据不同的测量目的，是允许在测量结果中含有一定程度的测量误差的。因此，我们的目标并不是简单地使测量误差越小越好，而是要设法将误差限制在与测量目的相适应的范围内。

5.1.3 观测误差的分类及其处理方法

根据性质不同，观测误差可分为粗差、系统误差和偶然误差 3 种，即

$$\Delta = \Delta_1 + \Delta_2 + \Delta_3 \tag{5.2}$$

式中　Δ_1——粗差；

　　　Δ_2——系统误差；

　　　Δ_3——偶然误差。

1. 粗差

粗差是一种大级量的观测误差，例如超限的观测值中往往就含有粗差。粗差也包括测量过程中各种失误引起的误差。

粗差产生的原因较多。可能由作业人员疏忽大意、失职而引起，如大数读错、读数被记录员记错、照错了目标等；也可能是仪器自身或受外界干扰发生故障引起的；还有可能是容许误差取值过小造成的。

在观测中应尽量避免出现粗差。发现粗差的有效方法是：进行必要的重复观测，通过多余观测条件，采用必要而又严密的检核、验算等。国家技术监督部门和测绘管理机构制定的各类测量规范，一般也能起到防止粗差出现和发现粗差的作用。

含有粗差的观测值都不能使用。因此，一旦发现粗差，该观测值必须舍弃并重测。

尽管我们十分认真、谨慎，粗差有时仍然难免。因此，如何在观测数据中发现和剔除粗差，或在数据处理中削弱粗差对观测成果的影响，乃是测绘界十分关注的课题之一。

2. 系统误差

在一定的观测条件下进行一系列观测时，符号和大小保持不变或按一定规律变化的误差，称为系统误差。

例如，水准仪的视准轴与管水准器轴不平行对读数的影响，经纬仪的竖直度盘指标差对竖直角的影响，地球曲率对测距和高程的影响，均属系统误差。系统误差在观测成果中具有累积性。

【知识拓展】

在测量工作中，应尽量设法消除和减小系统误差。方法有两种：一是在观测方法和观测程序上采用必要的措施，限制或削弱系统误差的影响，如角度测量中采取盘左、盘右观测，水准测量中限制前后视视距差等；另一种是找出产生系统误差的原因和规律，对观测值进行系统误差的改正，如对距离观测值进行尺长改正、温度改正和倾斜改正，对竖直角进行指标差改正等。

3. 偶然误差

在一定的观测条件下进行一系列观测，如果观测误差的大小和符号均呈现偶然性，即从表面现象看，误差的大小和符号没有规律性，这样的误差称为偶然误差。

产生偶然误差的原因往往是不固定的和难以控制的，如观测者的估读误差、照准误差等。不断变化着的温度、风力等外界环境也会产生偶然误差。

> **技能提示**
>
> 粗差可以发现并被剔除，系统误差能够加以改正，而偶然误差是不可避免的，并且是消除不了的，它在消除了粗差和系统误差的观测值中占主导地位。从单个偶然误差来看，其出现的符号和大小没有一定的规律性，但对大量的偶然误差进行统计分析，就能发现规律性，并且误差个数越多，规律性越明显。

例如，某一测区在相同观测条件下观测了 358 个三角形的全部内角。由于观测值含有偶然误差，故平面三角形内角观测值之和不一定等于真值 180°。

由式（5.1）计算 358 个三角形内角观测值之和的真误差，将真误差取误差区间 $d_\Delta = 3''$，并按绝对值大小进行排列，分别统计在各区间的正负误差个数 k，将 k 除以总数 n（此处 $n=358$），求得各区间的 k/n，k/n 称为误差出现的频率，结果列于表 5.1。

表 5.1 偶然误差的区间分布

误差区间 d_Δ	负误差		正误差		合　计	
	个数 k	频率 k/n	个数 k	频率 k/n	个数 k	频率 k/n
0″～3″	45	0.126	46	0.128	91	0.254
3″～6″	40	0.112	41	0.115	81	0.227
6″～9″	33	0.092	33	0.092	69	0.184
9″～12″	23	0.064	21	0.059	44	0.123
12″～15″	17	0.047	16	0.045	33	0.092
15″～18″	13	0.036	13	0.036	26	0.072
18″～21″	6	0.017	5	0.014	11	0.031
21″～24″	4	0.011	2	0.006	6	0.017
>24″	0	0	0	0	0	0
右侧各列的和	181	0.505	177	0.495	358	1.000

从表 5.1 中可以看出，该组误差的分布表现出如下规律：小误差比大误差出现的频率高，绝对值相等的正、负误差出现的个数和频率相近，最大误差不超过 24″。

> **技能提示**
>
> 统计大量的实验结果，表明偶然误差具有如下特性：
>
> (1) 有界性：在一定观测条件下的有限个观测中，偶然误差的绝对值不超过一定的限值。
>
> (2) 显小性：绝对值较小的误差出现的频率大，绝对值较大的误差出现的频率小。
>
> (3) 对称性：绝对值相等的正、负误差出现的频率大致相等。
>
> (4) 抵偿性：当观测次数无限增多时，偶然误差平均值的极限为 0。

5.2 算术平均值

5.2.1 算术平均值

在相同的观测条件下,对某量进行多次重复观测,根据偶然误差特性,可取其算术平均值作为最终观测结果:

$$\lim_{n \to \infty} L = \lim_{n \to \infty} \frac{[\Delta]}{n} + X = X \tag{5.3}$$

> **技能提示**
>
> 根据偶然误差的特性,由上式可知,当观测次数 n 无限增大时,算术平均值趋近于真值。但在实际测量工作中,观测次数总是有限的,通常取算术平均值 L 作为最后结果。

5.2.2 由观测值改正数计算观测值中误差

1. 观测值改正数

观测量的算术平均值与观测值之差,称为观测值改正数,用 v 表示。

$$\sum v = 0 \tag{5.4}$$

观测值改正数的重要特性,即对于等精度观测,观测值改正数的总和为零。

2. 由观测值改正数计算观测值中误差

在测量中,我们常常无法求得观测值的真误差。一般用观测值改正数来计算观测值的中误差。用观测值改正数求观测值中误差的计算公式为

$$m = \pm \sqrt{[vv]/(n-1)} \tag{5.5}$$

5.2.3 算术平均值的中误差

算术平均值 L 的中误差 M 的计算公式为

$$M = \pm \frac{m}{\sqrt{n}} \tag{5.6}$$

算术平均值的中误差 M 要比观测值的中误差 m 小 $\sqrt{n}$ 倍,观测次数越多,则算术平均值的中误差就越小,精度就越高。适当增加观测次数,可提高精度。

5.3 评定观测值精度的标准

为了衡量观测结果的精度优劣,必须建立衡量精度的统一标准。有了标准才能进行比较。衡量精度的标准很多,这里介绍主要的几种。

5.3.1 中误差

在相同的观测条件下,对一个未知量进行 n 次观测,其观测值分别为 $L_1, L_2, \cdots, L_n$,相应的真误差为 $\Delta_1, \Delta_2, \cdots, \Delta_n$,则中误差为

$$m = \pm \sqrt{\frac{\Delta^2}{n}} \tag{5.7}$$

5.3.2 相对中误差

中误差和真误差都是绝对误差。在衡量观测值精度的时候，单纯用绝对误差有时还不能完全表达精度的优劣。

例如，分别测量了长度为 100 m 和 200 m 的两段距离，中误差皆为±0.02 m。显然不能认为两段距离测量精度相同。此时，为了客观地反映实际精度，必须引入相对误差的概念。

相对误差 K 是误差 m 的绝对值与相应观测值 D 的比值。它是一个不名数，常用分子为 1 的分式表示：

$$K=|m|/D \tag{5.8}$$

式中 m——中误差；

K——相对中误差。

在上述例中用相对误差来衡量，就可容易地看出，后者比前者精度高。

> **技能提示**
> 在距离测量中还常用往返观测值的相对较差来进行检核。

【知识拓展】

相对较差定义为：

①相对较差是相对真误差，它反映往返测量的符合程度。显然，相对较差越小，观测结果越可靠。

②还应该指出，用经纬仪测角时，不能用相对误差来衡量测角精度，因为测角误差与角度大小无关。

5.3.3 极限误差

极限误差又称为允许误差，或最大误差。由误差的第一个特性可知，在一定的观测条件下，偶然误差的绝对值不会超过一定的限值，如果在测量过程中某一量的观测值的误差超过了这个限值，我们就认为这次观测值不符合要求，应该舍去。测量上就把这个限值叫作极限误差。误差理论和实践表明：在一系列等精度的观测误差中，绝对值大于 2 倍中误差的偶然误差出现的个数约占总数的 5%；绝对值大于 3 倍中误差的偶然误差出现的个数仅占总数的 0.3%。因此，在观测次数不多的情况下，可以认为大于 3 倍中误差的偶然误差实际上是不可能出现的。所以通常以 3 倍中误差作为偶然误差的极限误差，即 $\Delta_{限}=3m$。

在实际工作中，有的测量规范规定以 2 倍中误差作为极限误差，即 $\Delta_{限}=2m$。

> **技能提示**
> 超过极限误差的误差被认为是粗差，应舍去重测。

5.4 观测值的精度评定

5.4.1 用真误差计算观测值的中误差

【例5.1】对同一量分组进行了10次观测,其中误差如下:

第一组:$+3″$、$-2″$、$-1″$、$-3″$、$-4″$、$+2″$、$+4″$、$+3″$、$+2″$、$0″$;

第二组:$+1″$、$0″$、$+1″$、$+2″$、$-1″$、$0″$、$-7″$、$-1″$、$-8″$、$+3″$;

分析如下:

$m_1 = \pm \sqrt{[(+3)^2+(-2)^2+(-1)^2+(-3)^2+(-4)^2+(+2)^2+(+4)^2+(+3)^2+(+2)^2+(0)^2]/10} = \pm 2.7$

$m_2 = \pm \sqrt{[(+1)^2+(0)^2+(+1)^2+(+2)^2+(-1)^2+(0)^2+(-7)^2+(-1)^2+(-8)^2+(+3)^2]/10} = \pm 3.6$

因为 $2.7 < 3.6$,即 $m_1 < m_2$,所以第一组观测值的精度高于第二组。

【例5.2】用DJ6级经纬仪对某三角形的3个内角观测了5个测回,其观测值见表5.2,试求一测回观测值的中误差 m。其中误差见表5.2。

表5.2 观测值中误差计算

测回数	观测值	Δ	ΔΔ
1	180°00′16″	$+16″$	256
2	179°59′46″	$-14″$	196
3	180°00′10″	$+10″$	100
4	179°59′52″	$-8″$	64
5	179°59′58″	$-2″$	4
总和			620

所以一测回观测值的中误差为

$$m = \pm \sqrt{620/5} = \pm 11.1$$

5.4.2 用最或然误差计算观测值的中误差

在通常情况下,观测值的真值是不知道的,因此,也就无法根据真误差计算中误差。但是,我们可以根据算数平均值与观测值之差,即最或然误差 v($v=x-1$),按下式来计算观测值的中误差,即

$$m = \pm \sqrt{[vv]/(n-1)} \tag{5.9}$$

也称为白塞尔公式。

用最或然误差来计算观测值的中误差的步骤如下:

①检查外业观测记录,将观测值填入计算表格,见表5.3;

②计算观测值的算术平均值;

③计算最或然误差 v($v=x-1$)并用 $[v]=0$ 进行检验;

④将各个最或然误差 v 平方并求和;

⑤按式(5.9)来计算观测值的中误差。

【例5.3】设对线段 AB 丈量5次,其观测值见表5.3,试求每次丈量距离的中误差 m。

表 5.3 观测值中误差计算

观测次数	观测值 l/m	最或然误差 v/mm	vv
1	121.361	−10	100
2	121.330	+21	441
3	121.344	+7	49
4	121.352	−1	1
5	121.368	−17	289
总和	$[l]=606.755$	$[v]=0$	$[vv]=880$

解 为使计算成果清晰,计算的全部数据列于表 5.3 中。

算术平均值:

$$x/\text{m} = [l]/n = 606.755/5 = 121.351$$

观测值中误差:

$$m/\text{mm} = \pm\sqrt{[vv]/(n-1)} = \pm\sqrt{880/(5-1)} = \pm 14.8$$

> **技能提示**
>
> 实验表明,当观测次数达到 20 次以上后精度提高的幅度很小。因此,仅靠增加观测次数来提高精度是不科学的,提高精度的关键是提高每次观测的质量。

【重点串联】

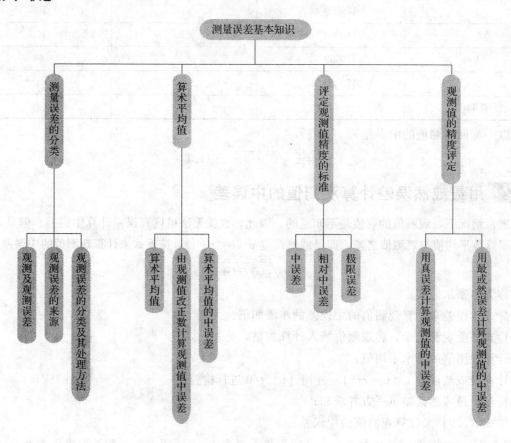

【知识链接】

测量放线工职业技能鉴定考试大纲

1. 职业概况

1.1 职业名称：测量放线工；

1.2 职业定义：操作各种工程测量仪器，从事建筑施工放线工作业的人员；

1.3 职业等级：初级、中级、高级；

1.4 基本文化程度：应具有高中文化程度；

1.5 培训期限要求：晋级培训的标准学时；

1.6 申报条件：

（1）具备下列条件之一的，可申请报考初级工：

①在同一职业（工种）连续工作两年以上或累计工作四年以上的；

②经过初级工培训结业。

（2）具备下列条件之一的，可申请报考中级工：

①取得所申报职业（工种）的初级工等级证书满三年；

②取得所申报职业（工种）的初级工等级证书并经过中级工培训结业；

③高等院校、中等专业学校毕业并从事与所学专业相应的职业（工种）工作。

（3）具备下列条件之一的，可申请报考高级工：

①取得所申报职业（工种）的中级工等级证书满四年；

②取得所申报职业（工种）的中级工等级证书并经过高级工培训结业；

③高等院校毕业并取得所申报职业（工种）的中级工等级证书。

1.7 鉴定方式、鉴定时间：理论以笔试形式考试，考试时间为120分钟；实操以实际操作形式考试，考试时间以实际操作内容为准。

2. 基本要求

2.1 职业道德基本知识、职业守则要求、法律与法规相关知识；

2.2 基础理论知识：工程识图的基本知识、工程构造的基本知识；

2.3 专业基础知识：工程测量的基本知识、测量误差的基本理论知识；

2.4 专业知识：精密水准仪，经纬仪，全站仪（光电测距仪），平板仪的基本性能、构造及使用，控制及施工测量，建筑物变形观测，地形图测绘；

2.5 专业相关知识：施工测量的法规和管理工作、高新科技在施工测量中的应用；

2.6 质量管理知识：企业质量方针、岗位质量要求、岗位的质量保证措施与责任；

2.7 安全文明生产与环境保护知识：现场文明生产要求、安全操作与劳动保护知识，环境保护知识。

拓展与实训

职业能力训练

一、填空题

1. 精度指_____。
2. 等精度观测指_____。
3. 测量误差产生的原因有_____、_____和_____。
4. 根据测量误差对测量成果的影响性质，可将误差分为_____、_____、和_____。

二、不定项选择题

1. 偶然误差具有哪些统计特性（　　）。
   A. 有界性　　　　B. 聚中性　　　　C. 对称性　　　　D. 抵偿性
2. 观测条件是指（　　）。
   A. 产生观测误差的几个主要因素：仪器、观测者、外界条件等的综合
   B. 测量时的几个基本操作：仪器的对中、整平、照准、度盘配置、读数等要素的综合
   C. 测量时的外界环境：温度、湿度、气压、大气折光等因素的综合
   D. 观测时的天气状况与观测点地理状况诸因素的综合
3. 中误差反映的是（　　）。
   A. 一组误差离散度的大小　　　　B. 真差的大小
   C. 似真差的大小　　　　　　　　D. 相对误差的大小
4. 对一距离进行往、返丈量，其值分别为 72.365 m 和 72.353 m，则其相对误差为（　　）。
   A. 1/6 030　　　B. 1/6 029　　　C. 1/6 028　　　D. 1/6 027

三、简答题

1. 偶然误差和系统误差有何区别？偶然误差有哪些特性？
2. 何为中误差、相对误差和极限误差？
3. 用最或然误差来计算观测值的中误差的步骤是什么？
4. 在相同的观测条件下，对某一线段丈量 6 次的结果为 148.132、148.150、148.118、148.144、148.155、148.102（单位：m），试求算术平均值、观测值中误差及相对误差。

链接执考

一、判断题

1. 误差（或中误差）的绝对值与其真值（或平均值）之比通常用 $1/N$ 的形式表示，叫作精度（或相对误差）。[2011初级测量放线工测试题库]　　　　　　　　　　　　　　（　　）
2. 在一定观测条件下的一系列观测，其误差的大小、正负号趋向一致，或按一定物理的、几何规律变化的测量误差叫作系统误差。[2011初级测量放线工测试题库]（　　）
3. 在一定观测条件下的一系列观测，其误差大小、正负号不定，但符合一定统计规律的测量误差叫作随机误差。[2011初级测量放线工测试题库]　　　　　　　　　（　　）
4. 系统误差和随机误差均可采用一定的方法消除或加以改正。[2011初级测量放线工测试题库]　　　　　　　　　　　　　　　　　　　　　　　　　　　　　　　　　（　　）

5. 在测量工作中，只要坚持做到测量、计算步步有校核，就能保证成果的正确性。[2011初级测量放线工测试题库]　　　　　　　　　　　　　　　　　　　　（　　）

6. 测量工作中出现错误是难以杜绝的。因此，工作中必须要有严格的校核措施，发现它并在最后成果中剔除它。[2011初级测量放线工测试题库]　　　　　　　　（　　）

7. 甲、乙两组分别往返量得平均值 $\bar{D}_1=286.774$ m，较差 $d_1=0.016$ m，$\bar{D}_2=143.387$ m，较差 $d_2=0.016$ m，则两组结果精度相同。[2011初级测量放线工测试题库]　　（　　）

二、单选题

1. 测量误差的来源是（　　）。[2011初级测量放线工测试题库]
   A. 仪器不可能绝对精良　　　　　　　B. 人的感官能力有限
   C. 外界环境的影响　　　　　　　　　D. A+B+C

2. 随机误差具备的特性有（　　）。[2011初级测量放线工测试题库]
   ①小误差的密集性　②同性质误差的累积性　③大误差的有界性　④正负误差的对称性　⑤大小正负误差的随机性　⑥全部误差的抵偿性
   A. ①②③④　　　　B. ①③⑤⑥　　　　C. ①③④⑥　　　　D. ②④⑤⑥

3. 当距离 $D=150$ m，量距精度为 1/8 500，测角精度为 $\pm24''$，测设 $90°00'00''$，则分别产生横向误差、纵向误差及点位误差为（　　）mm。[2011初级测量放线工测试题库]
   A. 17.4、17.6、24.7　　　　　　　　B. ±12.2、±12.3、±17.3
   C. ±17.4、±17.6、±24.7　　　D. 12.2、12.3、17.3

4. 测量工作中，量距精度与测角精度应该相匹配，当量距精度分别为 1/8 000、1/15 000，则与之对应的测角精度为（　　）。[2011初级测量放线工测试题库]
   A. $\pm28.0''$、$\pm15.0''$　　　　　　B. $\pm25.8''$、$\pm13.8''$
   C. $\pm25.8''$、$\pm17.0''$　　　　　　D. $\pm40.0''$、$\pm13.8''$

5. 测量工作中，量距精度与测角精度应该相匹配，当测角精度分别为 $\pm10''$、$\pm20''$，则与之对应的量距精度为（　　）。[2011初级测量放线工测试题库]
   A. 1/20 000、1/10 000　　　　　　　B. 1/12 000、1/6 000
   C. 1/25 000、1/10 000　　　　　　　D. 1/20 000、1/5 000

6. 实测四边形内角和为 $359°59'24''$，则四边形闭合差及每个角的改正数为（　　）。[2011初级测量放线工测试题库]
   A. $+36''$、$-9''$　　　　　　　　　B. $-36''$、$+9''$
   C. $+36''$、$+9''$　　　　　　　　　D. $-36''$、$-9''$

模块 6 控制测量

【模块概述】

控制网具有控制全局、限制测量误差累积的作用，是各项测量工作的依据。对于地形测图，等级控制是扩展图根控制的基础，以保证所测地形图能互相拼接成为一个整体。对于工程测量，常需布设专用控制网，作为施工放样和变形观测的依据。

本模块主要介绍平面控制测量、高程控制测量以及 GPS 控制测量，针对控制测量的方法展开介绍。

【知识目标】

1. 理解控制测量的概念；
2. 掌握平面控制测量的方法；
3. 掌握高程控制测量的方法；
4. 了解 GPS 控制测量的概念及方法。

【技能目标】

1. 掌握导线测量的方法；
2. 熟练掌握闭合导线的测量方法；
3. 掌握导线平差计算方法；
4. 掌握高程控制测量方法。

【学习重点】

1. 导线测量的布设形式；
2. 导线测量的内业计算；
3. 三、四等水准测量；
4. 三角高程测量。

【课时建议】

7 课时

模块 6 控制测量

> **工程导入**
>
> 对小地区测图，按照测量工作的原则"先控制再碎部，先整体再局部"的原则，首先要做的工作就是控制测量，从而保证测图的精度，控制误差的累积，将误差限制在各个控制点和图根点之间，保证地形、地物在地铁上位置足够的精度，并且相邻图幅自然可以接合。
>
> 小地区控制测量一般选择闭合导线的方法，利用测角和测距，计算出各个控制点的坐标。在控制点的基础上再进行碎部测量，最终得到所测区域的地形图。

6.1 控制测量概述

在控制测量中，为了建立和实现全球或者某个国家、某个区域的坐标系统、高程系统，应遵循从高级到低级，由整体到局部逐级控制、逐级加密的原则，在地面上固定一系列的点来约束、维持这些测量系统，这些点称为控制点。将一系列控制点按一定的结构连接成的一定的几何图形构成控制网。

获取控制点平面位置构建的控制网称为平面控制网，获取控制点高程而构建的控制网称为高程控制网。平面控制网和高程控制网可以单独布设，也可以布设成平面和高程同时具备的三维控制网。控制网的布设取决于测区的情况和要求的精度等。控制测量的目的在于提供统一的基础框架，以便在给定区域内协调各种测量工作。

6.1.1 平面控制测量

通过测量控制网中的水平角、水平距离推算控制点的平面坐标的测量工作称为平面控制测量。传统的平面控制测量的方法有：导线测量、三角测量、三边测量和边角同测的方法。随着GPS、GLONASS、欧盟的伽利略等全球卫星定位系统的出现，GNSS测量方式也成为控制测量的方法。

我国的国家平面控制网采用的是逐级控制、分级布设的原则，分为四等，即国家一、二、三、四等大地控制网。采用传统的三角测量建立的一等三角锁，二、三、四等三角网及导线网。另外，还有卫星大地测量，如GPS卫星定位。

直接服务于大比例尺测图和施工的平面控制测量有一、二级小三角测量，一、二、三级导线测量，由E级GPS网建立的测图、施工控制网，还有采用三角测量、交会测量、导线测量方法建立图根平面控制网。

公路工程平面控制网：常规方法为三角测量或导线测量等，另外，现在逐渐采用三边测量和GPS测量。

6.1.2 高程控制测量

通过测量控制网中相邻控制点间的高差推算控制点的高程的测量工作称为高程控制测量。主要方法包括水准测量和三角高程测量。

1. 水准测量

水准测量是建立国家工程控制网的主要方法，其优点是精度较高。国家水准网按逐级控制、分级布设的原则分为一、二、三、四等，其中一、二等水准测量称为精密水准测量。三、四等水准直接为测制地形图和各项工程建设用。三等环不超过 300 km；四等水准一般布设为附合在高等级水准点上的附合路线，其长度不超过 80 km。

2. 三角高程测量

三角高程测量观测方法简单、布设灵活，受地形条件限制小，是测定大地控制点高程的基本方法。通过测定地面上两点间的距离和垂直角，依据三角公式计算两点间高差。

三角高程测量必须在有足够数量的直接高程点作为起算点上才能大量应用，以满足测绘国家基本比例尺地形图对高程控制的经典要求。

6.2 导线测量

导线测量是建立小地区平面控制网常用的一种方法，特别是在地物分布复杂的建筑区、视线障碍较多的隐蔽区和带状地区，多采用导线测量的方法。

导线测量是依次测定各导线边的长度和各转折角值，再根据起算数据，推算出各边的坐标方位角，从而求出各导线点的坐标。用经纬仪测量转折角，用钢尺测定导线边长的导线，称为经纬仪导线。如果用光电测距仪测定导线边长，称为光电测距导线。

6.2.1 导线测量布设形式

根据测区的情况和工程建设的需要，简单的导线布设形式有：附和导线，闭合导线，支导线。相邻控制点用直线连接所构成的连续折线称为导线，其中控制点称为导线点。相邻导线边之间的水平角称为转折角。

1. 闭合导线

闭合导线是从一点开始经过一系列的导线点，最后又回到原来的起始点形成一多边形。如图6.1所示，导线从已知点 A 和已知方向 AB 出发，经过点1、2、3、4最后仍回到起点 A，形成一个闭合多边形，这样的导线称为闭合导线。闭合导线本身有严密的几何条件，具有检核作用。

2. 附和导线

附和导线是导线起于一个高级控制点，最后附和到另一个高级控制点。如图6.2所示，导线从已知控制点 B 和已知方向 AB 出发，经过点1、2、3，最后附和到另一已知点 C 和已知方向 CD 上。这种布设形式，具有检核观测成果的作用。

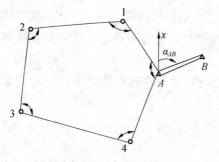

图6.1 闭合导线

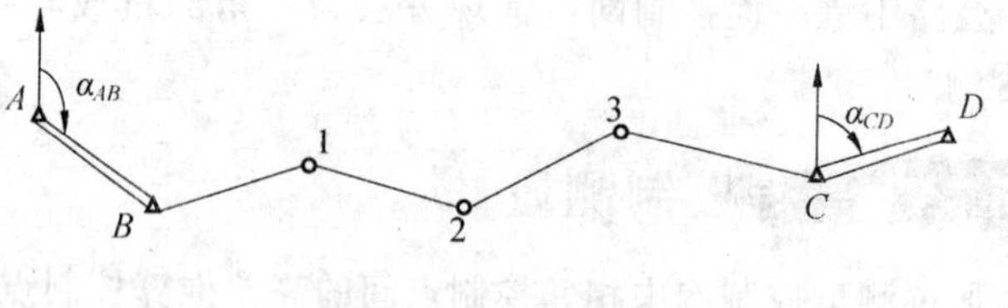

图6.2 附和导线

3. 支导线

支导线是由一个已知点和已知方向出发，既不附和到另一个已知点，又不回到起始点的导线。如图6.3所示，B 为已知控制点，α_{BA} 为已知方向，点1、2为支导线点。由于支导线缺乏检核条件，不易发现错误，因此其点数一般不超过两个，它仅用于图根导线测量。

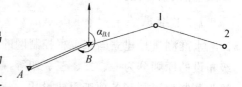

图6.3 支导线

导线测量的应用：不受地形限制，用于建筑区（通视不好，拐弯多）、带状工程、地下工程、铁路建设和水利建设等。用导线测量的方法建立小地区平面控制网，通常分为一级导线、二级导线、三级导线和图根导线几个等级。各级导线的主要技术要求参见表6.1和表6.2。

表6.1 经纬仪导线的主要技术要求

等级	测图比例尺	附合导线长度/m	平均边长/m	往返丈量差相对误差	测角中误差/″	导线全长相对闭合差	测回数 DJ2	测回数 DJ6	方位角闭合差/″
一级		2 500	250	≤1/20 000	≤±5	≤1/10 000	2	4	≤±10$\sqrt{n}$
二级		1 800	180	≤1/15 000	≤±8	≤1/7 000	1	3	≤±16$\sqrt{n}$
三级		1 200	120	≤1/10 000	≤±12	≤1/5 000	1	2	≤±24$\sqrt{n}$
图根	1∶500	500	75			≤1/2 000		1	≤±60$\sqrt{n}$
图根	1∶1 000	1 000	110						
图根	1∶2 000	2 000	180						

注：n为测站数

表6.2 光电测距导线的主要技术要求

等级	测图比例尺	附合导线长度/m	平均边长/m	测距中误差/mm	测角中误差/″	导线全长相对闭合差	测回数 DJ2	测回数 DJ6	方位角闭合差/″
一级		3 600	300	≤±15	≤±5	≤1/14 000	2	4	≤±10$\sqrt{n}$
二级		2 400	200	≤±15	≤±8	≤1/10 000	1	3	≤±16$\sqrt{n}$
三级		1 500	120	≤±15	≤±12	≤1/6 000	1	2	≤±24$\sqrt{n}$
图根	1∶500	900	80			≤1/4 000		1	≤±40$\sqrt{n}$
图根	1∶1 000	1 800	150						
图根	1∶2 000	3 000	250						

注：n为测站数

6.2.2 导线测量外业工作

导线测量包括外业测量工作和内业计算工作两部分。

导线测量的外业工作主要包括：踏勘选点，建立标志，导线边长测量，转折角测量，连接测量，定向等。

1. 踏勘选点

在选点前，应先收集测区已有地形图和已有高级控制点的成果资料，将控制点展绘在原有地形图上，然后在地形图上拟定导线布设方案，最后到野外踏勘，核对，修改，落实导线点的位置，并建立标志。

选点时我们应该注意以下几点：

（1）相邻点应相互通视良好，地势平坦，便于测角和量距。

（2）点位应选择土质坚实处，便于安置仪器和保存标志点。

（3）导线边长应大致相等，平均边长应符合表6.1的技术要求。

（4）导线点应有足够的密度，分布均匀并且视野开阔，便于控制整个测区。

（5）路线平面控制应沿路线布设，距离中线位置应大于50 m且小于300 m。

（6）在桥梁两岸、隧道进出口附近均应设置导线点。

2. 建立标志

导线点的标志应根据需求的不同和保存的时间不同,可以选择不同的材质建立临时性标志和永久性标志两种。

(1)临时性标志。导线点位置选定后,要在每一点位上打一个木桩,在桩顶钉一小钉,作为点的标志,如图6.4所示。也可在水泥地面上用红漆画一个圆,圆内点一小点,作为临时标志;在碎石或沥青路面上,可以用顶上凿有十字纹的大铁钉代替木桩;在混凝土场地或路面上,可以用钢凿凿一个十字纹,再涂上红油漆使标志明显。

(2)永久性标志。需要长期保存的导线点应埋设混凝土桩,如图6.5所示。桩顶嵌入带"+"字的金属标志,作为永久性标志。

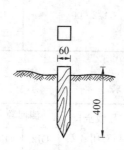

图6.4 临时性标志

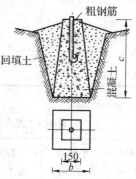

图6.5 永久性标志
(注:b、c 由埋设深度而定)

导线点应统一编号。为了便于寻找,应量出导线点与附近明显地物的距离,绘出草图,注明尺寸,该图称为"点之记",如图6.6所示。

3. 导线边长测量

导线边长可用钢尺直接丈量,或用光电测距仪直接测定。

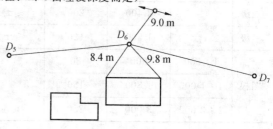

图6.6 点之记

用钢尺丈量时,选用检定过的30 m或50 m的钢尺,导线边长应往返丈量各一次,往返丈量相对误差应满足表6.2的要求。

用光电测距仪测量时,要同时观测垂直角,供倾斜改正之用。

4. 转折角测量

导线转折角的测量一般采用测回法观测。在附合导线中一般测左角;在闭合导线中,一般测内角;对于支导线,应分别观测左、右角。不同等级导线的测角技术要求详见表6.2。图根导线,一般用DJ6经纬仪测一测回,当盘左、盘右两半测回角值的较差不超过±40″时,取其平均值。

5. 连接测量

导线与高级控制点进行连接,以取得坐标和坐标方位角的起算数据,称为连接测量。导线联测为测定连接角和连接边,测量方法同导线。导线边和已知边的水平夹角叫作连接角。导线点和已知点的连线叫作连接边。

如图6.7所示,A、B 为已知点,1~5为新布设的导线点,连接测量就是观测连接角 β_B、β_1 和连接边 DB_1。

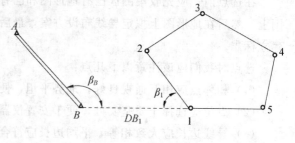

图6.7 导线连测

6. 定向

在新布设的平面控制网中，至少需要已知一条边的坐标方位角才可以确定控制网的方向，简称定向。至少需要已知一个点的平面坐标才可以确定控制网的位置，简称定位。

如果附近无高级控制点，则应用罗盘仪测定导线起始边的磁方位角，并假定起始点的坐标作为起算数据。

为了减少对中误差对测角、量距的影响，各等级导线观测宜采用三联脚架法。三联脚架法能大大减少仪器对中误差和目标偏心误差对水平角的影响。

6.2.3 导线测量内业工作

导线内业计算的目的是计算出各导线点的平面坐标 x，y。计算前应先全面检查导线测量外业记录，数据是否齐全，有无错误，成果是否符合精度要求。然后绘制计算略图，将各项数据标注在图上的相应位置。

1. 坐标计算的基本公式

(1) 坐标正算。

根据直线起点的坐标、直线长度及其坐标方位角计算直线终点的坐标，称为坐标正算。如图 6.8 所示，已知直线 AB 起点 A 的坐标为 (x_A, y_A)，AB 边的边长及坐标方位角分别为 D_{AB} 和 α_{AB}，需计算直线终点 B 的坐标。

直线两端点 A、B 的坐标值之差，称为坐标增量，用 x_{AB}、y_{AB} 表示。由图 6.8 可看出坐标增量的计算公式为

$$\left.\begin{aligned} \Delta x_{AB} &= x_B - x_A = D_{AB} \cos \alpha_{AB} \\ \Delta y_{AB} &= y_B - y_A = D_{AB} \sin \alpha_{AB} \end{aligned}\right\} \quad (6.1)$$

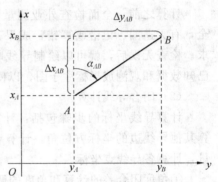

图 6.8 坐标增量计算

根据式 (6.1) 计算坐标增量时，正弦和余弦函数值随着 α 所在象限而有正负之分，因此算得的坐标增量同样具有正、负号。坐标增量正、负号的规律见表 6.3。

表 6.3 坐标增量正、负号的规律

象 限	坐标方位角 α	Δx	Δy
Ⅰ	0°～90°	+	+
Ⅱ	90°～180°	−	+
Ⅲ	180°～270°	−	−
Ⅳ	270°～360°	+	−

则点 B 坐标的计算公式为

$$\left.\begin{aligned} x_B &= x_A + \Delta x_{AB} = x_A + D_{AB} \cos \alpha_{AB} \\ y_B &= y_A + \Delta y_{AB} = y_A + D_{AB} \sin \alpha_{AB} \end{aligned}\right\} \quad (6.2)$$

(2) 坐标反算。

根据直线起点和终点的坐标，计算直线的边长和坐标方位角，称为坐标反算。如图 6.8 所示，已知直线 AB 两端点的坐标分别为 (x_A, y_A) 和 (x_B, y_B)，则直线边长 D_{AB} 和坐标方位角 α_{AB} 的计算公式为

$$D_{AB} = \sqrt{\Delta x_{AB}^2 + \Delta y_{AB}^2} \quad (6.3)$$

$$\alpha_{AB} = \arctan \frac{\Delta y_{AB}}{\Delta x_{AB}} \quad (6.4)$$

应该注意的是坐标方位角的角值范围在 0°～360°，而 arctan 函数的角值范围在 −90°～+90° 间，两者是不一致的。按式 (6.4) 计算坐标方位角时，计算出的是象限角，因此，应根据坐标增量

Δx、Δy 的正、负号，按表 6.3 决定其所在象限，再把象限角换算成相应的坐标方位角。

【例 6.1】 已知 A、B 两点的坐标分别为 $x_A=342.99$ m，$y_A=814.29$ m，$x_B=304.50$ m，$y_B=525.72$ m，试计算 AB 的边长及坐标方位角。

解 计算 A、B 两点的坐标增量：

$$\Delta x_{AB}/\text{m} = x_B - x_A = 304.50 - 342.99 = -38.49$$

$$\Delta y_{AB}/\text{m} = y_B - y_A = 525.72 - 814.29 = -288.57$$

根据式（6.3）和式（6.4）得

$$\alpha_{AB} = \arctan\frac{\Delta y_{AB}}{\Delta x_{AB}} = \arctan\frac{-288.57}{-38.49} = 262°24'09''$$

$$D_{AB}/\text{m} = \sqrt{\Delta x_{AB}^2 + \Delta y_{AB}^2} = \sqrt{(-38.49)^2 + (-288.57)^2} = 291.13$$

2. 闭合导线的坐标计算

（1）准备工作。

计算之前，全面检查外业测量记录，数据是否齐全，有无遗漏、记错或算错，成果是否符合规范的要求。检查无误后，就可以绘制导线略图（图 6.9），将已知数据和观测成果标注于图，以便计算。

（2）闭合导线计算。

计算导线坐标的步骤包括：计算角度闭合差，推算其他导线边的坐标方位角，计算各导线边的坐标增量，计算各导线点坐标。

①角度闭合差的计算和角度的调整。
闭合导线内角和理论值为

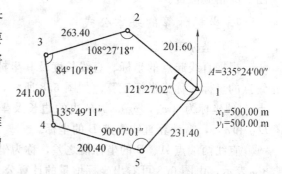

图 6.9 闭合导线略图

$$\sum \beta_{\text{理}} = (n-2)180° \tag{6.5}$$

实测内角和为

$$\sum \beta_{\text{测}} = \sum_{i=1}^{n} \beta_i$$

角度闭合差为

$$f_\beta = \sum \beta_{\text{测}} - \sum \beta_{\text{理}} \tag{6.6}$$

方位角闭合差容许值（不同等级参考表 6.1），三级导线容许角度闭合差为 $f_{\beta_p} = \pm 24\sqrt{n}$。当 $|f_\beta| < |f_{\beta_p}|$ 时，说明所测水平角符合要求，对所测水平角进行调整。

角度闭合差分配：

$$v_\beta = -\frac{f_\beta}{n} \tag{6.7}$$

分配值以秒为单位，剩余的分给短边夹角。
计算检核：

$$\sum v_\beta = -f_\beta \tag{6.8}$$

计算改正后的水平角：

$$\beta'_i = \beta_i + v_\beta \tag{6.9}$$

②坐标方位角计算。

根据起始边的已知坐标方位角及改正后的水平角，推算其他各导线边的坐标方位角。
当观测水平角为左角时：

$$\alpha_{BC} = \alpha_{AB} + 180° + \beta_{\text{左}} - 360° = \alpha_{AB} - 180° + \beta_{\text{左}} \tag{6.10}$$

当观测水平角为右角时：

$$\alpha_{BC} = \alpha_{AB} + 180° - \beta_{右} \tag{6.11}$$

若计算出的方位角超过 360°,则应减去 360°。

若计算出的方位角小于 0°,则应加上 360°。

计算检核:最后推算出的起始边的坐标方位角,它应与原有起始边已知坐标方位角相等,否则应重新计算。

③坐标增量计算和坐标增量的调整。

一条导线边两端点的纵坐标(或横坐标)之差,称为该导线边的坐标增量。坐标增量的计算方法为

$$\Delta x_{AB} = x_B - x_A = d\cos\alpha_{AB}$$
$$\Delta y_{AB} = y_B - y_A = d\sin\alpha_{AB} \tag{6.12}$$

根据已知点的坐标、已知边长和坐标方位角计算出该边的坐标增量,并计算出另一点的坐标的方法称为坐标正算。

坐标增量闭合差(图 6.10):闭合导线横纵坐标增量的代数和理论值应为零。

$$\sum \Delta x_{理} = 0 \tag{6.13}$$
$$\sum \Delta y_{理} = 0 \tag{6.14}$$

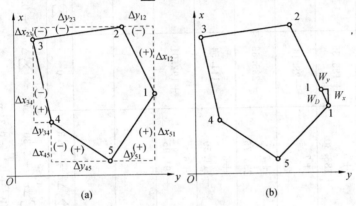

图 6.10 坐标增量闭合差

实际上由于导线边长测量误差和角度闭合差调整后的残余误差,使实际计算所得的 $\sum \Delta x_{测}$、$\sum \Delta y_{测}$ 不等于零,产生纵坐标增量闭合差和横坐标增量闭合差。

$$W_x = \sum \Delta x_{测} \tag{6.15}$$
$$W_y = \sum \Delta y_{测} \tag{6.16}$$

导线全长闭合差:

$$W_D = \sqrt{W_x^2 + W_y^2} \tag{6.17}$$

导线全长相对闭合差:设导线全长为 $\sum S$,则

$$K = \frac{W_D}{\sum S} = \frac{1}{T} \tag{6.18}$$

导线全长相对闭合差限差参考表 6.2 规范要求。

坐标增量调整原则:以相反符号按边长比例分配到各边长的坐标增量中去,其坐标增量改正数为

$$V_{x_i} = \frac{-f_x}{\sum S} S_i$$
$$V_{y_i} = \frac{-f_y}{\sum S} S_i \tag{6.19}$$

计算成果见表 6.4。

表 6.4 闭合导线平差计算表

点号	观测角(左) $\beta_左/(° ' '')$	改正数 $v_\beta/''$	改正后角值 $\beta/(° ' '')$	坐标方位角 $\alpha/(° ' '')$	距离 D/m	纵坐标增量 Δx 计算值/m	纵坐标增量 Δx 改正值/mm	横坐标增量 Δy 计算值/m	横坐标增量 Δy 改正值/mm	纵坐标 x/m	横坐标 y/m
1				335 24 00						500.00	500.00
2	108 27 18	−10	108 27 08		201.60	+5 +183.30	+183.35	+2 −83.92	−83.90	683.35	416.10
3	84 10 18	−10	84 10 08	263 51 08	263.40	+7 −28.21	−28.14	+2 −261.89	−261.87	655.21	154.23
4	135 49 11	−10	135 49 01	168 01 16	241.00	+7 −235.75	−235.68	+2 +50.02	+50.04	419.53	204.27
5	90 07 01	−10	90 06 51	123 50 17	200.40	+5 −111.59	−111.54	+1 +166.46	+166.47	307.99	370.74
1	121 27 02	−10	121 26 52	33 57 08	231.40	+6 +191.95	+192.01	+2 +129.24	+129.26	500.00	500.00
				335 24 00							
$\sum\beta$	540 00 50	−50	540 00 00		$\sum D = 1\,137.80$	$\sum\Delta x = -0.30$	0	$\sum\Delta y = -0.09$	0		

辅助计算

$f_\beta = \sum\beta - (n-2) \times 180° = +50''$

$f_{\beta允} = \pm 60''\sqrt{n} = \pm 134''$

$f_\beta < f_{\beta允}$

$v_\beta = -f_\beta/n = -10''$

$W_x = \sum\Delta x = -0.30$ $W_y = \sum\Delta y = -0.09$

$W_s = \sqrt{W_x^2 + W_y^2} = 0.31\ \text{m}$

$K = W_s/\sum S = \dfrac{1}{3\,600} < K_允$

$K_允 = 1/2\,000$

检验改正结果：

$$\sum V_x = -f_x$$
$$\sum V_y = -f_y \quad (6.20)$$

④坐标计算：

$$x_2 = x_1 + \Delta x_{12} \qquad y_2 = y_1 + \Delta y_{12}$$
$$x_3 = x_2 + \Delta x_{23} \qquad y_3 = y_2 + \Delta y_{23}$$
$$\cdots\cdots \qquad\qquad \cdots\cdots$$

3. 附和导线的坐标计算

附和导线和闭合导线的内业计算基本一致，两者的主要差异在于角度闭合差和坐标增量闭合差的计算上。附和导线略图如图 6.11 所示。

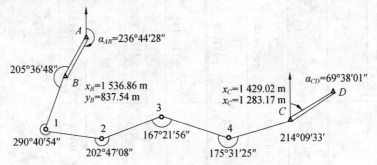

图 6.11 附和导线略图

附和导线与闭合导线最大的区别是起始点的已知点和终点的已知点不重合。在平差计算过程中，角度闭合差和坐标增量闭合差的计算方法有所不同，其他元素的计算方法完全相同。

(1) 角度闭合差。

理论上计算终边方位角应与已知终边方位角相等由于角度误差的存在，产生角度闭合差。

$$\alpha_{B1} = \alpha_{AB} + 180° - \beta_B$$
$$\alpha_{12} = \alpha_{B1} + 180° - \beta_1$$
$$\alpha_{23} = \alpha_{12} + 180° - \beta_2$$
$$\alpha_{34} = \alpha_{23} + 180° - \beta_3$$
$$\alpha_{CD} = \alpha_{34} + 180° - \beta_C$$
$$\alpha_{CD} = \alpha_{AB} + 5 \times 180° - \sum \beta_m$$
$$\alpha'_{fm} = \alpha_0 + n \times 180° - \sum \beta_R$$
$$f_\beta = \alpha'_{终} - \alpha_{终} \quad (6.21)$$

角度闭合差分配原则：角度为左角时，以反符号平均分配角度为右角时以相同符号平均分配。

(2) 坐标增量闭合差。

理论坐标增量计算：

$$\sum \Delta x_{理} = \Delta x_{终} - \Delta x_{起}$$
$$\sum \Delta y_{理} = \Delta y_{终} - \Delta y_{起} \quad (6.22)$$

闭合差为

$$f_x = \sum \Delta x_{测} - \sum \Delta x_{理}$$
$$f_y = \sum \Delta y_{测} - \sum \Delta y_{理} \quad (6.23)$$

计算成果见表 6.5。

表 6.5 附和导线坐标计算表

点号	观测角(右) $\beta_右/(° ' ")$	改正数 $v_\beta/"$	改正后角值 $\beta/(° ' ")$	坐标方位角 $\alpha/(° ' ")$	距离 D/m	纵坐标增量 Δx 计算值/m	纵坐标增量 Δx 改正值/mm	横坐标增量 Δy 计算值/m	横坐标增量 Δy 改正值/mm	纵坐标 x/m	横坐标 y/m
A				236 44 28							
B	205 36 48	−13	205 36 35		125.36	−107.31 +4	−107.27	−4.81 −2	−64.83	1 536.86	837.54
				211 07 53							
1	290 40 54	−12	290 40 42		98.76	−17.92 +3	−17.89	+97.12 −2	+97.10	1 429.59	772.71
				100 27 11							
2	202 47 08	−13	202 46 55		144.63	+30.88 +4	+30.92	+141.29 −2	+141.27	1 411.70	869.81
				77 40 16							
3	167 21 56	−13	167 21 43		116.44	−0.63 +3	−0.60	+116.44 −2	+116.42	1 442.62	1 011.08
				90 18 33							
4	175 31 25	−13	175 31 12		156.25	−13.05 +5	−13.00	+155.70 −3	+155.67	1 442.02	1 127.50
				94 47 21							
C	214 09 33	−13	214 09 20							1429.02	1 283.17
D				60 38 01							
$\sum\beta$	1 256 07 44	−77	1 256 07 27		$\sum D=641.44$	$\sum\Delta x=−108.03$	$−107.84$	$\sum\Delta y=+445.74$	$+445.63$		

辅助计算:

$f_\beta = \alpha'_{CD} - \alpha_{CD} = +1'17"$

$f_{\beta允} = \pm 60"\sqrt{n} = \pm 147"$

$f_\beta < f_{\beta允}$

$V_\beta = -f_\beta/n = -13$

$W_x = -0.19$ m $W_y = +0.11$ m

$W_S = \sqrt{W_x^2 + W_y^2} = 0.22$ m

$K = W_S/\sum S = \dfrac{1}{2\,900} < K_允$

$K_允 = 1/2\,000$

$$\left.\begin{array}{l} f_x = \sum_1^n \Delta x - (x_B - x_A) \\ f_y = \sum_1^n \Delta y - (y_B - y_A) \end{array}\right\} \quad (6.24)$$

6.3 高程控制测量

控制测量包括平面控制测量和高程控制测量，通过测量控制网中相邻控制点间的高差推算控制点高程的测量工作称为高程控制测量。目前测定控制点高程的主要方法有水准测量和三角高程测量。

为了建立全国统一的高程控制网，必须确定一个统一的高程基准面，用它作为表示地面点高程的统一起算面，可以用平均海水面作为高程基准面，称为高程起算面。为了明确而稳固地表示高程起算面的位置，还要建立一个与平均海水面相联系的水准点，以此作为推算国家高程控制网高程的起算点，这个水准点叫作水准原点。我国的高程起算基准面是"黄海平均海水面"，我国的水准原点设在青岛市观象山上。1956 年黄海高程系统推算的水准原点高程为 72.289 m，1987 年国家测绘局发出通告，废止 1956 年高程基准，启用 1985 年国家高程基准，1985 年国家高程基准推算的水准原点高程值为 72.260 m。

国家水准网分 4 个等级布设，一、二等水准测量路线是国家的精密高程控制网。一等水准测量路线构成的一等水准网是国家高程控制网的骨干，同时也是研究地壳和地面垂直运动以及有关科学问题的主要依据。在一等水准环内布设的二等水准网是国家高程控制的全面基础，其环线周长根据不同地形的地区在 500~750 km 之间。三、四等水准网是一、二等水准网的进一步加密，是直接服务于测土和工程建设的高程控制点。

我国一等水准网由 289 条路线组成，其中 284 条路线构成 100 个闭合环，共计埋设各类标石近 2 万余座。全国一等水准网布设略图如图 6.12 所示。

图 6.12 全国一等水准网布设略图

6.3.1 三、四等水准测量

三、四等水准测量用于国家高程控制网加密、建立小地区首级高程控制，直接提供地形测图和各种工程建设所必需的高程控制点。三等水准测量路线一般可根据需要在高级水准网内加密，布设附合路线，并尽可能互相交叉，构成闭合环。单独的附合路线长度应不超过 200 km；环线周长应不超过 300 km。四等水准测量路线一般以附合路线布设于高级水准点之间，附合路线的长度应不超过 80 km。水准测量视距和视线高度的要求见表 6.6。

表 6.6 水准测量视距和视线高度的要求

等级	仪器型号	视线长度 S/m	前后视距差/m	任一测站上前后视距差累积/m	黑红面读数之差/m	黑红面高差之差/m
三等	DS3	≤75	≤2.0	≤5.0	2.0	3.0
	DS1	≤100			1.0	1.5
四等	DS3	≤150	≤3.0	≤10.0	3.0	5.0

1. 三、四等水准测量

使用普通水准仪和黑红面区格式木质标尺进行三等水准观测时，用中丝读数法进行往返观测；使用有光学测微器的水准仪和线条式铟瓦合金水准标尺进行观测时，也可采用光学测微法读数，以单程双转点法进行观测。以上两种观测方法的每站观测程序为"后—前—前—后"。

四等水准测量采用中丝读数法。当四等水准路线的两端为高程点或自身构成闭合环时，可只进行单程测量，每站观测程序为"后—后—前—前"或"后—前—前—后"。

2. 观测和记录方法

(1) 双面尺法。

后视黑面，读取下、上、中丝读数，记入表 6.7 (1)(2)(3) 中；

前视黑面，读取下、上、中丝读数，记入表 6.7 (4)(5)(6) 中；

前视红面，读取中丝读数，记入表 6.7 (7)；

后视红面，读取中丝读数，记入表 6.7 (8)。

双面尺法计算和检核：

①视距计算。

前、后视距差：三等水准测量，不得超过 3 m，四等水准测量，不得超过 5 m。

前、后视距累积差：三等水准测量，不得超过 6 m，四等水准测量，不得超过 10 m。

②同一水准尺红、黑面中丝读数的检核。

同一水准尺红、黑面中丝读数之差，应等于该尺红、黑面的常数差 K（4.687 或 4.787），三等水准测量不得超过 2 mm，四等水准测量不得超过 3 mm。

③计算黑面、红面的高差。

三等水准测量不得超过 3 mm，四等水准测量不得超过 5 mm。式内 0.100 为单、双号两根水准尺红面零点注记之差，以米（m）为单位。

每页校核。

④计算平均高差。

(2) 单面尺法。

按变动仪器高法进行检核。观测顺序为"后—前—变动仪器高—前—后"，变高前按三丝读数，以后按中丝读数。

测站计算和检核就是利用四等水准测量记录、计算表（变更仪器高法）而进行的（表 6.7）。

表6.7 四等水准记录表格

日期：2010年6月8日　　　天气：晴转雨　　　仪器型号：　　　组号：5
观测者：王尚峰　　　记录者：温　斌　余庆荣　　　司尺者：陈荣辉　曾文玮

测点编号	后尺 上丝/m 下丝/m 后距/m 视距差/m	前尺 上丝/m 下丝/m 前距/m 累加差/m	方向及尺号	中丝读数 黑面/m	中丝读数 红面/m	$K+$黑减红/mm	高差中数/m	备注
	(1)	(4)	后尺1#	(3)	(8)	(14)		
	(2)	(5)	前尺2#	(6)	(7)	(13)	(18)	
	(9)	(10)	后−前	(15)	(16)	(17)		已知水准点的高程=35.867m。
	(11)	(12)						
TP.1 — TP.2	2.837	0.381	后尺2#	2.661	7.45	−2		
	2.489	0.058	前尺1#	0.22	4.908	−1	2.441 5	
	34.8	32.3	后−前	2.441	2.542	−1		尺1#的 $K=4.687$
	2.5	2.5						
TP.2 — TP.3	2.548	1.284	后尺1#	2.338	7.028	−3		
	2.138	0.871	前尺2#	1.076	5.864	−1	1.263	
	41	41.3	后−前	1.262	1.164	−2		尺2#的 $K=4.787$
	−0.3	2.2						

$\sum[(15)+(16)] = +2.37$

$\sum(18) = +1.185$

$2\sum(18) = +2.37$

总视距 $\sum(9) + \sum(10) = 234.1(\mathrm{m})$

6.3.2　三角高程测量

三角高程测量的基本思想是根据由测站向照准点所观测的垂直角（或天顶距）和它们之间的水平距离，计算测站点与照准点之间的高差。

由图6.13可明显地看出，A、B两地面点间的高差为$h_{1,2}$，其中，A为测站，B为照准点，P为经纬仪，N为照准目标。由于大气垂直折光的影响，照准线PN是一条弧线，垂直角为$\alpha_{1,2}$。直线PM是PN在点P处的切线，图中MN就是大气折光差。AF为过测站A的水准面，所以BF即为高差$h_{1,2}$。PE为过经纬仪P的水准面，PC为其切线，所以CE为地球弯曲差，简称球差。

$$h_{1,2} = BF = MC + CE + EF - MN - NB$$

式中　EF——仪器高为照准点的觇标高度；
　　　CE, MN——地球曲率，折光影响。

由

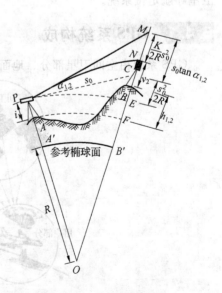

图6.13　三角高程测量

$$CE = \frac{1}{2R}s_0^2 \quad (6.25)$$

$$MN = \frac{1}{2R'}s_0^2 \quad (6.26)$$

式中 R——光程曲线在点的曲率半径。设

$$\frac{R}{R'} = K \quad (6.27)$$

$$MN = \frac{1}{2R'} \cdot \frac{R}{R}s_0^2 = \frac{K}{2R}s_0^2 \quad (6.28)$$

式中 K——大气垂直折光系数。

$$MC = s_0 \tan \alpha_{1,2} \quad (6.29)$$

两地面点 A、B 的高差为

$$h_{1,2} = s_0 \tan \alpha_{1,2} + \frac{1}{2R}s_0^2 + i_1 - \frac{K}{2R}s_0^2 - v_2 = \\ s_0 \tan \alpha_{1,2} + \frac{1-K}{2R}s_0^2 + i_1 - v_2 \quad (6.30)$$

令式子中 $\frac{1-K}{2R} = C$，C 一般称为球气差系数，则上式可写为

$$h_{1,2} = s_0 \tan \alpha_{1,2} + Cs_0^2 + i_1 - v_2 \quad (6.31)$$

该式子就是单向观测计算高差的基本公式。

式中垂直角 α、仪器高 i 和砚标高 v 均可由外业观测得到。s_0 为实测的水平距离，一般要转化为高斯平面上的长度 d。

6.4 GPS 控制测量简介

全球定位系统（Global Positioning System，GPS）是利用人造卫星进行地面测量的定位系统。它具有速度快、精度高、不受天气限制、任何时候都能测量、不需要点间通视等优点。卫星定位系统都是通过接受在空间飞行的卫星发射的无线电信号来实现定位的。目前，正在运行的全球定位系统有美国的 GPS、俄罗斯的 GLONASS，正在发展研究的欧盟的 GALILEO。还有我国建立的北斗卫星导航定位系统。

6.4.1 GPS 系统构成

GPS 系统由空间卫星部分、地面监控部分和用户设备部分 3 部分构成，如图 6.14 所示。

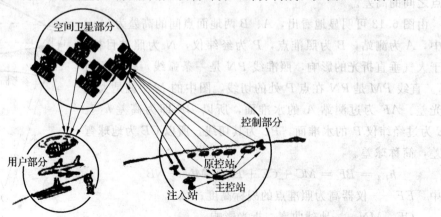

图 6.14 GPS 系统的主要构成

1. 空间卫星部分

GPS空间卫星部分由21+3颗卫星组成，21颗正式的工作卫星+3颗活动的备用卫星。分布在6个轨道面，每个轨道面有4颗卫星，平均轨道高度20 200 km，轨道倾角55°。可以保证在地球上任何地点、任何时间，在高度角大于15°以上的天空同时能够观测到4颗以上的卫星。

2. 地面监控部分

监控部分包括1个主控站、3个注入站和5个监控站。

主控站的任务是：收集各检测站的数据，编制导航电文，监控卫星状态；通过注入站将卫星星历注入卫星，向卫星发送控制指令；卫星维护与异常情况的处理。监控站的任务是接收卫星数据，采集气象信息，并将所收集到的数据传送给主控站。注入站的任务是在每颗卫星运行到上空时，把卫星星历、轨道纠正信息和卫星钟差纠正信息等控制参数和指令注入卫星存储器。

3. 用户设备部分

用户设备部分由天线、主机、电源等相关设备组成。天线安放在置于控制点的脚架上，接收卫星信号，在控制显示器上获得的是天线相位中心的三维坐标。有的接收机将天线与部分控制处理装置合在一起，成为传感器。用户设备的主要功能是接收卫星发射的信号和导航电文，根据导航电文提供的卫星位置和钟差信息计算接收机的位置。

6.4.2 GPS RTK 测量方法

GPS测量工作模式有静态、快速静态和动态相对定位等，但用这些测量模式时，如果不与数据传输系统相结合，其定位结果均需要通过测后处理而获得。由于测量数据需要在测后处理，所以上述几种测量模式均无法实时地给出观测站的定位结果，而且也不能对基准站和用户观测数据的质量进行实时地检验，因而难以避免在后处理数据时发现不合格的测量成果，造成需进行返工重测的情况。

RTK测量技术是以载波相位观测量为根据的实时差分GPS测量技术，又称为GPS RTK（Real-Time Kinematic）定位过程。实时动态测量的基本思想是，在基准站上安置一台GPS接收机，对所有可见的GPS卫星进行连续地观测，并将其测量数据通过无线电传输设备，实时地发送给用户观测站。在用户站上，GPS接收机在接收GPS卫星信号的同时，通过无线电接收设备，接收基准站传输的测量数据，然后根据相对定位的原理，实时地计算并显示用户站的三维坐标及其精度。通过实时计算的定位结果，便可监测基准站与用户站测量数据的质量和计算结果的收敛情况，从而可实时地判定计算结果是否成功，以减少冗余测量，缩短测量时间。

RTK测量主要用于运动物体的精密导航、地形测量、工程放样、石油勘探、水下地形测量和各种实时动态定位的指挥调度系统等。

国家测绘局颁布实施的《全球定位系统GPS测量规范》（GPS/T 18314—2009）规定，GPS控制网按精度可以分为AA、A、B、C、D、E六级，各等级GPS网相邻点的基线长度精度计算公式为

$$\sigma = \sqrt{a^2 + (b \cdot D)^2} \tag{6.32}$$

式中 σ——GPS网中相邻点间的距离中误差；

a——固定误差，mm；

b——比例误差系数，1×10^{-6}；

D——相邻点间的距离，km。

规范对于各等级的GPS网都有具体的规定，见表6.8。

表 6.8 GPS 网的精度分级

级别	固定误差 a/mm	比例误差系数 $b/10^{-6}$ m	相邻点间的平均距离 d/km
AA	≤3	≤0.01	1 000
A	≤5	≤0.1	300
B	≤8	≤1	70
C	≤10	≤5	10~15
D	≤10	≤10	5~10
E	≤10	≤20	0.2~5

GPS 网的精度设计主要根据网的用途，对于较大的工程，可采用分级布设的方法，即先布设高等级的框架网，再布设全面网。地形控制测量通常布设 C 级和 C 级以下的控制网，只有在较大区域测图时，才布设更高等级的控制网。

6.4.3 GPS 控制测量

GPS 控制测量的模式有多种，本章节主要介绍静态定位的测量实施方法。

1. 准备工作

（1）收集资料。

根据测区范围和任务要求，搜集有关国家三角网、导线网、水准路线和已有的国家各级 GPS 网资料，包括测区地形图、交通图、大地网图、成果表、已知点点之记等。

（2）图上设计。

根据控制点的要求，在图上选定 GPS 网的点位，点位要选在交通方便、便于观测的地点。点间不要求通视，但为了布设低等控制网时的联测，在地面点上应与 1 个或 2 个点相互通视。为了将坐标归算至国家坐标系，网中应有 3 个以上点与原有大地点重合，并有 3 个以上点用水准进行联测。

2. 选点与埋石

（1）选点。

根据设计图到实地踏勘，组后选定点位。点位基础应坚实稳定，既易长期保存，有利于观测作业。点位应位于视野开阔、卫星高度角大于 15°、附近无大功率无线电发射源且交通便利的地方。

（2）埋石。

各级 GPS 点按规定埋设中心标石，测图点、临时性控制点可以使用木桩。点位确定之后要绘制点之记。

3. 观测

地形控制网采用载波相位法观测，同步观测接收机数应多于 2 台。观测前根据测区位置编制出 GPS 卫星可见性预报表，其中包括可见卫星号、卫星高度和方位角、最佳观测星组、点位几何图形强度因子等内容。

（1）观测准备。

GPS 接收机在观测前应进行预热和静置。一般情况下尽量利用脚架安置天线，天线中心要与标志中心在同一垂线方向上，偏离值不得超过 2 mm。天线中心距地面高度不得大于 1.2 m。检查测站上电源电缆和天线等各项连接是否正确。

（2）观测作业。

规定时间同步观测同一组卫星。观测期间，操作员注意查看并记录仪器工作状态、测站信息、接受卫星数量、卫星号、各通信信噪比、相位测量残差、实时定位的结果及其变化和存储情况等。观测前后应各量取天线高一次,每两次量取的天线高互差应小于 3 mm,取中数作为天线高。观测资料齐全,包括平面控制测量的相关记录和测量手簿。

【重点串联】

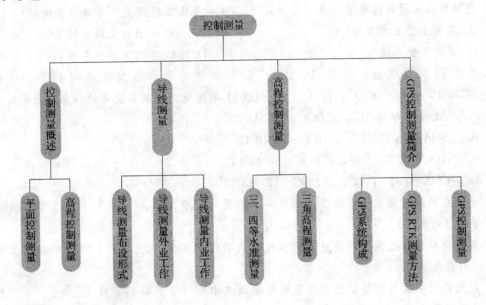

拓展与实训

职业能力训练

一、填空题

1. 控制测量包括_____和_____两种。
2. 导线控制网布设的形式有_____、_____和_____。
3. 高程控制测量的方法包括_____和_____。

二、简答题

1. 什么是平面控制测量?
2. 控制测量的目的是什么?
3. GPS 由哪几部分组成?各部分的功能和作用是什么?
4. 简述 GPS 实时动态测量(RTK)的原理。
5. 已知点 A 坐标 $x_A = 300.00$ m,$y_A = 500.00$ m,方位角 $\alpha_{AB} = 15°$,在测站点 A 以 B 为起始方向测得与点 P 的夹角为 15°(P 为未知点),已知 AP 的水平距离 D=173.21 m,试求点 P 坐标。

工程模拟训练

建立闭合导线控制测量路线,并进行平差计算,求出待求控制点坐标。

链接执考

1. 我国目前采用的高程基准是( )。[2009年高级工程测量员考试(单选题)]
   A. 高斯平面直角坐标　　　　　　　　B. 1980年国家大地坐标系
   C. 黄海高程系统　　　　　　　　　　D. 1985年国家高程基准

2. 在点 O 安置仪器,测得 A、B、C 三个方向的平均方向值分别是:$0°00'00''$、$56°30'15''$ 和 $127°18'28''$,则( )。[2011年高级工程测量员考试(单选题)]
   A. $\angle AOB=56°30'15''$,$\angle BOC=127°18'28''$
   B. $\angle BOA=56°30'15''$,$\angle BOC=70°48'13''$
   C. $\angle AOC=127°18'28''$,$\angle BOC=70°48'13''$
   D. $\angle COA=232°41'32''$,$\angle BOC=127°18'28''$

3. 地面点的绝对高程是指地面点到任一水准面的铅垂距离。( )[2011年高级工程测量员考试(判断题)]

4. 竖直角就是在过视线的竖直面内视线与水平线的夹角。( )[2012年高级工程测量员考试(判断题)]

5. 经纬仪对中的目的是使仪器的竖轴与测站点中心位于同一铅垂线上。( )[2011年高级工程测量员考试(判断题)]

模块 7 地形图的测绘及应用

【模块概述】

通过实地测量，将地面上各种地物和地貌沿垂直方向投影到水平面上，并按照一定的比例尺，用统一规定的符号和逐级，将其缩绘在图纸上，这种表示地物的平面位置和地貌起伏情况的图称为地形图。在测量工作中，地形图为工程建设的规划设计提供必要的图样和资料。

【知识目标】

1. 掌握地形图的概念和特点；
2. 掌握绘制地形图的方法；
3. 理解地形图的应用方法。

【技能目标】

1. 会利用全站仪进行地形图测绘；
2. 会利用地形图图例绘制地形图。

【学习重点】

1. 地形图的概念；
2. 地形图的测绘；
3. 地形图的应用；
4. 地理信息系统。

【课时建议】

6课时

工程导入

地形图是各种测量产品的主要数据来源，抽象地表达了各种地物和地貌。城市地形图是该城市各项规划建设决策的主要数据来源。地形图测绘分为外业测量和内业绘制两个部分，首先遵循"先控制再碎部"的工作步骤，在待测区域布设控制点，然后利用全站仪进行碎部测量，测量地物和地貌特征点位坐标。内业用专业软件，按照图例要求绘制待测区域的地形图。

7.1 地形图的测绘

地形测量的任务是测绘地形图。地形图测绘是以测量控制点为依据，按一定的步骤和方法将地物和地貌测定在图之上，并用规定的比例尺和符号绘制成图。

7.1.1 概述

1. 地形图的定义

地形图是地表起伏形态和地物位置、形状在水平面上的投影图。具体讲，地形图是将地面上的地物和地貌沿铅垂方向投影到水平面上，并按一定的比例尺缩绘，用规定的符号和颜色表达到平面上的地图。

将地球表面的高低起伏的形态和地表物体测绘表达在图纸上，不可能按其真实大小来描绘，因为按一定的比例尺缩小绘制即可。这种缩小的比率就是比例尺，及图上距离与实地相应水平距离的比值。

规定的符号和颜色指的是地形图图式。地形图图式是在地形图上表示各种地物和地貌要素的符号、注记和颜色的规则和标准，是测绘和出版地形图必须遵守的基本依据之一，是由国家统一颁布执行的标准。统一标准的图式能够科学地反映实际场地的形态和特征，是人们识别和使用地形图的重要工具，是测图者和使用者沟通的语言。

在地形图上，地物按图式符号加注记表示，地貌一般用等高线和地貌符号表示。等高线能够反映地面的实际高度、起伏的特征，并有一定的立体感，因此，地形图多采用等高线表示地貌。

2. 地形图三要素

地形图将地物、地貌的定位信息、属性信息可量测、可辨识地表达在图纸上，其内容通常归结为数学要素、地理要素和整饰要素3类。他们构成地形图的基本内容，叫作地形图要素，又称为地形图三要素。

数学要素指构成地形图的数学基础，如地图投影、比例尺、控制点、坐标网、高程系、地图分幅等。这些内容决定地形图图幅的范围、位置，是控制其他内容的基础，它保证地图的精确性，是地形图上量取点位、高程、长度、面积的可靠依据，可在大范围内保证多幅图的拼接使用。数学要素对军事和经济建设而言，都是不可缺少的内容。

地理要素是指地形图上表示的具体地理位置、分布特点的自然现象和社会现象。因此，又可分为自然要素（如水文、土质、植被）和社会经济要素（如居民地、交通线等）。

整饰要素主要指便于读图和用图的某些内容。例如图名、图号、图例和地图资料说明，以及图内各种文字、数字注记等。

7.1.2 地物和地貌在图上的表示方法

地形是地物和地貌的总称。地面上各种天然和人为的附着物如植物、河流、道路、建筑物等称为地物。地球表面高低起伏的形态称为地貌，如山岭、谷地、平原、盆地等。地形图是地球表面的地物和地貌在平面图纸上的缩影，地面上的地物和地貌应按国家测绘总局颁发的《地形图图式》中规定的符号表示于图上。

1. 地物表示方法

地物在地形图上用地物符号表示。地物在地形图上的表示原则是：凡是能依比例尺表示的地物，则将它们水平投影位置的几何形状相似地描绘在地形图上，如房屋、河流、运动场等。或是将它们的边界位置表示在图上，边界内再绘上相应的地物符号，如森林、草地、沙漠等。对于不能依比例尺表示的地物，在地形图上是以相应的地物符号表示在地物的中心位置上，如水塔、烟囱、纪念碑、单线道路、单线河流等。

（1）依比例符号。

这类符号用轮廓线表示其范围，轮廓形状与实地平面图相似，缩小程度与成图比例尺一致，轮廓内用一定符号（填充符号或说明符号）或色彩表示这一范围内地物的性质。

常用面状或带状符号表示依比例符号，比如居民地，表示居民地的外部轮廓特征、内部街道分布及同行情况，表示清楚街道口与道路的连接，以及与其他地物的关系，因此需要按比例逐一绘出，见表 7.1。

（2）半比例符号。

地物的长度可按比例缩绘，而宽度按规定尺寸绘出，这种符号称为半比例符号。例如，各种境界、电力线以及宽度不能依比例表示的道路、河流等线状符号，即用此种符号表示。符号延伸方向可按比例尺缩绘，而宽度只能按《地形图图式》的规定表示。这种符号的中心线一般表示其实地地物的中心位置，但城墙等地物的中心位置在其符号的底线上，见表 7.1。

（3）不依比例符号。

有些地物轮廓较小，无法将其形状和大小按比例缩绘到图上，而采用相应的规定符号表示，这种符号称为非比例符号。这种只能表示物体的位置和类别，不能用来确定物体的尺寸。重要或目标显著的独立地物，如面积甚小，不能按成图比例尺表示时，须用一定形式与一定尺寸的符号表示，称为独立符号。此种符号只能表示物体的位置和意义，不能量测物体的大小。符号的中心位置与地物实际中心位置随地物的不同而异，见表 7.1。

表 7.1 地形图符号图例

序号	名称	图例	序号	名称	图例
1	房屋		6	悬空通廊	
2	在建房屋	建	7	体育场	体育场
3	破坏房屋		8	游泳池	泳
4	窑洞		9	喷水池	
5	蒙古包		10	过街天桥	

续表 7.1

序号	名称	图例	序号	名称	图例
11	建筑物下通道		26	油井	○油
12	台阶		27	一般铁路	
13	围墙		28	电气化铁路	
14	围墙大门		29	电车轨道	
15	长城及砖石城堡（小比例）		30	地道及天桥	
16	长城及砖石城堡（大比例）		31	饲养场（温室、花房）	牲（温室、花房）
17	假山石		32	高于地面的水池	水　水
18	岗亭、岗楼		33	低于地面的水池	水
19	电视发射塔	TV	34	有盖的水池	水
20	过街地道		35	肥气池	
21	栅栏、栏杆		36	雷达站、卫星地面接收站	
22	篱笆		37	铁路信号灯	
23	铁丝网		38	高速公路及收费站	收费站
24	矿井		39	一般公路	
25	盐井		40	高架路	

2. 地貌表示方法

地形图上所表示的内容除地物外,另一部分内容就是地貌。地貌是指地球表面高低起伏、凹凸不平的自然形态。地球表面的形态,主要是由地球本身内部矛盾运动(内力和外力作用)的结果而形成的。因此,地球表面的自然形态多数是有一定规律的,认识了这种规律性,然后采用恰当的符号,即可将它表示在图纸上。

(1)等高线表示地貌的方法。

在地形图上,表示地貌的方法很多,目前常用等高线法。等高线能够真实反映出地貌形态和地面高低起伏,如图7.1所示。

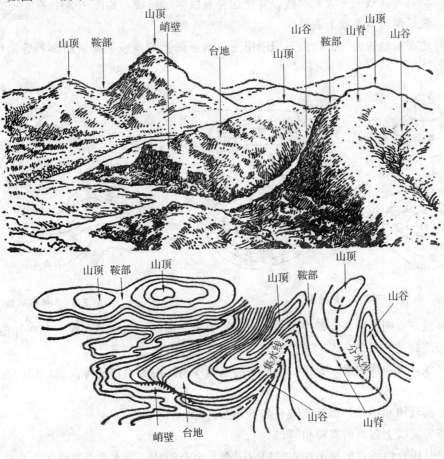

图7.1 地貌基本形态

设想一高地被一组等距离的水平面 P_1、P_2、P_3 所截,在各平面上得到相应的截线,将这些截线沿铅垂线方向投影(即垂直投影)到一个水平面 M 上,便得到表示该高地的一组闭合曲线,即为等高线。等高线就是地面上高程相等的相邻各点连成的闭合曲线。若把这些等高线按一定的比例缩小后投影到图纸上,就构成一张用等高线表示地面起伏形态的地形图。因此,可以利用等高线来表示地球表面高低起伏、凹凸不平的自然形态(地貌)。

(2)等高距及等高距平距。

从上述介绍中可以知道,等高线是一定高度的水平面与地面相截的截线。水平面的高度不同,等高线表示地面的高程也不同,相邻两条等高线之间的高差称为等高距,相邻两条等高线之间的水平距离,称为等高线平距。由地形图了解实际地貌的形状,是通过等高线的形状和等高线平距的变化来实现的。在同一地形图上,等高距是一个常数。而等高线的平距随地形的陡缓而变化,地势越平缓,平距越大,等高线越稀疏。反之,平距越小,等高线越密,地势越陡。因此,由等高线的疏密可以判断地势的陡缓。而地貌的形状,也可以通过等高线的形状看出来。

在同一比例尺地形图中，等高距越小，图上等高线越密，地貌显示就越详细、确切。等高距越大，图上等高线就越稀，地貌显示就越粗略。但不能由此得出结论：等高距越小越好。事物总是一分为二的，如果等高距很小，等高线非常密，不仅影响地形图图面的清晰，而且使用也不便，同时使测绘工作量大大增加，因此，等高距的选择必须根据地形高低起伏程度、测图比例尺的大小和使用地形图的目的等因素来决定。

地貌的基本形态有5种：山顶、山脊、山谷、鞍部和盘地，如图7.1所示。用等高线表示地貌时，将会发现盘地的等高线和山头的等高线在外形上非常相似。它们的区别在于，山头地貌是里面的等高线高程大，盘地地貌是里面的等高线高程小。为了区别这两种地形，就在某些等高线的斜坡下降方向绘一垂直等高线的短线来示坡，并把这种短线叫示坡线，如图7.2中的短线。示坡线一般选择在最高、最低两条等高线上表示。

为了更好地表示地貌的特征，便于识图用图，地形图上等高线主要采用3种等高线，如图7.3所示。

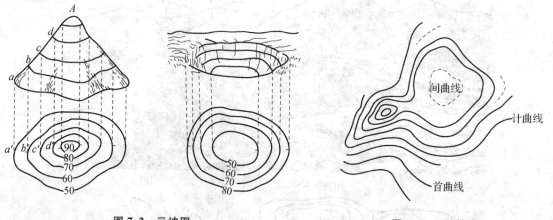

图7.2 示坡图　　　　　　　　　　　　　图7.3 3种等高线

基本等高线，也叫首曲线，即按基本等高距描绘的等高线。加粗等高线，也叫计曲线，每隔四根首曲线加粗绘制的一根等高线。其目的是为了计算高程方便。

半距等高线，也叫间曲线，是按二分之一的基本等高距内插绘制的等高线，以便显示首曲线不能显示的地貌。

等高线有其规律和特性，概括起来有如下几点：
①同一条等高线上各点的高程相等；
②等高线是闭合曲线，即使不在本图幅内闭合，也会跨越一个或多个图幅闭合；
③除陡壁、陡坎外，不同高程的等高线不能相交，而陡壁、陡坎是用专门的符号来表示的；
④等高线与山脊线、山谷线正交；
⑤等高线越稀，表示的地面坡度越平缓，越密则地面坡度越陡。

7.1.3 测图前的准备工作

1. 坐标格网的绘制

大比例尺地形图使用的图纸图幅尺寸一般为 50 cm×50 cm，在图幅内精确绘制 10 cm×10 cm 的正方形格网。

绘制方格网的常用方法是直尺对角线法，用直尺轻轻绘出图纸的两对角线，两对角线的交点设为 O，从点 O 起沿对角线截取等距线段得 A、B、C、D 点，将四个点连线构成一矩形。沿矩形边从左到右，自下而上，每隔 10 cm 定一点，连接对边的相应点，即可绘出坐标格网线。

坐标格网线绘制完成后，应进行对角线和边长精度的检查，对坐标格网线的要求，各方格线交点应在一条直线上，偏离不应大于 0.2 mm，各方格对角线长度误差不应超过 0.3 mm。

2. 控制点的展绘

根据平面控制点坐标值，将其点位在图纸上标出，称为展绘控制点。

控制点展绘后，应进行检核，用比例尺在图上量取相邻两点间的长度，和已知的距离相比较，其差值不得超过图上的 0.3 mm，否则应重新展绘。

7.1.4 地形图的测绘

地形图测绘的方法较多，传统的测图方法按照使用仪器工具的不同有经纬仪测绘法、大平板仪测图法、小平板仪与经纬仪联合测图法等。随着科学技术的发展，数字测图已是目前测图的主要方法。但在小范围内测图不具备数字测图条件时，传统测图方法仍是不可缺少的测图手段。

1. 碎部点的选择

为了正确在图上描绘地形，测绘时立尺点要选择能反映地物和地貌形态的特征点上，以便准确绘出地形的真实面貌。地物特征点是指构成地物平面轮廓线的变化点，即池塘、河流、道路曲折的转弯点、交叉点，建筑物平面轮廓的拐点等。地貌特征点是指山脊线、山谷线、山脚线的起点、终点、转弯点，地貌坡度变化点，如山顶最高点、山谷、垭口最低点及山坡倾斜变化点等。

为了能真实和详尽地用等高线表示地貌的形态，即使在坡度无显著变化的地方也应注意地形点的密度，同时也要保证碎部点的精度。

2. 经纬仪测绘法

经纬仪测绘法是用极坐标法测量碎部点平面位置和高程的方法，是以控制点为测站，用经纬仪测量碎部点方向与已知方向间的水平角，用视距法测量控制点到碎部点的水平距离和高程。具体作业方法如下：

(1) 测站上的准备工作。

安置经纬仪于测站上，测定仪器指标差 x，量取仪器高度 i，用盘左照准另一控制点（后视点）作为起始方向，使水平盘读数为 $0°00'00''$。绘图板安置在测站旁边，使图纸上控制边的方向与地面相应控制边方向大致一致，将测站点与后视点连线，用小针通过量角器的小孔将量角器的圆心固定在图板上。

(2) 立尺。

立尺前立尺员要与绘图员、视镜者共同商定碎部点立尺范围、跑尺路线，力求不漏点、不重点。

(3) 碎部点的观测。

松开照准部，照准碎部点上立尺，读取水平度盘读数，用十字丝的横丝照准仪器高，读取上丝和下丝读数，转动竖盘管水准器螺旋，使竖盘管水准器气泡居中或打开竖盘管水准器补偿器开关，读取竖盘读数（度盘读数都读至分）。同法观测其他各点。

一个测站观测过程中和测碎部点完成后，均应照准起始方向，检查水平度盘读数是否为 $0°00'00''$，其误差不超过 $4''$。

(4) 记录与计算。

记录一般只记录转点资料，可由绘图员担任，碎部点资料不做记录。根据观测数据，按视距测量公式，用计算器计算测站点到碎部点的水平距离和高程，然后报给绘图者，以便展绘碎部点。

(5) 展点。

碎部点的平面位置是根据水平角和水平距离展绘在图纸上。用量角器展绘地形点，转动量角器，使后视方向线 AB 的读数为碎部点 1 方向的水平角值，即 $46°20'$。直尺边即为碎部点方向，在直尺边按比例量出水平距离 91.2 m，就可标出碎部点 1 的平面位置，并在点的右侧注明其高程。同法将其他碎部点的平面位置和高程展绘在图纸上。

地物的绘制：在测图过程中主要是连接地物特征点，应随测随绘，防止连接发生错误。地貌的绘制：地貌主要用等高线表示，等高线的高程为一整数，而所测碎部点的位置一般都不是整数高程，勾绘等高线时，应根据碎部点的高程，用内插法求出等高线通过的位置。

3. 地形图的检查

为保证地形图的成图质量，测绘人员应随测随检查所测地物地貌是否正确合理，检查分为室内检查和室外检查。

（1）室内检查。

室内检查内容包括：图根点的数量和精度是否符合要求，计算是否正确；检查图廓、方格网点、图根点展点精度是否符合精度要求；接边拼接又无问题；地物、地貌是否清晰易读，各种符号、注记是否正确。等高线勾绘是否正确，发现可疑之处，将疑点记录下来，作为外业检查的重点。

（2）室外检查。

①巡视检查。带着图纸在室内检查的基础上进行合理的重点检查，检查地物、地貌有无遗漏和主要错误，地物描绘是否与实地一致，等高线勾绘是否逼真，各种符号和注记是否正确完整等，以提供仪器检查的重点。

②仪器设站检查。仪器设站检查是在内业检查和外业巡视检查的基础上进行的，对以上发现的问题，仪器设站进行补测和修改，另外用仪器抽查碎部点平面位置的精度和地貌高程的精度，看所测地形图是否满足精度要求，并作为评定地形图质量的依据。

4. 地形图的整饰

为了使原图图面整洁，线条清晰，符合质量要求，原图经过拼接和检查后，应对原图进行整饰，整饰工作顺序是先图内后图外，先地物后地貌，先注记后符号，地物、注记符号、等高线按照图例符号修饰，使其清晰美观，最后绘制图廓，并按图式要求写出图名、图号、比例尺、坐标系统、高程系统、测图单位和施测时间等。

7.2 地形图应用的基本内容

1. 图上确定点的平面坐标

欲确定地形图上某点的坐标，可以根据格网坐标用图解法求解。如图 7.4 所示，要求得图上点 A 的坐标，首先找到点 A 所处的小方格，并用直线连成小正方形 $abcd$，其西南角点 a 的坐标为 (x_a, y_a)，再量取 ap 和 an 的长度，即可获得点 A 的坐标为

$$\left. \begin{array}{l} x_A = x_a + ap \cdot M \\ y_A = y_a + an \cdot M \end{array} \right\} \tag{7.1}$$

式中　M——地形图的比例尺分母。

为了提高坐标量算的精度，必须考虑图纸伸缩的影响，可按下式计算点 A 的坐标：

$$\left. \begin{array}{l} x_A = x_a + \dfrac{10}{ad} \cdot ap \cdot M \\ y_A = y_a + \dfrac{10}{ab} \cdot an \cdot M \end{array} \right\} \tag{7.2}$$

式中　ap、an、ab、ad——图上量取的长度（单位：mm），精确到 0.1 mm；
　　　M——地形图比例尺分母。

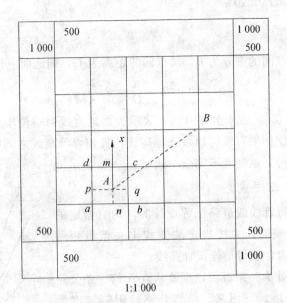

图 7.4 求点的坐标

图解法求得的坐标精度受图解精度的限制,一般认为,图解精度为图上 0.1 mm,图解坐标精度不会高于 0.1 m(单位:mm)。

2. 直线坐标方位角的量测

要确定直线 AB 的坐标方位角,可用以下两个方法。

(1) 图解法。

过 A、B 两点分别做坐标纵轴的平行线,然后用测量专用量角器量出 $α_{AB}$ 和 $α_{BA}$,取其平均值作为最后结果,即

$$\bar{α}_{AB} = \frac{1}{2}[α_{AB} + (α_{BA} \pm 180°)] \tag{7.3}$$

这种方法受量角器最小分划的限制,精度不高,当精度要求较高时,可以用解析法量测。

(2) 解析法。

先求出 A、B 两点的坐标,然后按下式计算 AB 直线的方位角 $α_{AB}$:

$$α_{AB} = \text{arccot}\frac{\Delta y_{AB}}{\Delta x_{AB}} = \text{arccot}\frac{y_B - y_A}{x_B - x_A} \tag{7.4}$$

由于坐标算量的精度比角度量测的精度高,因此解析法所获得的方位角比图解法可靠。

3. 确定一点的高程

对于地形图上某点的高程,可以根据等高线及高程注记来确定。如图 7.5 所示,若所求点正好处在等高线上,则此点的高程即为该等高线的高程,图中点 A 的高程 H_A=45 m。若所求点不在等高线上,则应根据比例内插法确定该点的高程。如图 7.5 所示求点 K 的高程。

首先过点 K 做相邻两条等高线的近似公垂线,与等高线相交于 n、m 两点,然后在图上量取 mn 和 mK,按下式计算点 K 的高程:

$$H_k = H_m + \frac{mk}{mn} \cdot h \tag{7.5}$$

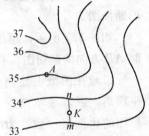

图 7.5 确定一点的高程

式中 h——等高距,m;
H_m——点 m 的高程。

当精度要求不高时,也可以用目估内插法确定待求点的高程。

4. 确定直线坡度

设图 7.5 上直线两端点间的高差为 h，两点间的距离为 D，则地面上该直线的平均坡度为

$$i = \tan\theta = \frac{h}{D} = \frac{h}{d \cdot M} \tag{7.6}$$

坡度 i 通常用百分率（%）或千分率（‰）表示。如果直线两端位于相邻两条等高线上，则所求的坡度与实地坡度相符。如果直线跨越多条等高线，且相邻等高线之间的平距不等，则所求的坡度是两点间的平均坡度，与实地坡度不完全一致。

5. 按限制坡度选择最短线路

在山区或丘陵地区进行管线或道路工程设计时，均有指定的坡度要求。在地形图上选线时，先按规定坡度找出一条最短路线，然后综合考虑其他因素，获得最佳设计路线。

如图 7.6 所示，点 A 处为一采石场，现要从点 A 修一条公路到河岸码头 B，以便把石块运下山来。已知公路的限制坡度为 5%，地形图比例尺为 1:2 000，等高距 $h=1$ m，则路线通过相邻两等高线的最小平距为

$$d/\mathrm{m} = \frac{h}{i \cdot M} = \frac{1}{0.05 \times 2\,000} = 0.01$$

于是，以 A 为圆心，0.01 m 为半径画弧，交 36 m 等高线于 1 点，再以 1 点为圆心，依法交出 2 点，直至路线到达 B 为止，然后把相邻各交点连起来，即为所选路线。当相邻两等高线的平距大于 d 时，说明该地面坡度已小于设计的已知坡度。此时，取两等高线间的最短路线即可。

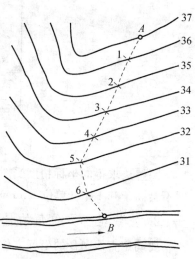

图 7.6 按限制坡度选择最短路线

6. 绘制断面图

在道路、管线等线路工程设计中，为了合理地确定线路的纵坡，或在场地平整中，进行填、挖土方量的概算，或为布设测量的控制网，进行图上选点，以及判断通视的情况等，均需要详细了解沿线方向的坡度变化情况。因此，要根据地形图并按一定绘制能反映某一方向地面起伏状况的断面图。

如图 7.7 所示，地面上有 A、B 两点，若要绘制 AB 方向的断面图，具体步骤如下：

（1）在图纸上绘制一直角坐标，横轴表示水平距离，纵轴表示高程。水平距离的比例尺与地形图的比例尺一致。为了明显地反映地面的起伏情况，高程比例尺一般为水平距离比例尺的 10~20 倍，如图 7.7 所示。

（2）在纵横上标注高程，在横轴上适当位置标出点 A。将直线 AB 与各等高线的交点，按其与点 A 之间的距离转绘在横轴上。

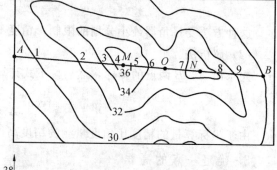

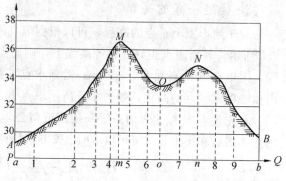

图 7.7 绘制断面图

（3）根据横轴上各点相应的地面高程，在坐标系中标出相应的点位。

（4）把相邻的点用光滑的曲线连接起来，便得到地面直线 AB 的断面图，如图 7.7 所示。

若要判断地面上两点是否通视,只需要在这两点的断面图上用直线连接两点,如果直线与断面线不相交,说明两点通视,否则两点之间视线受阻。

7. 坐标法计算面积

在规划设计和工程建设中,常常需要在地形图上测算某一区域范围的面积,如求平整土地的填挖面积,规划设计城镇某一区域的面积,厂矿用地面积,渠道和道路工程的填、挖断面的面积,汇水面积等。下面我们介绍几种量测面积的常用方法。

(1) 坐标解析法。

在要求测定面积的方法具有较高精度、图形为多边形,且各顶点的坐标值为已知值时,可采用解析法计算面积。

如图 7.8 所示,欲求四边形 1234 的面积,已知其顶点坐标为 1 (x_1, y_1)、2 (x_2, y_2)、3 (x_3, y_3) 和 4 (x_4, y_4),则其面积相当于相应梯形面积的代数和,即

$$S_{1234} = S_{122'1'} + S_{233'2'} - S_{144'1'} - S_{433'4'} =$$
$$\frac{1}{2}[(x_1+x_2)(y_1-y_2)+(x_2+x_3)(y_3-y_2)-(x_1+x_4)(y_4-y_1)-(x_3+x_4)(y_3-y_4)]$$

整理得

$$S_{1234} = \frac{1}{2}[x_1(y_2-y_4)+x_2(y_3-y_1)+x_3(y_4-y_2)+x_4(y_1-y_3)] \tag{7.7}$$

对于 n 点多边形,其面积公式的一般式为

$$S = \frac{1}{2}\sum_{i=1}^{h} x_i(y_{i+1}-y_{i-1}) \tag{7.8}$$

$$S = \frac{1}{2}\sum_{i=1}^{h} y_i(x_{i+1}-x_{i-1}) \tag{7.9}$$

式中 i——多边形各顶点的序号。当 i 取 1 时,$i-1$ 就为 n,当 i 为 n 时,$i+1$ 就为 1。

式 (7.8) 和式 (7.9) 的运算结果应相等,可做校核。

(2) 几何图形法。

若图形是由直线连接的多边形,可将图形划分为若干个简单的几何图形,如图 7.9 所示的三角形、矩形、梯形等,然后用比例尺量取计算所需的元素(长、宽、高),应用面积计算公式求出各个简单几何图形的面积。最后取代数和,即为多边形的面积。

图形边界为曲线时,可近似地用直线连接成多边形,再计算面积。

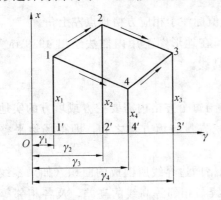

图 7.8 坐标解析法

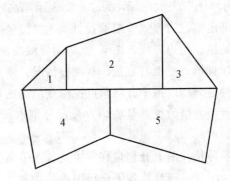

图 7.9 几何图形计算法

8. 土方测算

建筑工程施工必不可少的前期工作之一是场地平整,将施工场地的自然地表按要求整理成一定高程的水平地面或一定坡度的倾斜地面的工作,称为场地平整。在场地平整工作中,为使填、挖土石方量基本平衡,常要利用地形图确定填、挖边界和进行填、挖土石方量的概算。场地平整的方法

很多,其中方格网法是最常用的一种方法。

如图 7.10 所示,为 1∶1 000 比例尺的地形图,拟将原地面平整成某一高程的水平面,使填、挖土石方量基本平衡。方法步骤如下:

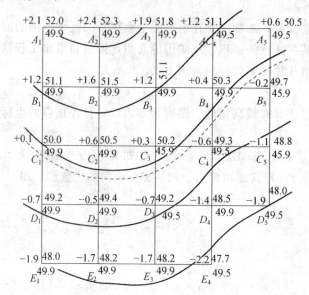

图 7.10 将场地平整为水平地面

①绘制方格网。在地形图上拟平整场地内绘制方格网,方格大小根据地形复杂程度、地形图比例尺,以及要求的精度而定。一般方格的边长为 10 m 或 20 m,图中方格为 20 m×20 m,各方格顶点号注于方格点的左下角,如图中的 A_1,A_2,…,E_3,E_4 等。

②求各方格顶点的地面高程。根据地形图上的等高线,用内插法求出各方格顶点的地面高程,并注于方格点的右上角,如图 7.10 所示。

③计算设计高程。分别求出各方格 4 个顶点的平均值,即各方格的平均高程;然后,将各方格的平均高程求和并除以方格数 n,即得到设计高程 $H_{设}$。根据图 7.10 中的数据,求得的设计高程 $H_{设}=49.9$ m,并注于方格顶点右下角。

④确定方格顶点的填、挖高度。各方格顶点地面高程与设计高程之差,为该点的填、挖高度,即

$$h = H_{地} - H_{设} \tag{7.10}$$

h 为"+"表示挖深,为"-"表示填高。并将 h 值标注于相应方格顶点左上角。

⑤确定填挖边界。根据设计高程 $H_{设}=49.9$ m,在地形图上用内插法绘出 49.9 m 等高线。该线就是填、挖边界线,图 7.10 中用虚线绘制的为等高线。

⑥计算填、挖土石方量。有两种情况:

一种是分别取每个方格角点挖深或填高的平均值,与每个方格内需要挖方或填方的实地面积相乘,即得该方格的挖方量或填方量;分别取所有方格挖方量与填方量之和,即得场地平整的总土方量。

另一种是在图上分别量算零线及各条等高线与场地格网边界线所围成的面积(如果零线或等高线在图内闭合,则量算各闭合线围成的面积),根据零线与相邻等高线的高差,及各相邻等高线之间的等高距,分层计算零线与相邻等高线之间的体积及各相邻等高线之间的体积,然后通过累加,分别计算出总的填方量和挖方量。

7.3 地理信息系统（GIS）简介

地理信息系统（Geographic Information System，GIS），经过了 40 年的发展，到今天已经逐渐成为一门相当成熟的技术，并且得到了极广泛的应用。尤其是近些年，GIS 更以其强大的地理信息空间分析功能，在 GPS 及路径优化中发挥着越来越重要的作用。GIS 地理信息系统是以地理空间数据库为基础，在计算机软硬件的支持下，运用系统工程和信息科学的理论，科学管理和综合分析具有空间内涵的地理数据，以提供管理、决策等所需信息的技术系统。简单地说，地理信息系统就是综合处理和分析地理空间数据的一种技术系统。

最简单来说，GIS 是以测绘测量为基础，以数据库作为数据储存和使用的数据源，以计算机编程为平台的全球空间分析即时技术。这是 GIS 的本质，也是核心。

简而言之，GIS 是一个基于数据库管理系统（DBMS）的分析和管理空间对象的信息系统，以地理空间数据为操作对象是地理信息系统与其他信息系统的根本区别。

7.3.1 GIS 的组成部分

从应用的角度，地理信息系统由硬件、软件、数据、人员和方法 5 部分组成。硬件和软件为地理信息系统建设提供环境；数据是 GIS 的重要内容；方法为 GIS 建设提供解决方案；人员是系统建设中的关键和能动性因素，直接影响和协调其他几个组成部分。

硬件主要包括计算机和网络设备、存储设备、数据输入、显示和输出的外围设备等。软件主要包括以下几类：操作系统软件、数据库管理软件、系统开发软件、GIS 软件等。GIS 软件的选型，直接影响其他软件的选择，影响系统解决方案，也影响着系统建设周期和效益。

7.3.2 GIS 功能

1. 数据采集与编辑功能

GIS 的核心是一个地理数据库，所以建立 GIS 的第一步是将地面的实体图形数据和描述它的属性数据输入到数据中，即数据采集。为了消除数据采集的错误，需要对图形及文本数据进行编辑和修改。

2. 属性数据编辑与分析

属性数据比较规范，适应于表格表示，所以许多地理信息系统都采用关系数据库管理系统管理。通常的关系数据库管理系统（RDBMS）都为用户提供了一套功能很强的数据编辑和数据库查询语言，即 SQL，系统设计人员可据此建立友好的用户界面，以方便用户对属性数据的输入、编辑与查询。除文件管理功能外，属性数据库管理模块的主要功能之一是用户定义各类地物的属性数据结构。由于 GIS 中各类地物的属性不同，描述他们的属性项及值域亦不同，所以系统应提供用户自定义数据结构的功能，系统还应提供修改结构的功能，以及提供拷贝结构、删除结构、合并结构等功能。

3. 制图功能

GIS 的核心是一个地理数据库。建立 GIS 首先是将地面上的实体图形数据和描述它的属性数据输出到数据库中并能编制用户所需要的各种图件。因为大多数用户目前最关心的是制图。从测绘角度来看，GIS 是一个功能极强的数字化制图系统。然而计算机制图需要涉及计算机的外围设备，各种绘图仪的接口软件和绘图指令不尽相同，所以 GIS 中计算机绘图的功能软件并不简单，ARC/INFO 的制图软件包具有上百条命令，它需要设置绘图仪的种类、绘图比例尺、确定绘图原点和绘图大小等。一个功能强的制图软件包还具有地图综合、分色排版的功能。根据 GIS 的数据结构及绘图仪的类型,用户可获得矢量地图或栅格地图。地理信息系统不仅可以为用户输出全要素地图,而且可以根据用户需要分层输出各种专题地图,如行政区划图、土壤利用图、道路交通图、等高线图等。还可以通过空间分析得到一些特殊的地学分析用图,如坡度图、坡向图、剖面图等。

4. 空间数据库管理功能

地理对象通过数据采集与编辑后,形成庞大的地理数据集。对此需要利用数据库管理系统来进行管理。GIS 一般都装配有地理数据库,其功效类似对图书馆的图书进行编目,分类存放,以便于管理人员或读者快速查找所需的图书。其基本功能包括:①数据库定义;②数据库的建立与维护;③数据库操作;④通信功能。

5. 空间分析功能

通过空间查询与空间分析得出决策结论,是 GIS 的出发点和归宿。在 GIS 中这属于专业性、高层次的功能。与制图和数据库组织不同,空间分析很少能够规范化,这是一个复杂的处理过程,需要懂得如何应用 GIS 目标之间的内在空间联系并结合各自的数学模型和理论来制订规划和决策。由于它的复杂性,目前的 GIS 在这方面的功能总地来说是比较低下的。典型的空间分析有:

(1) 拓扑空间查询。

空间目标之间的拓扑关系有两类:一种是几何元素的节点、弧段和面块之间的关联关系,用以描述和表达几何要素间的拓扑数据结构;另一种是 GIS 中地物之间的空间拓扑关系,这种关系可以通过关联关系和位置关系隐含表达,用户需通过特殊的方法进行查询。

(2) 缓冲区分析。

缓冲区分析是根据数据库的点、线、面实体,自动建立其周围一定宽度范围的缓冲区多边形,它是地理信息系统重要的和基本的空间分析功能之一。

(3) 叠置分析。

将同一地区、同一比例尺的两组或更多的多边形要素的数据文件进行叠置,根据两组多边形边界的交点来建立具有多重属性的多边形或进行多边形范围的属性特征的统计分析。

(4) 空间集合分析。

空间集合分析是按照两个逻辑子集给定的条件进行逻辑交运算、逻辑并运算和逻辑差运算。

(5) 地学分析。

地理信息系统除有以上基本功能外,还提供一些专业性较强的应用分析模块,如网络分析模块,它能够用来进行最佳路径分析,以及追踪某一污染源流经的排水管道等。土地适应性分析可以用来评价和分析各种开发活动,包括农业应用、城市建设、农作物布局、道路选线等用地,优选出最佳方案,为土地规划提供参考意见。发展预测分析可以根据 GIS 中存储的丰富信息,运用科学的分析方法,预测某一事物如人口、资源、环境、粮食产量等,及今后的可能发展趋势,并给出评价和估计,以调节控制计划或行动。另外,利用地理信息系统还可以进行最佳位址的选择、新修公路的最佳路线选择、辅助决策分析和地学模拟分析等。

(6) 数字高程模型。

数字高程模型有 3 种主要的形式,包括格网 DEM、不规则三角网(TIN),以及由两者混合组成的 DEM。格网 DEM 数据简单,便于管理,但因格网高程是原始采样点的派生值,内插过程将损失高程精度,仅适合于中小比例尺 DEM 的构建。TIN 直接利用原始高程取样点重建表面,它能充分利用地貌特征点、线,较好地表达复杂的地形,但 TIN 存储量大,不便于大规模规范管理,并难以与 GIS 的图形矢量数据或栅格数据以及遥感影像数据进行联合分析应用。所以一般的 GIS 都提供了两种数字高程模型的软件包,用户可以根据需要进行选择。

(7) 地形分析。

地形分析包括等高线分析、透视图分析、坡度坡向分析、断面图分析及地形表面面积和挖填方体积计算，以及最佳路径分析、追踪污染源流分析、农业布局合理性分析、城市布局合理性分析和道路选线分析等。

7.3.3 GIS 的应用领域

地理信息系统在最近的 30 多年内取得了惊人的发展，广泛应用于资源调查、环境评估、灾害预测、国土管理、城市规划、邮电通讯、交通运输、军事公安、水利电力、公共设施管理、农林牧业、统计、商业金融等几乎所有领域。

1. 资源管理

主要应用于农业和林业领域，解决农业和林业领域各种资源（如土地、森林、草场）分布、分级、统计、制图等问题。主要回答"定位"和"模式"两类问题。

2. 资源配置

在城市中各种公用设施、救灾减灾中物资的分配、全国范围内能源保障、粮食供应等机构在各地的配置等都是资源配置问题。GIS 在这类应用中的目标是保证资源的最合理配置和发挥最大效益。

3. 城市规划和管理

空间规划是 GIS 的一个重要应用领域，城市规划和管理是其中的主要内容。例如，在大规模城市基础设施建设中如何保证绿地的比例和合理分布，如何保证学校、公共设施、运动场所、服务设施等能够有最大的服务面（城市资源配置问题）等。

4. 土地信息系统和地籍管理

土地和地籍管理涉及土地使用性质变化、地块轮廓变化、地籍权属关系变化等许多内容，借助 GIS 技术可以高效、高质量地完成这些工作。如生态、环境管理与模拟，区域生态规划，环境现状评价，环境影响评价，污染物削减分配的决策支持，环境与区域可持续发展的决策支持，环保设施的管理，环境规划等。

5. 应急响应

解决在发生洪水、战争、核事故等重大自然或人为灾害时，如何安排最佳的人员撤离路线，并配备相应的运输和保障设施的问题。

6. 商业与市场

商业设施的建立充分考虑其市场潜力。例如，大型商场的建立如果不考虑其他商场的分布、待建区周围居民区的分布和人数，建成之后就可能无法达到预期的市场和服务面。有时甚至商场销售的品种和市场定位都必须与待建区的人口结构（年龄构成、性别构成、文化水平）、消费水平等结合起来考虑。地理信息系统的空间分析和数据库功能可以解决这些问题。房地产开发和销售过程中也可以利用 GIS 功能进行决策和分析。

7. 基础设施管理

城市的地上地下基础设施（电信、自来水、道路交通、天然气管线、排污设施、电力设施等）广泛分布于城市的各个角落，且这些设施明显具有地理参照特征的。它们的管理、统计、汇总都可以借助 GIS 完成，而且可以大大提高工作效率。

8. 选址分析

根据区域地理环境的特点，综合考虑资源配置、市场潜力、交通条件、地形特征、环境影响等因素，在区域范围内选择最佳位置，是 GIS 的一个典型应用领域，充分体现了 GIS 的空间分析功能。

9. 网络分析

网络分析包括建立交通网络、地下管线网络等的计算机模型，研究交通流量、进行交通规则、处理地下管线突发事件（爆管、断路）等应急处理。警务和医疗救护的路径优选、车辆导航等也是 GIS 网络分析应用的实例。

10. 可视化应用

以数字地形模型为基础，建立城市、区域或大型建筑工程、著名风景名胜区的三维可视化模型，实现多角度浏览，可广泛应用于宣传、城市和区域规划、大型工程管理和仿真、旅游等领域。

7.3.4 GIS 的相关技术

GIS 与其他几种信息系统密切相关，但由于其处理和分析地理数据的能力使其与它们相区别。尽管没有什么硬性的和快速的规则来给这些信息系统分类，但下面的讨论可以帮助区分 GIS 和计算机辅助设计 CAD、遥感、DBMS，以及 GPS 技术。

1. 计算机辅助设计

计算机辅助设计（CAD）系统促进了产生建筑物和基本建设的设计和规划。这种设计需要装配固有特征的组件来产生整个结构。这些系统需要一些规则来指明如何装配这些部件，并具有非常有限的分析能力。CAD 系统已经扩展可以支持地图设计，但管理和分析大型的地理数据库的工具很有限。

2. 遥感和 GPS

遥感是一门使用传感器对地球进行测量的科学和技术，例如，飞机上的照相机、全球定位系统（GPS）接收器，或其他设备。这些传感器以图像的格式收集数据，并为利用、分析和可视化这些图像提供专门的功能。由于它缺乏强大的地理数据管理和分析作用，所以不能叫作真正的 GIS。

3. 数据库管理系统

数据库管理系统专门研究如何存储和管理所有类型的数据，其中包括地理数据。DBMS 使存储和查找数据最优化，许多 GIS 为此而依靠它。相对于 GIS，它们没有分析和可视化的工具。

7.3.5 GIS 常用软件

国外的常用的 GIS 软件包括 AutoCAD Map3d、ArcGIS（包括 ArcGIS、MapObjects、ArcIMS、ArcSDE、ArcEngine、ArcServer 等）、MapInfo。

国内的常用的 GIS 软件包括 MapGIS、SuperMap、GeoStar。

7.3.6 GIS 的发展应用

目前，GIS 的应用是以政府部门为主体，未来面向企业以及大众的信息服务将成为 GIS 应用新的增长点。

地理信息技术的发展必须依据新的要求和标准，GIS 在各行业的应用模式也需要改革和创新。总体来说，GIS 应用将向智能化、规模化、集成化、一体化以及产业化 5 个方面深化发展。GIS 在以下几方面的应用，很早就已开始，但是其创新空间仍然非常巨大。

1. GIS 与智慧城市

智慧城市是新一代信息技术支撑、知识社会下一代创新（创新 2.0）环境下的城市形态。智慧城市基于物联网、云计算等新一代信息技术以及维基、社交网络、FabLab、综合集成法等工具和方法的应用，营造有利于创新涌现的生态。利用信息和通信技术（ICT）令城市生活更加智能，高效利用资源，导致成本和能源的节约，改进服务交付和生活质量，减少对环境的影响，支持创新和低碳经济。不仅可以通过图形的形式记述道路通行状况、迅速定位事故点、调度抢修车辆，以及交通管理的方案等，还能够为这些信息的深层次挖掘、后续信息服务、辅助决策提供空间属性上的支持，将城市有效地结合起来。

2. GIS与农业资源管理

3S（即RS、GIS和GPS）技术，尤其是GIS技术在农业的各个领域得到广泛的应用，农业部的多个业务部门纷纷构建了各自的应用系统。未来的农业应用将更多涉及精细农业、农作物监测及估产、农田水淹没分析以及绿色农业等方面。

精细农业：通过分析影响小区产量差异的原因，制定经济、合理的生产决策方案，生成作物管理处方图，指导农田定位作业。

农作物监测及估产：充分运用3S技术，较准确地估测出各种作物的最终产量，并跟踪监测各类作物在不同生长期的长势，从而根据需要及时采取有效措施，对农作物的生长进行监控，保证当年产量的稳定增长。

农田水淹没分析：利用GIS和遥感技术，实现农田水淹没分析，评估农田损失情况。

绿色农业：进行绿色农业工程，对所有农田的土壤重金属含量进行GIS分析，对绿色农作物的生产进行决策。

【重点串联】

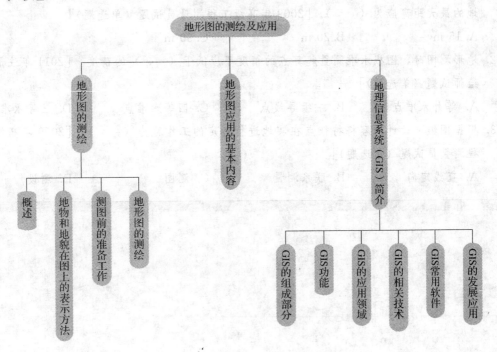

拓展与实训

职业能力训练

一、选择题

1. 大比例尺地形测图时，图根控制点相对于邻近等级控制点的平面点位中误差，不应大于图上（　　）mm。
   A. ±0.1　　　　B. ±0.2　　　　C. ±0.3　　　　D. ±0.5

2. 为计算高程的方便，而加粗描绘的等高线，称为（　　）。
   A. 首曲线　　　B. 计曲线　　　C. 间曲线　　　D. 助曲线

二、简答题

1. 地物符号有几种？各有什么特点？
2. 简述 GPS 控制测量的方法。
3. GIS 的主要功能有哪些？

工程模拟训练

简述经纬仪测绘地形图的工作步骤。

链接执考

1. 若地形点在图上的最大距离不能超过 3 cm，对于 1/500 的地形图，相应地形点在实地的最大距离应为（　　）。[2009 年高级工程测量员试题（单选题）]
   A. 15 m　　　　B. 20 m　　　　C. 30 m

2. 地形测图时，图根水准测量起算点的精度不应低于（　　）的精度。[2011 年注册测绘师试题（单选题）]
   A. 等外水准点　　B. 一级导线点　　C. 四等水准点　　D. 三等水准点

3. 根据图纸上设计内容将特征点在实地进行标定的工作称为（　　）。[2009 年高级工程测量员试题（单选题）]
   A. 直线定向　　B. 联系测量　　C. 测图　　　　D. 测设

模块 8 建筑工程测量

【模块概述】

建筑工程测量是在工程建设过程中进行的测量工作。其主要任务是依据建筑施工设计图纸将所设计的建构筑物的平面位置和高程借助于测量仪器及工具在工程建设施工场地标定出来,以指导施工人员进行建构筑物实体的施工。这种标定建筑物实地位置的测量技术方法即为测设,也称施工放样。在工程建设施工阶段,需要进行大量的施工放样工作,从这一角度而言,施工测量工作是工程施工活动的眼睛,在工程建设中起着至关重要的作用。

建筑物按照其使用的性质,通常分为生产性建筑,如工业厂房;非生产性建筑,如民有建筑。而民用建筑根据其使用功能,可分为居住建筑和公共建筑两大类,若按建筑高度分类,可分为多层、高层及超高层建筑等。各种不同类型的建筑在施工建设中均需进行测量工作,以确保施工建设的顺利实施。在整个施工建设阶段,其测量工作任务主要包括:施工场地平整、施工场区控制测量、建构筑物控制测量、建筑物主轴线及细部轴线测设和相应的高程测设、各施工阶段的施工测量(主要为±0.000以下部分和以上部分的施工测量)等内容。本模块以不同类型建筑工程施工测量任务为主线,主要介绍常用的施工测量方法。

【知识目标】

1. 点的平面位置和高程测设的基本方法;
2. 建筑物轴线的测设方法及高层建筑施工测量;
3. 圆曲线主点及细部点的测设方法;
4. 工业厂房预制构件、钢结构安装测量及装饰工程施工测量。

【技能目标】

1. 能够熟练应用点的平面位置和高程测设的基本方法进行工程测量放样;
2. 能独立完成简单工程的轴线测设工作;
3. 掌握高层建筑物轴线竖向投测方法;
4. 能应用圆曲线测设方法完成圆曲线主点及细部点放样工作。

【学习重点】

平面点位测设的方法,高程测设的方法,建筑物主轴线及细部轴线的定位放样,建筑物高程竖向传递,圆曲线的测设。

【课时建议】

6课时

工程导入

某房地产有限公司开发的商住楼工程，位于某大道21#，由主楼（A、B两栋）、裙楼和地下室组成。本工程总用地面积7 456.91 m²，总建筑面积为20 378.19 m²。A栋地上11层（含顶层跃层），B栋地下1层，地上15层（含顶层跃层），主体均为现浇框架剪力墙结构，基础均为桩基础；裙楼地下1层，地上3层，主体为现浇框架结构，基础为桩基础。其中B栋和商场的负一层平时为地下车库，战时为人防工程，层高4.7 m；A栋、B栋和裙楼的1~3层组成商场，层高由±0.000开始分别为：5.7 m、4.8 m、4.8 m；A栋、B栋的4层及4层以上为住宅，标准层层高为3.0 m，A栋檐高42 m，建筑总高度45 m，B栋檐高51 m，建筑总高度54 m。商场檐高15.250 m，建筑总高度18.250 m。

通过上面的例子你知道该工程测量准备工作有哪些吗？建筑物的定位和轴线控制桩该如何测设呢？现场施工水准点应如何建立呢？±0.000以下结构施工中的标高应如何控制呢？±0.000以上各楼层轴线应如何投测呢？±0.000以上各楼层标高该如何传递呢？

8.1 建筑施工测量的基本工作

8.1.1 建筑施工测量的准备工作

1. 建筑工程测量的原则

建筑工程施工放样工作与地面点测定工作的程序是相反的，但两者的测量工作原理是相同的，均是进行点位的确定。因而，施工测量工作同样也要遵循"由整体到局部""先控制后碎部"的工作原则。施工控制网的建立从布局上要根据工程建筑物的大小、结构及施工质量要求分步进行。而且，在施工测量时，要先测设建筑物的主要轴线，然后再测设其细部。相对而言，大型高层建筑物和钢结构装配控制网的精度要求高，因此，可根据工程精度要求建立相应等级的施工控制网。如果测图控制网的精度能够满足施工测量要求，且点位保存完好，也可直接利用测图控制网进行施工建筑物的测设工作。

2. 施工测量的准备工作

工程设计人员通常是在以建筑物的主轴线和垂直于主轴线的直线构成的平面直角坐标系上进行建筑物的设计的。采用建筑物轴线为坐标轴所建立的坐标系，称为施工坐标系。为便于实地放样，应将测量坐标系与施工坐标系相统一。若采用测量坐标系放样，则应将施工坐标换算成测量坐标；若采用施工坐标系放样，应将测量坐标换算成施工坐标。

如图8.1所示，设xOy为测量坐标系，$x'O'y'$为施工坐标系。若施工坐标系原点O'在测量坐标系中的坐标x_0、y_0及其纵轴的坐标方位角α均为已知，则将工程点位P的施工坐标x_p'、y_p'换算成测量坐标系x_p、y_p的计算公式为

$$\left. \begin{array}{l} x_p = x_0 + x_p' \cos\alpha - y_p' \sin\alpha \\ y_p = y_0 + x_p' \cos\alpha + y_p' \sin\alpha \end{array} \right\} \quad (8.1)$$

反之，将测量坐标换算成施工坐标的计算公式为

$$\left. \begin{array}{l} x_p' = (x_p - x_0)\cos\alpha + (y_p - y_0)\sin\alpha \\ y_p' = -(x_p - x_0)\sin\alpha + (y_p - y_0)\cos\alpha \end{array} \right\} \quad (8.2)$$

对于一个施工坐标系，其换算参数x_0、y_0、α可在设

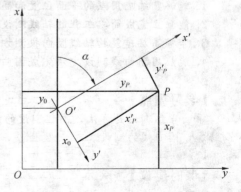

图8.1 测量坐标与施工坐标的换算

资料中查取,或在地形图上量测到。

建筑工程施工测量是工程施工的基础工作,其工作的检查与校核非常重要。放样点位正确与否将直接影响到工程施工的质量,一旦施工测量出现错误并且得不到及时纠正,将会造成重大的工程质量事故。因此,要求施工测量人员必须认真作业、谨慎操作,做好放样工作的检查与校核,测设前需要做好各项准备工作。如正确认识放样图纸,检验、校正仪器工具,熟悉控制点位,准备放样数据(距离、角度、高差、坡度等,它们是根据建筑物的点位与施工控制点之间的相互关系计算求得的);同时还要准备必要的校核数据,以供放样检查使用。

8.1.2 平面点位测设的方法

建筑施工测量工作是把图纸上设计的建筑物放样在地面上,实质上就是测设一些点的平面位置。而平面点位的测设是根据施工控制点和待测设点的坐标反算出测设数据,即控制点和待测设点之间的水平距离和水平角,再利用平面点位放样的基本工作距离放样和角度放样在实地定出设计点位的过程。按照距离和角度的组合形式,平面点位测设的基本方法有极坐标法、直角坐标法、距离交会法、角度交会法、GPS RTK 放样法等,所用的仪器一般为经纬仪和钢尺,也可以使用全站仪和 RTK 进行。至于选用何种方法、何种测设仪器,应根据施工控制网的形式、控制点的分布,以及施工控制点和测设点位的相互关系、放样精度、施工现场条件等因素合理地选择。

1. 极坐标法

(1) 常规放样方法。

极坐标放样方法要求在放样位置附近至少要有两个相互通视的控制点作为放样的起算点。这种方法是利用数学中的极坐标原理,以两个控制点的连线作为极轴,以其中一个控制点作为极点建立极坐标系,根据放样点与控制点的坐标,通过坐标反算的方法,计算出放样点到极点的水平距离 D(极距)及放样点与极点连线方向和极轴间的夹角 β(极角),按 β 与 D 进行实地测设。如图 8.2 所示,$A(x_A,y_A)$、$B(x_B,y_B)$ 为已知控制点,点 P 为待测设点,它们的坐标值为已知。具体放样步骤如下:

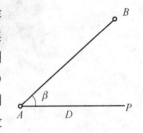

图 8.2 常规极坐标法测设点的平面位置

首先根据 A、B 两点的坐标进行坐标反算求得 AB 的坐标方位角 α_{AB},直线 AP 的坐标方位角 α_{AP} 和 A、P 两点间的水平距离 D。则有 AB 方向顺时针旋转至 AP 方向的水平角为

$$\beta = \alpha_{AP} - \alpha_{AB} \tag{8.3}$$

若 $\beta < 0°$ 时,则加 360°。

然后进行实地测设。测设时,先将经纬仪安置在点 A,后视点 B,置水平度盘为零,顺时针方向拨角 β 定出 AP 方向,通常进行角度放样可采用正倒镜分中法,如果待测设点的精度要求较高,可以在正倒镜分中法的基础上用多测回修正法进行角度放样;然后沿 AP 方向测设距离 D 即得点 P。极坐标法测设点位时,安置一次经纬仪可测设多点。

长期以来,极坐标法放样主要采用经纬仪配合钢尺作业,由于钢尺量距受地形条件影响较大,特别是在距离较长时,量距工作效率较低,且精度很难保证,因此用钢尺进行极坐标法放样只能适用于待定点离控制点较近,且便于量距的场合。

(2) 全站仪极坐标法放样方法。

常规极坐标法放样,需要事先计算放样元素,而放样元素的计算是要根据仪器架设位置而定的,有时现场仪器的架设位置会有变化,则要重新计算放样元素。随着全站仪在工程上的普及,用全站仪极坐标放样法,就不再需要事先计算放样元素,只要提供坐标即可,而且操作十分方便、适应性强、速度快、精度高,因而,这种方法在施工放样中被广泛地采用。

如图 8.3 所示，I_1、I_2 是已知的控制点，房屋四角设计坐标在施工总平面图上查得，现用徕卡公司生产的 TS-09 全站仪进行点 C 放样，步骤如下：

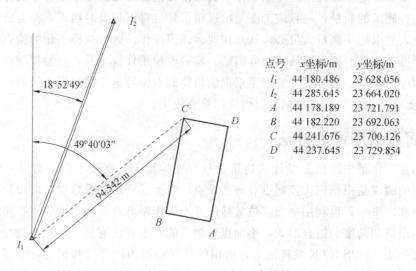

点号	x 坐标/m	y 坐标/m
I_1	44 180.486	23 628.056
I_2	44 285.645	23 664.020
A	44 178.189	23 721.791
B	44 182.220	23 692.063
C	44 241.676	23 700.126
D	44 237.645	23 729.854

图 8.3　全站仪极坐标法放样

①按方向键选择主菜单中"程序"选项，按"回车"进入图 8.4（b）所示"程序 1/5"菜单，按 F1 键进入"设站"菜单，如图 8.4（c）所示。

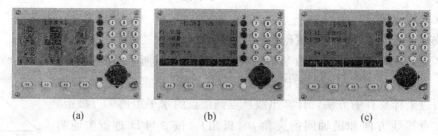

图 8.4　选择设站程序

②按 F4 键选择"开始"，进入如图 8.5（a）所示"输入测站数据"界面，按方向键选择坐标定向。如果控制点和房屋四角点坐标已经由计算机上传至全站仪，则按 F2 键选择"列表"选项，在作业中查找到 I_1 点并设置 I_1 点为测站点，进入图 8.5（b）所示的界面；如果控制点和房屋四角坐标未上传至全站仪，则需要手工输入测站点点号，输入点号 I_1 后按"回车"键，全站仪会提示"该点不能在以下作业中找到"的信息，按 F4"确定"后选择 F3"坐标"手工输入测站点 I_1 坐标数据，输入完成后按 F4"确定"进入图 8.5（b）所示界面。

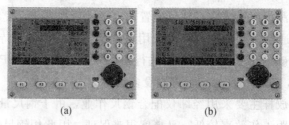

图 8.5　输入测站数据

③按 F4 键"确定"进入"目标点输入"菜单，如图 8.6（a）所示。若控制点和房屋四角坐标已经由计算机上传至全站仪，则按 F2 键选择"列表"选项，选择 I_2 点为后视点，进入图 8.6（b）所示的界面；若控制点和房屋四角坐标未上传至全站仪，则需手工输入后视点点号和坐标，输入方法同步骤②，输入完成后进入如图 8.6（b）所示界面。转动照准部，精确瞄准 I_2 点，按 F1"测存"选项，进入如图 8.6（c）所示"结果"界面，按 F1"计算"，进入图 8.6（d）所示"设站结

果"界面,仪器会根据输入的测站点 I_1 和后视点 I_2 坐标自动计算 I_1、I_2 边方位角 $\alpha_{I_1 I_2}=18°52'49''$,按 F4 键"设定"后仪器将视线方向的水平度盘读数设置为 I_1、I_2 边方位角后,自动返回如图 8.4(a)所示"程序"菜单,至此全站仪设站完成。设站结束后一定要对设站结果进行校核,校核时可以通过测量目标点 I_2 坐标进行校核,也可以选用第三个已知坐标点进行校核。校核方法为:在"程序"菜单下选择"测量",进入测量模式,测量 I_2 点(或第三个已知点)的坐标,如果全站仪实测坐标值与 I_2 点已知坐标值之差在误差允许范围内,则说明设站正确,可以进行施工放样。

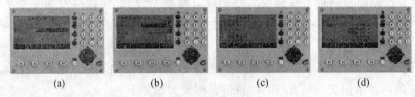

图 8.6 输入目标点数据进行设站

④在"程序"菜单下,按 F3 键选择"放样"选项,按 F4"开始"放样后进入如图 8.7(a)所示的"放样"菜单。按 F4 翻页进行放样功能切换,可以选择"坐标""极坐标""放点"功能来输入放样点的极坐标值或坐标值。若放样点坐标已经上传至全站仪,则只需在"搜索"位置输入放样点点号仪器会检索到该点,如图 8.7(b)所示,按 F4"确定"后返回图 8.7(d)所示"放样"菜单;若放样点坐标未上传至全站仪则需选择"坐标"手工输入放样点 C 坐标值,如图 8.7(c)所示,按 F4"确定"后,返回如图 8.7(d)所示"放样"菜单。此时"放样"菜单界面会显示放样点 C 的放样方向与 I_1、I_2 控制方向的水平夹角 ΔH_Z 和点 C 距离 I_1 的水平距离 $\Delta\blacktriangle$。

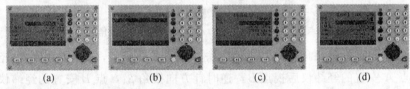

图 8.7 选择放样程序

⑤按照图 8.7(d)所示"放样"菜单显示的 ΔH_Z 转动照准部,直到 $\Delta H_Z=0$ 为止,此时视线方向的坐标方位角为设计 I_1、C 边的方位角,即此时放样点 C 在此视线方向上;根据如图 8.7(d)所示"放样"菜单显示的水平距离 $\Delta\blacktriangle$ 指挥棱镜沿视线方向上移动相应距离,按 F2 键选择"测距"选项,此时屏幕上显示的 $\Delta\blacktriangle$ 值表示当前棱镜位置距测站点水平距离与放样点距测站点水平距离之差,观测员根据屏幕显示 $\Delta\blacktriangle$ 指挥立棱镜人员沿视线方向前后移动棱镜,直到 $\Delta\blacktriangle=0$ 为止,则当前棱镜所在位置即为放样点位置。完成上述操作后,观测员还需要进入坐标测量模式测量该放样点坐标值,该值应该等于或接近点 C 设计坐标,误差满足精度要求后即可标定点位。放样其余 3 点,重复④~⑤步骤。

2. 直角坐标法

直角坐标法是建立在直角坐标原理基础上测设平面点位的一种方法。当测设点附近已建立相互垂直的主轴线或建筑方格网时,常采用此法。

如图 8.8 所示,A、B、C、D 为建筑方格网或建筑基线控制点,1、2、3、4 为待测建筑物四角点,建筑物两轴线与建筑方格网或建筑基线平行。根据总平面图上给定建筑物四角点 1、2、3、4 的坐标,即可用直角坐标法测设建筑物四角点。测设方法如下:

①计算出点 A 与四角点之间坐标增量,即 $\Delta x_{A_1}=x_1-x_A$,$\Delta y_{A_1}=y_1-y_A$。

②将仪器(经纬仪或全站仪)安置于点 A,照准点 D,沿此视线方向从 A 测设水平距离 Δy_{A_1},定出 $1'$ 点,测设水平距离 Δy_{A_4} 得 $4'$ 点。

③将仪器安置于 $1'$ 点,后视点 D 向左测出 $90°$ 方向线,沿此方向测设水平距离 Δx_{A_1} 得 1 点,测设水平距离 Δx_{A_4} 得 2 点。

④将仪器安置于 $4'$ 点，后视点 D 向左测设出 $90°$ 方向线，沿此方向测设水平距离 Δx_{A_4} 得 4 点，测设水平距离 Δx_{A_3} 得 3 点。

⑤核检。在已测设点上架设仪器，检测各个角度是否等于 $90°$，观测各边长是否等于设计长度，其误差应在允许范围之内。

3. 角度交会法

角度交会法是在两个控制点上分别安置经纬仪（或全站仪），通过测设两个水平角交会出待测点的平面位置。这种方法也称方向交会法或前方交会法，它主要适用于测设点远离控制点或量距困难（如桥墩中心点放样）的情形。

如图 8.9 所示，若控制点 A、B 和放样点 P 的坐标值均为已知，根据已知点坐标反算分别计算 AP、BP 的方位角，并求出交会角 β_A 和 β_B 角值。测设方法如下：

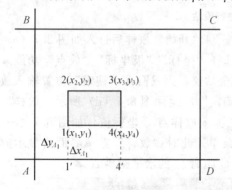

图 8.8　直角坐标法测设点位

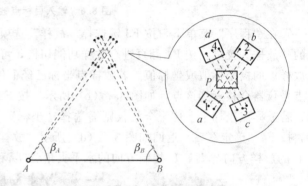

图 8.9　角度交会法点位测设

用角度交会法定点，一般采用打骑马桩的方法。如图 8.9 所示，交会时用两台经纬仪，分别安置在点 A、B，点 A 安置的经纬仪后视点 B，逆时针方向拨角 β_A，点 B 安置的经纬仪后视点 A，顺时针方向拨角 β_B，两台经纬仪视线先粗略交出点 P 的大致位置。然后点 A 经纬仪沿 AP 方向在点 P 的两侧打 a、b 两个木桩，根据盘左、盘右两次拨角 β_A 定出的方向在 a、b 两个木桩上各定两点，取平均位置 1、2 作为 AP 最终方向。同法点 B 经纬仪沿 BP 方向在点 P 的两侧打 c、d 两个木桩，根据盘左、盘右两次拨角 β_B 定出的方向在 c、d 两个木桩上各定两点，取平均位置 3、4 作为 BP 最终方向。最后在 1、2 和 3、4 之间拉细线，两线的交点即为点 P 的正确位置。

点 P 的定位精度主要取决于 β_A、β_B 的拨角精度，除此之外，还与交会角（$\angle APB$）的大小有关。当交会角在 $90°$ 左右时，交会精度最高，一般不宜小于 $60°$ 或大于 $120°$。

4. 距离交会法

距离交会法是利用测设点到两个或多个控制点的已知距离而交会定点的方法。它适用于待测点离已知控制点较近（不超过整尺长），且又便于量距的情况。

如图 8.10 所示，A、B 为控制点，1、2 为待测点，它们的坐标均为已知。根据坐标反算得到距离 D_1、D_2、D_3、D_4。

测设时使用两把钢尺，分别以 A、B 为圆心，同时拉紧、拉平钢尺，以 D_1、D_2 为半径用尺子在地面画弧，两弧交点即为待测点 1。同法按 D_3、D_4 可交会出点 2。

用距离交会法测设点位，不需使用仪器，操作方法简便，

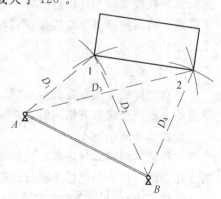

图 8.10　距离交会法点位测设

但精度较低，因此测设完成后一定要进行实地观测各测设点的水平距离，并与设计给定距离进行比较。

5. GPS RTK 放样法

在工程测量领域，测量工作者已不满足于只将 GPS 用作控制测量。特别是在近几年来高精度 GPS 实时动态定位技术 RTK 的快速发展，由于它能够实时地提供在任意坐标系中的三维坐标数据，因此，对于放样点位较多的工程（如公路测量）利用 GPS RTK 直接放样已很普遍了。

GPS RTK 是一种全天候、全方位的新型测量系统，是目前实时、准确地确定待测点位置的最佳方式。它需要一台基准站接收机和一台或多台流动站接收机，以及用于数据传输的电台。RTK 定位技术，是将基准站的相对观测数据及坐标信息通过数据链方式及时传送给动态用户，动态用户将收到的数据链连同自采集的相位观测数据进行实时差分处理，从而获得动态用户的实时三维位置。动态用户再将实时位置与设计值相比较，进行指导放样。

GPS RTK 定位技术具有与使用其他测量仪器所不同的优点。采用一般仪器，如全站仪测量等，即要求通视，又费工时，而且精度不均匀。RTK 测量拥有彼此不通视条件下远距离传递三维坐标的优势，并且不会产生误差累积，因此，应用 RTK 放样法能快速、高效率地完成平面点位测设任务。

8.1.3　高程测设的方法

高程测设是施工测量中的一项经常性的工作，在施工中点位除了要根据设计图纸进行平面位置测设外，还要符合设计高程。

高程测设时，首先需要在测区内布设一定密度的水准点（临时水准点）作为放样的起算点，然后根据设计高程在实地标定出测设点的高程位置。高程位置的标定措施可根据工程要求及现场条件确定，土石方工程一般用木桩标定放样高程的位置，可在木桩侧面画水平线或标定在桩顶上；混凝土及砌筑工程一般用红漆做记号标定在它们的面壁或模板上。高程测设主要采用水准测量的方法，有时也采用钢尺直接量取垂直距离、水准仪配合钢尺测量或三角高程测量等方法。

1. 一般的高程放样

一般情况下，放样高程位置均低于水准仪视线高且不超出水准尺的工作长度。如图 8.11 所示，A 为已知点，其高程为 H_A，欲在点 B 定出高程为 H_B 的位置。具体放样过程为：先在点 B 打一长木桩，将水准仪安置在 A、B 之间，在点 A 立水准尺，后视 A 尺并读数 a，计算 B 处水准尺应有的前视读数 b：

$$b = (H_A + a) - H_B \tag{8.4}$$

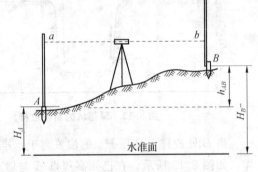

图 8.11　高程放样

靠点 B 木桩侧面竖立水准尺，指挥立尺员上下移动水准尺，当水准仪在尺上的读数恰好为 b 时，在木桩侧面紧靠尺底画一横线，此横线即为设计高程 H_B 的位置。也可在点 B 桩顶竖立水准尺并读取读数 b'，再用钢卷尺自桩顶向下量 $b-b'$ 即得高程为 H_B 的位置。

为了提高放样精度，放样前应仔细检校水准仪和水准尺；放样时尽可能使前后视距相等；放样后可按水准测量的方法观测已知点与放样点之间的实际高差，并以此对放样点进行检核和必要的归化改正。

在建筑施工中，当室内地坪标高（±0.00）的绝对高程位置在地面标定后，还需要将这个 ±0.00 的位置在建筑物四周都表示出来，以便施工作业，这一过程称为抄平。抄平时可将水准仪安置在建筑场地中央，先在已标定的绝对高程 ±0.00 处立尺，设读取水准尺读数为 i，再将水准尺分别立于待抄平的各个位置，使水准仪在尺上的读数亦为 i 时，则尺底的位置就都在同一 ±0.00 高度了。

2. 深基坑的高程放样

当基坑开挖较深时，基底设计高程与基坑边已知水准点的高程相差较大并超出水准尺的工作长度时，可采用水准仪配合悬挂钢尺的方法向下传递高程。如图8.12所示，A为已知水准点，其高程为H_A，欲在点B定出高程为H_B的位置（H_B应根据放样时基坑实际开挖深度选择，通常取H_B比基底设计高程高出一个定值，如1m），在基坑边用支架悬挂钢尺，钢尺零端朝下并悬挂重锤，重锤的重量应与钢尺检定时的拉力相同，放样时最好用两台水准仪同时观测，具体方法如下：

在点A立水准尺，基坑顶的水准仪后视A尺并读数a_1，前视钢尺读数b_1，基坑底的水准仪后视钢尺读数a_2，然后计算B处水准尺应有的前视读数：

$$b_2 = H_A + a_1 - (b_1 - a_2) - H_B \tag{8.5}$$

上下移动B处的水准尺，直到水准仪在尺上的读数恰好为b_2时，沿水平方向紧贴水准尺底打入木桩，标定出高程为H_B的B点位。为了控制基坑开挖深度，一般需要在基坑四周定出若干个高程均为H_B的点位。如果H_B比基底设计高程高出一个定值ΔH，施工人员就可用长度为ΔH的木条方便地检查基底标高是否达到了设计值，在基础施工时还可用于控制基础顶面标高。

3. 高墩台的高程放样

当桥梁墩台或建筑物柱等构件高出地面较多时，放样高程位置往往高于水准仪的视线高，这时可采用钢尺直接量取垂距或"倒尺"的方法。

如图8.13所示，A为已知点，其高程为H_A，欲在点B墩身或墩身模板上定出高程为H_B的位置。如果放样点的高程H_B高于仪器视线高程，且超出水准尺工作长度时，可先在基础顶面或墩身（模板）适当位置选择一点，用水准测量的方法测定其高程值，然后以该点作为起算点，用悬挂钢尺直接量取垂距来标定放样点的高程位置。

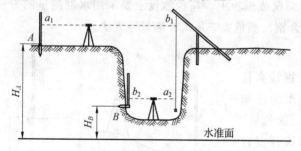
图8.12 深基坑的高程放样

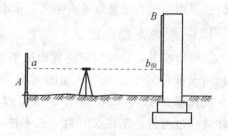
图8.13 高墩台的高程放样

当B处放样点高程H_B的位置高于水准仪视线高，但不超出水准尺工作长度时，可用倒尺法放样。如图8.13所示，在已知高程点A与墩身之间安置水准仪，在点A立水准尺，后视A尺并读数a，在B处靠墩身倒立水准尺，放样点高程H_B对应的水准尺读数$b_{倒}$为

$$b_{倒} = H_B - (H_A + a) \tag{8.6}$$

靠点B墩身竖立水准尺，上下移动水准尺，当水准仪在尺上的读数恰好为$b_{倒}$时，沿水准尺尺底（零端）画一横线即为高程为H_B的位置。

4. 全站仪高程放样

在不便使用水准仪进行高程放样的上坡地、高层建筑施工地、桥梁墩台盖梁等工程，常采用全站仪高程放样法。全站仪高程放样法实质上就是应用全站仪的三角高程测量方法测定放样点高程，然后根据实测高程与设计高程之差来确定放样点高程位置的放样方法，其放样方法根据有无仪高可以分为以下两种方法。

（1）全站仪常规高程放样。

如图8.14所示，已知点A的高程为H_A，待定点点B的设计高程为H_B。置全站仪于点A，量

取仪器高为 h_i（地面点 A 至仪器横轴中心的高度），在点 B 安置棱镜，量取棱镜高为 h_r。

首先，根据全站仪的功能进行测站设置，把点 A 的高程 H_A、仪高 h_i 及棱镜高 h_r 存入仪器的储存器。

然后，瞄准待放样点 B 处的反射棱镜。启动测距跟踪测量模式，全站仪会根据三角高程原理、计算并显示 AB 高差 h'_{AB} 和镜站高程 H'_B。计算公式如下：

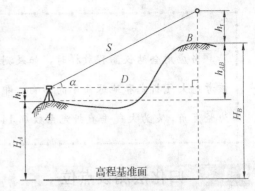

$$h'_{AB} = S \cdot \sin\alpha + h_i - h_r \tag{8.7}$$

或

$$h'_{AB} = D \cdot \tan\alpha + h_i - h_r \tag{8.8}$$

$$H'_B = H_A + h'_{AB} \tag{8.9}$$

图 8.14 全站仪常规高程放样示意图

根据实测的点 B 高程 H'_B 与点 B 的设计高程 H_B 比较，指挥升降反射棱镜的高度（注意此时棱镜高保持不变），使显示高差和镜站高程满足设计要求，把棱镜对中杆的底部标定出来，此点即为高程 H_B 的放样点 B。

（2）全站仪无仪高作业法放样。

应用全站仪常规高程放样法进行高程放样，需要量取仪高和棱镜高，通常棱镜高度比较好量取，而仪高在实际放样中很难准确量取，这样就会影响全站仪高程放样的精度。因此，在应用全站仪进行高程放样时通常采用无仪高作业法放样。

如图 8.15 所示，为了放样点 B 高程，在点 O 自由设站架设全站仪。后视高程为 H_A 的已知水准点 A 处反射棱镜（设棱镜高为 h_r，当目标采用放射片时，$h_r=0$），测得 OA 的斜距 S_1（或平距 D_1）和竖直角 α_1，根据全站仪三角高程原理计算点 O 全站仪水平视线的高程 H'_O 为

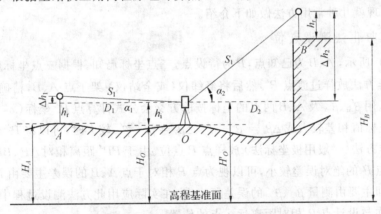

图 8.15 全站仪无仪高作业法示意图

$$H'_O = H_A + h_r - \Delta h_1 \tag{8.10}$$

式中 $\Delta h_1 = S_1 \sin\alpha_1$ 或 $\Delta h_1 = D_1 \tan\alpha_1$

然后，在点 B 立反射棱镜（注意此时棱镜与点 A 为同一棱镜且高度保持不变），测得 OB 的斜距 S_2（或平距 D_2）和竖直角 α_2，从而计算点 B 的高程 H'_B 为

$$H'_B = H'_O + \Delta h_2 - h_r = H_A - \Delta h_1 + \Delta h_2 \tag{8.11}$$

式中 $\Delta h_2 = S_2 \sin\alpha_2$ 或 $\Delta h_2 = D_2 \tan\alpha_2$

将计算的点 B 的高程 H'_B 与设计值相减得差值，据此差值指挥棱镜即可放样出点 B 高程位置。从上式中可以看出：此法不需要测定仪器高，因而用无仪器高作业法同样具有很高的放样精度。

若点 O 为已知高程点，高程为 H_O 时，则可以根据上述原理反算求得仪高 h_i：

$$h_i = h_r + h_{AO} - \Delta h_1 = h_r + (H_A - H_O) - \Delta h_1 \tag{8.12}$$

计算求得仪高 h_i 后可以根据全站仪常规放样方法来进行高程放样，安置一次仪器可以进行多点放样。

> **技能提示**
>
> 当应用全站仪高程放样时,如果测站与目标点之间的距离超过 150 m 时,以上高差就应该考虑大气折光和地球曲率的影响,即 $\Delta h = D\tan\alpha + (1-k)\dfrac{D^2}{2R}$。式中,$D$ 为水平距离,α 为竖直角,k 为大气垂直折光系数 0.14,R 为地球曲率半径 6 371 km。

8.1.4 归化法测设点位

对一个点位的测设与测量的区别在于,测量是将实地已有点进行观测记录外业数据再进行内业计算来求得相应的数据;而测设是将预先准备好的数据通过外业在实地标定。因此,测量时可以做多测回的重复测量,通过平差计算可以提高待测点的精度,而测设时往往不便做多测回观测,且一般不进行平差。所以说直接放样的精度比测量精度要低,而对一些要求较精密放样的工程,对于前面我们叙述的放样方法往往不能满足精度要求,因此为了提高放样精度,通常需要采用较为精确的归化法来测设点位。

归化法测设点位的基本原理是:先用直接放样法放样的点作为过渡点(埋设临时桩),然后将其与控制点组成各种图形,用测量方法精确测量该过渡点与控制点之间的关系(边长、夹角、高差等),计算测得值与设计值的差值(归化量),最后从过渡点出发改正这一差数,把点位归化到更精确的位置上去,并在精确的点位埋设永久性标石。

归化法放样点位,按测定点位时所组成的图形不同,可分为前方交会、侧方交会、后方交会及轴线交会等方法。现就几种常用方法做如下介绍。

1. 前方交会归化法测设点位

如图 8.16(a)所示,A、B 为已知点,P 为待设点,三点坐标已知。根据三点坐标反算放样元素 β_a、β_b。先应用直接放样方法放样过渡点 P',然后将经纬仪(或全站仪)架于点 A、B,精确测量 $\angle P'AB = \beta'_a$,$\angle ABP' = \beta'_b$。用 β'_a、β'_b 及 A、B 两点的坐标按前方交会公式计算点 P' 坐标($x_{P'}, y_{P'}$),当点 P' 坐标值与点 P 设计坐标值相差较大或 $\Delta\beta_a = \beta_a - \beta'_a$、$\Delta\beta_b = \beta_b - \beta'_b$ 较大时,可以将 P' 视为控制点,从点 P' 出发用直接放样方法(一般用极坐标法)放样点 P 点位。由于 PP' 距离相对 AP、BP 要小得多,所以从点 P' 出发放样点 P 的绝对误差较小,可以视为点 P 相对于点 A、B 的误差主要由 P' 相对于点 A、B 的误差所决定,也即主要由测量 β'_a、β'_b 的误差所决定。在实际应用此方法测设过程中一般会有意识地将过渡点 P' 确定在与设计点 P 相对距离远一点的位置。

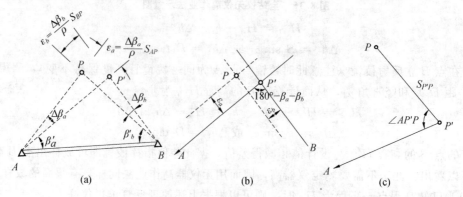

图 8.16 前方交会归化法

当点 P' 坐标值与点 P 设计坐标值相差较小或 $\Delta\beta_a$、$\Delta\beta_b$ 较小时,意味着 P' 离设计点位 P 相距不远,这时应用直接放样法很难确定点 P 位置,可以用图解的方法从点 P' 出发得点 P 位置。为此先要做归化图纸,归化图根据归化数据的计算不同可分为以下两种绘制方法。

方法一:

①在图纸上适当位置刺一点算作点 P'(图 8.16(c))。

②根据 P'、P 及点 A(或 B)坐标反算得归化数据 $\angle AP'P$ 和 $S_{P'P}$。

③过 P' 画一直线用箭头表示为 $P'A$ 方向,再按 $\angle AP'P$ 的大小,以 P' 为角顶点,$P'A$ 为起始方向,做出该角的另一方向线,在此方向线上按比例(一般取 1∶1)截取 $S_{P'P}$ 的长度后标出点 P。

方法二:

①在图纸上适当位置刺一点算作点 P'(图 8.16(b))。

②根据 $\Delta\beta_a$、$\Delta\beta_b$ 及交会边长,可按下式求得过渡点 P' 与放样点 P 的横向位移:

$$\left.\begin{aligned}\varepsilon_a &= \frac{\Delta\beta_a}{\rho}S_{AP}\\ \varepsilon_b &= \frac{\Delta\beta_b}{\rho}S_{BP}\end{aligned}\right\} \tag{8.13}$$

写成普遍式为

$$\varepsilon_i = \frac{S_i}{\rho} \cdot \Delta_i \tag{8.14}$$

式中 ε_i——横向位移;

S_i——交会边长;

$\dfrac{S_i}{\rho}$——对于不同边长单位角差所对应的弧长,$\rho = 206\ 265''$。

③在图纸上画两线,使其夹角为 $(180° - \beta_a - \beta_b)$,并用箭头指明 $P'A$ 和 $P'B$ 方向。由于横向位移相对于交会边长来说总是很小的,故可以认为它是一段与交会方向相垂直的直线段,且 $AP' \parallel AP$,$BP' \parallel BP$。依据 $\Delta\beta_a$、$\Delta\beta_b$ 的正负号,可知位移的方向。

④根据横向位移值的正负号(定偏移方向)及大小(定偏移距离)推出两条方向线($P'A$、$P'B$)的平行线,两平行线的交点即为点 P。

将用上述方法画好的归化图纸拿到现场,让图纸上点 P' 对准实地点 P';转动图纸定向(用直尺或目估等方法)使图纸上 $P'A$ 方向与实地 $P'A$ 方向重合;这时图纸上的点 P 的位置就是实地 P 应有的位置,把它转刺到实地上去,即实地点 P 位置。

若归化图上有坐标轴方向,且两交会方向是按实际方位画出,则可在归化图上根据过渡点 P' 与设计点位 P 的坐标差 δ_x、δ_y 作为归化量直接图解出点 P 位置。

2. 距离交会归化测设点位

如图 8.17 所示,A、B 为已知点,P 为待设点,三点坐标已知。先用距离交会法直接放样过渡点 P',然后精确测得 P' 到 A、B 的距离为 $S'_{P'A}$、$S'_{P'B}$。根据 A、B、P 三点坐标值反算 PA、PB 距离为 S_{PA}、S_{PB},则距离差 $\Delta S_A = S_{PA} - S'_{P'A}$,$\Delta S_B = S_{PB} - S'_{P'B}$。规定 ΔS_A、ΔS_B 向外为正,向内为负。

绘制归化图纸:在图纸上适当位置刺过渡点 P',画夹角为 α 的两条直线,并在 $P'A$ 线上距点 $P'\Delta S_A$ 的地方做 $P'A$ 的垂线(或 $P'B$ 的平行线)。在 $P'B$ 线上距点 $P'\Delta S_B$ 的地方做 $P'B$ 的垂线。两垂线的交点即为待定点 P。然后利用此归化图纸可在实地找到点 P 的点位。

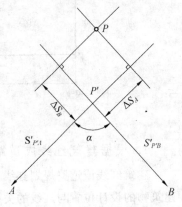

图 8.17 距离交会归化法

3. 构网联测归化法放样

施工控制网的作用在于限制施工放样时测量误差的累积,使整个建筑区的建筑物在平面及竖向方面正确衔接，以便对工程总体布置和施工定位起到宏观控制作用，也便于不同作业区同时施工。

在施工放样中，控制网的精度不像测图控制网那样要求均匀，而要求保证某一方向或某几个点相对位置的高精度。因此，在施工现场的控制网不一定要具有方格的形状，完全可以用导线、导线网、三角网、边角网、GPS 网等灵活的形式建立。点位可以较自由地选择在便于保存和便于使用的地方。

在高精度的施工放样中，控制点通常采用带有强制对中的观测墩。通过构网联测平差后，将控制点归化到某一特定的方向或几个特定位置，便于架仪器直接放样。同时也可以将控制点与直接放样点一起构网联测，经平差后，求得各直接放样点的归化量，在将放样点归化到设计位置。

8.2 建筑施工测量

8.2.1 建筑物主轴线定位放样

建筑轴线是人为地在建筑图纸中为了标示构件的详细尺寸，按照一般的习惯或标准虚设的一道线（在图纸上），习惯上标注在对称界面或截面构件的中心线上，如基础、梁、柱等结构上，多呈矩形分布。建筑物轴线分为主轴线和细部轴线。控制建筑物整体形状的起定位作用的轴线称为建筑物主轴线，一般将建筑物的周边轴线（如图 8.18 中的 A、B、①、②周）作为主轴线。建筑物施工开始以前就必须把建筑物主轴线测设标定到地面上去，就是通常所说的平面定位放线。建筑物主轴线的交点决定了建筑物在地面上的位置，称为定位点或角点。建筑物的主轴线定位就是根据设计条件，将这些轴线交点（简称角桩，即图 8.18 中的 M、N、P 和 Q）测设到地面上，作为细部轴线放线和基础放线的依据。因此为保证施测的精度，在主轴线定位放样前，必须首先确认和检测定位依据，确定准确无误后方可进行定位放样。在建筑工地现场，主轴线定位角桩测设标定后应妥善保存（通常是在开挖范围外设立轴线引桩），以便在土石方工程完成后恢复主轴线。由于测设条件和现场条件不同，建筑物的定位方法也有所不同，常见的建筑物主轴线定位方法有：

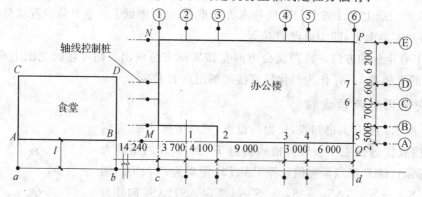

图 8.18 建筑物的定位和放线

1. 根据建筑红线或道路规划红线定位主轴线

建筑红线或道路规划红线是城市规划部门所测设的城市道路规划用地与单位用地的界址线，新建筑物的设计位置与红线的关系应得到政府部门的批准。因此靠近城市道路的建筑物设计位置应以城市规划道路的红线为依据，这样在建筑物定位时便可根据规划红线进行。

如图 8.19 所示，建筑物主轴线 MN 与红线桩 AB 连线平行，测设步骤如下：

① 点 A 安置仪器，瞄准点 B，自点 A 起沿 AB 方向量取 12.000 m 定出点 M'，自点 M' 量 30.000 m 定出点 N'。

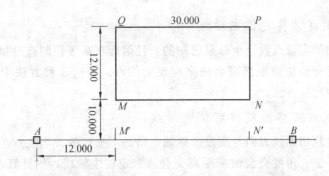

图 8.19 根据建筑红线或道路规划红线定位主轴线

② 将仪器分别搬至点 M'、N'，测设 AB 红线桩的垂线，沿此垂线方向上分别自 M'、N' 量取水平距离 10.000 m 定出点 M、N，自 M、N 沿此垂线方向量取 12.000 m 定出点 Q、P。最终，再对 M、N、P、Q 点进行校核调整，直至定位点在限差范围内。

如果建筑物的主轴线与红线桩的连线不平行，可以通过一定的换算，视具体情况采取极坐标法、距离交会法或角度交会法测设建筑物的主轴线。

2. 根据与原有建筑物或道路的关系定位主轴线

当建筑物总平面图上给定了拟建建筑物与实地已有建筑物平面位置的相对关系时，而没有提供建筑物定位点的坐标，周围又没有测量控制点、建筑方格网和建筑基线可利用，我们就应根据实地已有建筑物来定位放样主轴线。测设前应先从总平面图中查得建筑物相对位置的有关数据，根据这些数据确定放样方案。

如图 8.18 所示，拟建建筑物轴线 A 轴在原有建筑物 AB 轴线的延长线上，这种关系称为平齐关系，是最常见的一种建筑物相互间位置关系。测设步骤如下：

① 用细线分别固定在 C、D 两点，拉伸并延长做出 CA、DB 方向，分别从点 A、B 开始沿着 CA、DB 延长线方向量出一小段距离 l（l 取 1～2 m）得 a、b 两点，做出标志，则 ab 平行于 AB。

② 在点 a 安置经纬仪，瞄准点 b，并从点 b 沿 ab 方向量取 14.240 m（因为办公楼的外墙厚 370 mm，轴线偏里，离外墙皮 240 mm），定出点 c，做出标志，再继续沿 ab 方向从点 c 起量取 25.800 m，定出点 d，做出标志，abcd 线就是测设办公楼平面位置的建筑基线。

③ 分别在 c、d 两点安置经纬仪，瞄准点 a，顺时针方向测设 90°，沿此视线方向量取距离 l+0.240 m，定出 M、Q 两点，做出标志，再继续量取 15.000 m，定出 N、P 两点，做出标志。M、N、P、Q 四点即为办公楼外廓定位轴线的交点。

④ 检查 NP 的距离是否等于 25.800 m，∠N 和 ∠P 是否等于 90°，其误差应在允许范围内（NP 是最弱边，∠N 和 ∠P 是最弱角）。

当建筑物与实地已有建筑物相互之间位置关系如图 8.20 所示成垂直关系时，可按下述步骤来测设主轴线 MN。

首先按图 8.18 所示方法做出 A'、B' 两点，再将仪器安置在 A'，瞄准点 B'，固定照准部，从点 B' 开始，沿着 $A'B'$ 延长线方向用钢尺量出设计间距 $B'M'$，即可定出点 M'，然后将仪器安置到点 M'，瞄准点 A'，测设出 90°方向线，得到 $M'A'$ 的垂线 $M'N'$，从此方向上量出 $M'M$ 长可定出点 M，从点 M 开始，沿此方向继续丈量建筑物设计长度 MN，即可定出点 N。

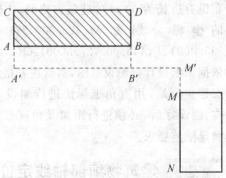

图 8.20 根据与原有建筑物或道路的关系定位主轴线

M、N 两点即为该建筑物的建筑基线，再用此基线按前述方法测设其他轴线即可。

3. 根据其他控制点放样定位主轴线

如果待定位建筑物的定位点设计坐标是已知的，且附近有高级控制点可供利用，可根据实际情况选用极坐标法、角度交会法或距离交会法来测设定位点。在这 3 种方法中，极坐标法通用性最强，是用得最多的一种定位方法。

4. 根据建筑基线或方格网放样定位主轴线

在多数情况下，建筑物轴线方向与测量坐标轴方向是不平行的。当工程项目规模较大时，如果每一建筑物都用极坐标法、角度交会法或距离交会法来定位主轴线，则计算、测设工作量将很大，并且各个建筑物平面位置也不容易有统一的精度。这时，通常采用极坐标法或角度交会法设立图 8.21（a）所示的建筑基线形式或如图 8.21（b）所示的建筑方格网，然后根据建筑基线或方格网用直角坐标法放样各建筑物的位置。此时应用直角坐标法放样，所需要的测设数据的计算较为方便，且在使用全站仪或经纬仪和钢尺实地测设时，建筑物总尺寸和较大角的精度容易控制和检核。

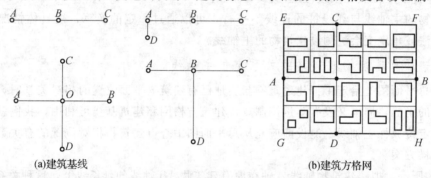

(a)建筑基线　　　　　　　　　　(b)建筑方格网

图 8.21　根据建筑基线或方格网放样定位主轴线

所谓的建筑基线、建筑方格网，就是在实地设立一系列平行于建筑群的点位，使它们严格构成一直线或相互垂直的轴线，进而形成"囗"形状。建筑基线、建筑方格网相当于一个新的坐标系，这个坐标系的轴（就是方格的边）与建筑物轴线是平行或垂直的。当总平面图中建筑物角点的平面位置以建筑方格网的坐标值给定时，用方格网来放样建筑物主轴线就很方便了。建筑基线适合在较小规模的工程项目中采用，大中型项目则采用方格网形式。建筑方格网要求以较高的精度测设，一般由专业测量人员协助建立。建筑施工技术人员的任务就是根据已建立的方格网，用直角坐标法放样建筑物位置。

如图 8.22 所示，拟建建筑物 MNPQ 的施工场地上布设有边长为 50 m 的建筑方格网，主轴线点 M、N、P、Q 的坐标分别为 M(425.000, 275.000)、N(425.000, 335.000)、P(445.000, 275.000)、Q(445.000, 335.000)，依据图纸设计好测设草图，然后在方格网控制点 1 或 2、3 点建立测站，用直角坐标法进行测设，完成建筑物的定位。测设好后，必须进行距离及角度校核，要求测设精度满足限差要求。

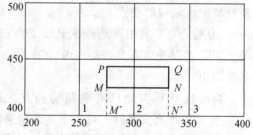

图 8.22　根据建筑基线或方格网放样定位主轴线

8.2.2　建筑物细部轴线定位放样

建筑物平面定位工作完成后，即可依据平面定位桩（角桩）来测设建筑物的其他各轴线与主轴线的交点桩，以完成建筑物细部轴线的测设工作。如图 8.23 所示，1 轴、5 轴、A 轴和 G 轴是建筑物的 4 条外墙主轴线，其交点 A1、G1、A5 和 G5 是建筑物的定位点，这些定位点已在地面上测设完毕并打好桩点，各主次轴线间隔如图 8.23 所示，现欲测设各细部轴线与主轴线的交点。测设方法如下：

在点 A1 安置经纬仪，照准点 G1，把钢尺的零端对准点 A1，沿视线方向拉钢尺，在钢尺上读数等于 A 轴和 B 轴间距（4.0 m）的地方打下木桩，打的过程中要经常用仪器检查桩顶是否偏离视线方向，并不时拉一下钢尺，钢尺读数是否还在桩顶上，如有偏移要及时调整。打好桩后，用经纬仪视线指挥在桩顶上画一条纵线，再拉好钢尺，在读数等于轴间距处画一条横线，两线交点即 1 轴与 B 轴的交点。

在测设 1 轴与 C 轴的交点 C1 时，方法同上，注意仍然要将钢尺的零端对准 A1 点，并沿视线方向拉钢尺，而钢尺读数应为 A 轴和 C 轴间距（8.0 m），这种做法可以减小钢尺对点误差，避免轴线总长度增加或减短。如此依次测设 A 轴与其他有关轴线的交点。测设完成最后一个交点后，用钢尺检查各相邻轴线桩的间距是否等于设计值，误差应小于 1/3 000。

测设完 A 轴上的轴线点后，用同样的方法测设 5 轴、A 轴和 C 轴上的轴线点。如果建筑物尺寸较小，也可用拉细线绳的方法代替经纬仪定线，然后沿细线绳拉钢尺量距。

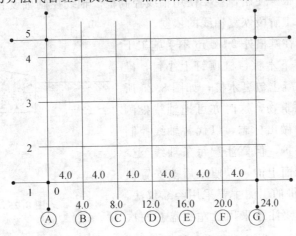

图 8.23 建筑物细部轴线定位放样

当各细部放样点测设好后，应在测设位置打木桩（桩上中心处钉小钉），这种桩称为中心桩。然后以细部轴线为依据，按基础宽度和放坡要求用白灰撒出基槽开挖边界线。由于在开挖基槽时，角桩和中心桩要被挖掉，为了便于在施工中恢复各轴线位置，应把各轴线延长到基槽外安全地点，并做好标志，通常要求在同一轴线上建筑物的两侧各测设两个控制桩引桩，这样可以方便地进行后期地面以下（或以上）部分的施工放样及轴线投测工作。在施工的建筑物外围，引测轴线的方法主要有设置龙门板和轴线控制桩两种形式。

1. 设置龙门板

在小型民用建筑施工中，常将各轴线引测到基槽外的水平木板上。水平木板称为龙门板，固定龙门板的木桩称为龙门桩，如图 8.24 所示。设置龙门板的步骤如下：

①在建筑物四角与隔墙两端，基槽开挖边界线大约 2 m（根据土质情况和挖槽深度确定）以外，设置龙门桩。龙门桩要钉得竖直、牢固，龙门桩的外侧面应与基槽平行。

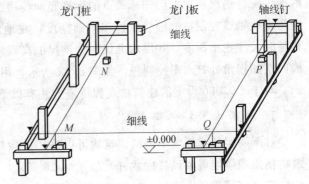

图 8.24 龙门板

②根据施工场地的水准点，用水准仪在每个龙门桩外侧测设出该建筑物室内地坪设计高程线（即 ±0.000 标高线），并做出标志。

③沿龙门桩上 ±0.000 标高线钉设龙门板，这样龙门板顶面的高程就同在 ±0.000 的水平面上。然后，用水准仪校核龙门板的高程，如有差错应及时纠正，其允许误差为 ±5 mm。

④在点 N 安置经纬仪,瞄准点 P,沿视线方向在龙门板上定出一点,用小钉做标志,纵转望远镜,在点 N 上也钉一个小钉。用同样的方法,将各轴线引测到龙门板上,所钉之小钉称为轴线钉。轴线钉定位误差应小于±5 mm。

⑤用钢尺沿龙门板的顶面检查轴线钉的间距,其相对误差不应超过 1/15 000。经校检合格后,以轴线钉为准,将墙边线、基础边线、基础开挖边线等标定在龙门板上。

恢复轴线时,将经纬仪安置在一个轴线钉上方,照准相应的另一个轴线钉,其视线即为轴线方向,往下转动望远镜便可将轴线投测到基槽或基坑内,也可用细线绳将相对的两个轴线钉连接起来,借助于锤球,将轴线投测到基槽或基坑内。

2. 设置轴线控制桩

由于龙门板需要较多木料,施工成本高,而且占用场地,使用机械化施工时容易被破坏,因此在现在的建筑施工中,已很少使用,主要使用轴线控制桩。轴线控制桩设置在基槽外基础轴线的延长线上,作为开槽后各施工阶段恢复轴线的依据。

轴线控制桩一般设置在基槽外 2~4 m 不受施工干扰并便于引测的地方,打下木桩,桩顶钉上小钉,准确标出轴线位置,并用混凝土包裹木桩,如图 8.25 所示。如附近有建筑物或构筑物,这时亦可把轴线投测到建筑物或构筑物上,并做出标志,以代替轴线控制桩,使轴线更容易得到保护,但要注意每条轴线至少应有一个控制桩是设在地面上的,以便今后能安置仪器来恢复轴线。轴线控制桩的引测主要采用经纬仪法,当引测到较远的地方时,要注意采用盘左和盘右两次投测取中法来引测,以减少引测误差和避免错误的出现。

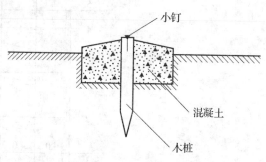

图 8.25 轴线控制桩

8.2.3 建筑物高程竖向传递

在建筑物施工中,为控制基础±0.000 以下各层标高和±0.000 以上各层楼面标高,要由施工场地内的已知水准点向下或向上传递高程。由于建筑物一般采用相对标高,因此在建筑物施工前要根据场地已知水准点放样出±0.000 标高位置,作为基础和施工层面上的标高依据。

对于±0.000 以下的标高传递,可以应用前述的深基坑的高程放样方法来进行标高传递,即用水准仪配合钢尺将地面已知标高点的标高竖向传递到基槽内。具体做法是:在基础开挖前,要根据龙门板或轴线控制桩的轴线位置和基础宽度,在地面上用白灰放出基础的开挖边线。开挖基槽时,要随时关注挖土深度,并用水准仪配合钢尺的高程放样方法根据地面已知标高点每隔 2~3 m 在基槽四壁和拐角处打水平控制桩,如图 8.12 所示,用以控制挖槽深度及基础构件的施工。

对于±0.000 以上的建筑物高程传递方法有以下几种。

1. 利用皮数杆传递高程

对于高程传递要求不高的建筑物可以采用皮数杆来传递高程。在首层±0.000 标高线起,在建筑物拐角或隔墙等处设置皮数杆,如图 8.26 所示,且在皮数杆上面标明门窗、楼板、过梁等构件的标高。底层砌筑完成后,则可从底层皮数杆一层一层往上接,即可将标高竖向传递到各楼层。在接杆时要注意检查下层皮数杆位置是否正确。

2. 利用钢尺直接丈量

对于高程传递要求较高的建筑物,通常用钢尺直接丈量来传递高程。选择高程竖向传递的位置时,应满足上下贯通,竖直量尺的条件。主要为结构外墙、边柱或楼梯间电梯井、塔吊的塔身等处。一般结构高程至少要由3处向上传递，以便于施工层校核使用。传递步骤如下：

(1) 用水准仪根据统一的±0.000水平线，在各传递点处准确地测出相同的起始高程线（通常测设+0.5 m标高线，也称50线，是该层地面施工及室内装饰时的标高控制线），并做标定。

(2) 用钢尺自+0.5 m起始标高线沿竖直方向根据层高向上量至施工层，并在该施工层上画出+0.5 m水平线，各层的高程线均应由+0.5 m起始高程线向上直接量取，当高差超过一整尺段时，则在该层用水准仪精确地测设第二起始标高线，作为继续向上传递的依据。

(3) 将水准仪安置在施工层，校测由下面传递上来的各水平线，校差应在±3 mm之内，并取

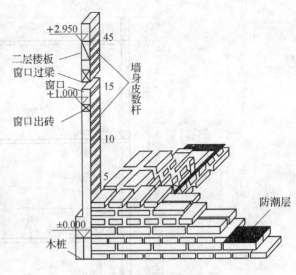

图8.26 墙体皮数杆的设置

其平均值，以确保误差控制在最低限度内。在各层抄平时，应后视两条水平线以做校核。

技能提示

在利用钢尺传递标高中要注意，由起始高程线传递高程时，所用钢尺应经过检定，尺身铅直、拉力标准，并应进行尺身及温度改正，且做到专尺专用；测设水平线，要尽可能做到前后视距等长，以削弱仪器误差的影响，提高水平线的精度；超高层建筑高程传递时，最好每隔十层重新设置一次统一的起始高程水平线，且应校测、闭合、调节其高差，以确保其误差控制在最低范围内。

---

3. 悬吊钢尺法（水准仪高程传递法）

根据建筑物的具体情况也可以用水准仪配合钢尺来竖向传递高程，其原理与前述深基坑高程放样原理相同。如图8.27所示，以第二层为例，设由首层+50 mm标高线为起始高程，向二层传递+50 mm标高线。具体做法为：首先从楼面上（或楼梯间、垂准孔）悬吊一钢尺，钢尺下端挂重锤。然后分别在首层与二层安置水准仪，则图中各读数间存在方程$(a_2-b_2)-(a_1-b_1)=l_1$，l_1为首层设计层高，由此解出b_2理论读数为

$$b_2 = a_2 - l_1 - (a_1 - b_1) \tag{8.15}$$

在进行第二层的水准测量时，上下移动水准尺，使其读数为b_2，沿水准尺底部在墙面上画线，即可得该层的+50 mm标高线。同理，可以向上传递其他各施工层的+50 mm标高线的位置。

4. 全站仪天顶测高法

全站仪天顶测高法是使用全站仪的测距功能，在全站仪目镜上加弯管，直接测量垂距。此法可测得较长段垂距，解决了钢尺量距受尺长的限制，且可以控制钢尺逐段丈量累计误差。其测量方法是：如图8.28所示，利用建筑物中的投射孔（或电梯井等），在底层投测点上安置全站仪，置平望远镜（全站仪显示垂直角为0°或天顶距为90°），读取竖立在首层起始标高线（+50 mm）上水准尺的读数为a_1，a_1即为全站仪横轴至首层起始标高线（+50 mm）的仪器高。将望远镜指向天顶（全站仪显示竖直角90°或天顶距为0°），把一块制作好的40 cm×40 cm中间开了一个ϕ30 mm圆孔的铁板，安置在需传递高程的第i层层面垂准孔上，使圆孔的中心对准测距光线（由观测员在全站仪望远镜中观察指挥），将棱镜扣在铁板孔上，操作全站仪测距，得距离d_i。然后在第i层安置水准仪，在棱镜底面上立一根水准尺，设其读数为a_i，在第i层+50 mm标高线附近立另一根水准尺，

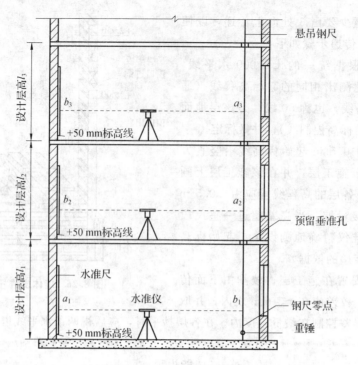

图 8.27 悬吊钢尺法

设其上读数为 b_i，则有下列方程成立

$$H_i = a_1 + d_i - c + (a_i - b_i) \tag{8.16}$$

式中 H_i——第 i 层楼面的设计高程（以建筑物的 ± 0.000 起算）；

a_1——首层起始标高位置水准尺读数；

d_i——仪器至棱镜垂距；

c——棱镜中心至棱镜底面间距（棱镜常数）；

a_i——棱镜底面上水准尺读数；

b_i——前视放样点水准尺读数。

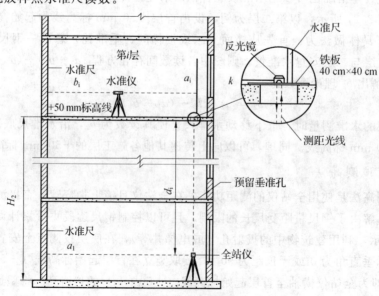

图 8.28 全站仪天顶测高法

由式（8.16）可以解出 b_i 为

$$b_i = a_1 + d_i - c + (a_i - H_i) \tag{8.17}$$

上下移动第 i 层前视水准尺，使其读数为 b_i，沿水准尺底部在墙面上画线，即可得到第 i 层的 $+50$ mm 标高线。

5. 三角高程测量法

全站仪天顶测高法是适用于利用建筑物的内控点来传递高程，除此以后还可以应用全站仪高程放样方法，即利用轴线控制桩（外控点）高程来竖向传递高程，如图 8.29 所示，其测量方法与前述全站仪高程放样方法相同。

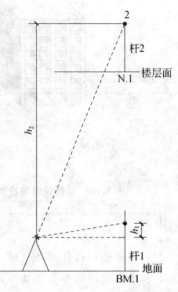

图 8.29 三角高程测量示意图

8.2.4 高层建筑物轴线竖向投测

高层建筑物施工测量中的主要问题是控制垂直度，就是将建筑物的底层轴线准确地向高层引测，并保证各层相应轴线位于同一竖直面内，控制竖向偏差，使轴线向上投测的偏差值不超限。高程建筑物竖向偏差将直接影响到工程受力情况，因此，在施工过程中对建筑物各部位的水平位置、垂直度及轴线尺寸、标高等投点的精度要求都十分严格，对质量检测的允许偏差也有严格要求。例如，层间标高测量偏差和竖向测量偏差均不应超过 ± 3 mm，建筑全高（H）测量偏差和竖向偏差不超过 $3H/10\,000$ m，且 30 m $< H \leqslant$ 60 m 时，不应大于 ± 10 mm；60 m $< H \leqslant$ 90 m 时，不应大于 ± 15 mm；90 m $< H$ 时，不应大于 ± 20 mm。

高程建筑轴线投测的方法，应视场地大小、投测精度要求和现有仪器设备等决定。常用的方法主要有外控法和内控法两种。当建筑物高度在 50 m 以下时，宜使用外控法；当建筑物高度大于 50 m 时，宜使用内控法，内控法宜使用激光经纬仪或激光铅垂仪。不论采用哪种方法，投测轴线前，都必须在基础完工后，根据建筑场地平面控制网先校测轴线控制桩桩位，再将建筑物的周边轴线和各细部轴线精确地弹测到 ± 0.000 首层平面上作为向上投测轴线的依据。

1. 外控法

外控法是在建筑物外部，利用经纬仪（或全站仪），根据建筑物轴线控制桩来进行轴线的竖向投测，亦称经纬仪（或全站仪）引桩投测法。

（1）经纬仪引桩投测法。

经纬仪引桩投测法适用于场地四周开阔，能将周边轴线和主轴线延伸到建筑物以外，或附近的多层或高层建筑的屋面上，且延长线或附近的建筑物的屋面上可以安置仪器时常用此法。如图 8.30 所示，某高层建筑的两条中心轴线号分别为 3 和 C，在测设轴线控制桩时，应将这两条中心线的控制桩 3、$3'$、C、C' 设置在距离建筑物尽可能远的地方，以减小投测时的仰角 α，提高投测精度。

基础施工后，应用经纬仪（或全站仪）将 C 和 3 轴精确地投测到建筑物底部并做好标定，如图 8.30 中的 a、a'、b、b'。随着建筑物的不断升高，应将轴线逐层向上传递。方法是将仪器分别安置在控制桩 3、$3'$、C、C' 点上，分别瞄准建筑物底部的 a、a'、b、b' 点，采用正倒镜分中法，将轴线 3 和 C 向上投测至每层楼板上并做好标定。如图 8.30 中的 a_1、a'_1、b_1、b'_1 点为第 i 层的 4 个投测点。4 个轴线控制点投测上来后，应进行角度和距离的检验，合格后再以这 4 个轴线控制点位为基准，根据设计图纸放出该层的其余轴线。

随着建筑物的增高，望远镜的仰角 α 也不断增大，投测精度将随 α 的增大而降低。为保证投测精度，应将轴线控制桩引测到更远的安全地点，或者附近建筑物的屋顶上。操作方法为：将仪器分别安置在控制桩 3、3′、C、C′点上，分别瞄准建筑物底部的 a、a'、b、b'点，以正倒镜分中法将轴线引测到远处。如图 8.31 为将 3、3′、点 C′引测到附近建筑物屋顶上，将点 C 引测到更远的地方。以后就可以将仪器安置在新引测的控制桩上进行投测。

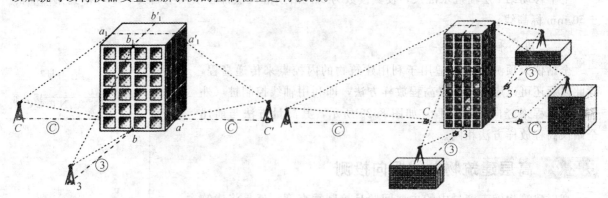

图 8.30　经纬仪竖向投测控制桩　　　　图 8.31　将轴线引测到远处或附近建筑物屋顶上

> **技能提示**
>
> 　　用于引桩投测的经纬仪（或全站仪）应经过严格检验和校正后才能使用，尤其是照准部水准器应严格垂直于竖轴，作业过程中，必须保证照准部管水准器气泡居中，使用全站仪投测时，应打开补偿器。

（2）全站仪投点法。

高层建筑的轴线传递也可采用全站仪投点法进行，此种方法是先计算建筑物的各轴线交点在施工坐标系或测量坐标系中的坐标，然后架全站仪于建筑物外部的坐标控制点上设站，后视另一个已知坐标点定向。建筑物上的投测人员直接随机性地在建筑物上设置点，用棱镜对点，全站仪直接照准棱镜，读出棱镜所在点的坐标，再将全站仪架于棱镜所在点设站，后视地面已知坐标点定向，然后根据全站仪坐标放样方法依次放样出该施工层上的各轴线交点位置。

2．内控法

当施工场地十分狭窄，或无法在建筑物轴线以外安置仪器时，则无法用外控法，此时可采用内控法进行轴线投测。内控法不受施工场地限制，不受外界环境的影响，施测时在建筑物首层测设室内轴线控制网，然后用垂准线的原理，即各层同名轴线应在同一铅垂线上进行竖向投测，故此法也称垂准线投测法。

（1）内控法轴线控制点的设置。

在基础施工完毕后，根据建筑物场地平面控制网，检核建筑物轴线控制桩无误后，选择适当位置设置与轴线平行的辅助轴线。辅助轴线距轴线 500～800 mm 为宜，且在建筑物内水平通视（不受柱等构件影响），并在辅助轴线交点或端点处设置控制点，并埋设标志，作为竖向投测轴线的依据。

室内轴线控制点的布置视建筑物的平面形状而定，对于一般平面形状不复杂的建筑物，可布设成 L 形或矩形控制网。内控点应设置在建筑物角点柱子附近，距柱距离的设置应能保持通视。控制点的数量，应根据房屋平面形状而定，以确保所有控制点连成的辅助轴线能够控制整个建筑物的主轴线为准。施工时，在各层楼板控制点的垂直方向上预留 300 mm×300 mm 洞口（1∶2.5 水泥砂浆将洞口边找平做出 20 mm 高的一个边框，约 50 mm 宽，以防投点时施工用水通过投射孔流落到仪器上），作为内控投测的投射孔（也称为垂准孔）。根据竖向投测使用的仪器和工具不同，又可将内控法分为吊线坠法和激光垂准仪投测法。

(2) 吊线坠法。

如图 8.32 所示，吊线坠法是利用钢丝悬挂重锤球的方法，进行轴线竖向投测。锤球的质量约为 10～20 kg，钢丝的直径约为 0.5～0.8 mm。投测方法如下：在预留孔上面安置十字架，在十字架中心挂上锤球，对准首层预埋标志，当锤球线静止时，固定十字架，并在预留孔四周做出标记，作为以后恢复轴线及放样的依据。此时，十字架中心即为轴线控制点在该楼面上的投测点。将平面上的所有控制点都测设到同一楼层后，再根据同一辅助轴线上的两个控制点放出辅助轴线，检查这些点间的角度和距离，合格后由辅助轴线放出主轴线，再由主轴线用钢卷尺分出建筑物的其余轴线。

此法经济、简易且直观，因此广泛应用于底层建筑施工中。在高层建筑中，一般用于竖向偏差的检测，措施得当能得到可靠的精度。

(3) 激光垂准仪投测法。

①激光垂准仪的原理与使用方法。激光垂准仪是一种专用的铅直定位仪器。适用于高层建筑物、烟囱及高塔架的铅直定位测量。图 8.33 为苏州一光 JC-100 激光垂准仪，它是在光学垂准系统的基础上添加了激光二极管，可以分别给出上、下同轴的两束激光铅垂线，利用向下的激光束照射到地面的光斑进行激光对中操作，对中到内控点上，向上的激光束通过投射孔即可进行控制点竖向投射。

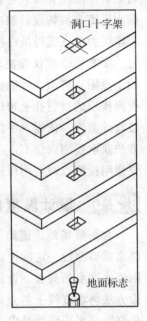

图 8.32 吊线坠法

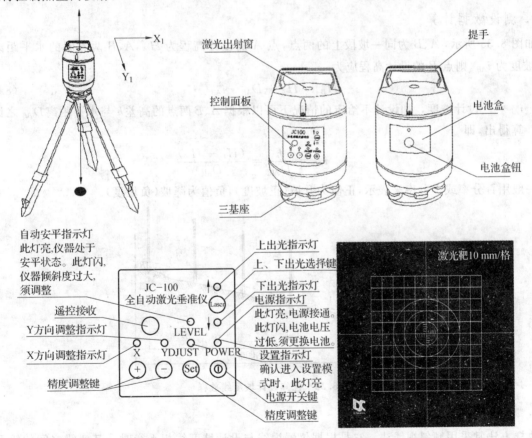

图 8.33 激光垂准仪及激光靶

仪器操作非常简单，在设计投测点位上安置仪器，按电源开关键打开电源；按"上、下光源选择键"使仪器向下发射激光，进行常规的激光对中整平操作安置仪器；再按"上、下光源选择键"切换激光方向为向上发射激光，将仪器标配的网格激光靶安置在目标面上；移动激光靶，使靶心精确地对准激光光斑,将投射轴线点定位在目标面上得控制点 S';依据水平度盘旋转仪器照准部 180°,重复上述操作得点 S'',取点 S' 与 S'' 连线的中点既得最终投测点 S。

②激光垂准仪投测轴线。图 8.34 为激光铅垂仪进行轴线投测的示意图。将激光垂准仪安置在首层投测点位上 C_0,打开电源,在投测楼层的投射孔上可以看见一束红色激光,用激光靶在目标层上接收此激光;依据水平度盘,在对经 180°两个盘位投测取其中点的方法获取投测点位 C,在投射孔旁的楼板面上弹出墨线标记。以后要使用投测点时,用压铁拉两根工程线即可恢复其中心位置。

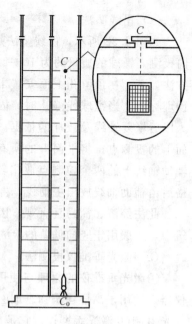

图 8.34 激光铅垂仪轴线投测

8.2.5 设计坡度的测设

在平整场地、道路、坡度管道铺设、排水沟、坡道等工程中,经常需要测设一定的设计坡度进行施工。设计坡度的测设就是根据附近水准点的高程、设计坡度和坡度线端点的设计高程,用高程测设方法将坡度线上各点设计高程测定在地面上的测量工作。例如,公路路线纵面线型是由一系列直线坡段组合而成的,在相邻坡段交接点(变坡点)设置竖曲线。施工过程中,在同一坡段上的中桩,除可分别按其设计高程放样外,也可根据该坡段的纵坡度进行放样。

1. 测设数据计算

如图 8.35 所示,A、B 为同一坡段上的两点,点 A 的设计高程为 H_A,A、B 两点间的水平距离为 D_{AB},坡度为 i_{AB}。则点 B 的设计高程应为

$$H_B = H_A + D_{AB} \cdot i_{AB} \tag{8.18}$$

式中 i_{AB}——设计坡度,如设计不给定的情况下可以根据 A、B 两点的高差 h 与水平距离 D_{AB} 之比计算得出,即

$$i_{AB} = \frac{h}{D_{AB}} = \frac{(H_B - H_A)}{D_{AB}}$$

一般用百分率或千分率来表示,正值为升坡(正坡度),负值为降坡(负坡度)。

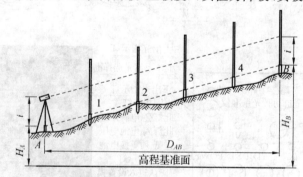

图 8.35 已知设计坡度线放样

2. 放样方法

放样方法常采用倾斜视线法,它是根据仪器视线与设计坡度线相平行时,其两线之间的铅垂距离处处相同的原理,确定设计坡度线上各点高程位置的放样方法。如图 8.35 所示,已知坡度线 AB 的放样步骤如下:

(1)按本模块 8.1.3 所述的一般高程放样方法分别在 A、B 两点测设出高程为 H_A、H_B 的位置。

(2)将水准仪架在点 A,使水准仪的一个脚螺旋位于 AB 方向上,另两个脚螺旋的连线与 AB 方向

垂直,量出望远镜中心至点 A(高程为 H_A)的铅垂距离即仪器高 i。

(3) 在点 B(高程为 H_B)竖立水准尺,用望远镜瞄准点 B 的水准尺,并转动在 AB 方向上的脚螺旋,使十字丝的横丝对准水准尺上读数为 i 处,这时仪器的视线即平行于设计坡度线。

(4) 在点 A、B 之间的 1,2,3,… 点立尺,上下移动水准尺使十字丝的横丝对准水准尺上读数为 i 处,此时尺底的位置即在设计坡度线上。

当设计坡度较大时,除上述第一步工作必须用水准仪外,其余工作可改用经纬仪进行测设。

在已知坡度线放样中,也可用木条代替水准尺。量取仪器高 i 后,选择一根长度适当的木条,由木条底部向上量仪器高 i 并在相应位置画红线;把画有红线的木条立在点 B(高程为 H_B),调节仪器使十字丝横丝瞄准红线;把画有红线的木条依次立在放样位置 1,2,3,…,上下移动木条,直到望远镜十字丝横丝与木条上的红线重合为止,这时木条底部即在设计坡度线上。用木条代替水准尺放样不仅轻便,而且可减少放样出错的机会。

8.3 圆曲线的测设

8.3.1 圆曲线的主点要素的计算

在目前工程建设中,为了追求建构筑物外观的独特和美观,往往除了直线形的建构筑物外,还有由圆曲线与直线等线形所组成的异形建构筑物;另外,在施工场区道路、城市道路、公路及管线工程建设中,当线路改变方向时,为了保证行车安全或渠道通畅,也要经常用圆曲线连接,以缓和线形变化。由此,圆曲线测设也是工程建构筑物放样的组成部分之一。在进行平面圆曲线的测设工作之前,首先要进行曲线要素及主点的里程(或坐标)计算。

如图 8.36 所示,圆曲线有 3 个重要点位,即直圆点 ZY(曲线起点)、曲中点 QZ(曲线中点)、圆直点 YZ(曲线终点),称为圆曲线的三主点。

1. 圆曲线元素的计算

要定出圆曲线三主点位置及里程,需知道下列圆曲线元素:

(1) 转折角 $\beta_右$,是线路右侧在交点 JD 处的转折角,此值一般用经纬仪实地测得。

(2) 转向角 α,是线路原方向的延长线转至另一方向间的夹角,一般由转折角计算得出。

当 $\beta_右 < 180°$ 时,则 $\alpha_右 = 180° - \beta_右$,此时路线由原方向向右偏转,称 $\alpha_右$ 为右转向角或右偏角。

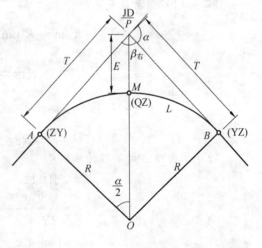

图 8.36 圆曲线元素

当 $\beta_右 > 180°$ 时,则 $\alpha_左 = \beta_右 - 180°$,此时路线由原方向向左偏转,称 $\alpha_左$ 为左转向角或左偏角。

(3) 圆曲线半径:R,是根据地形条件和规范要求等条件设计选定的圆曲线半径值。

(4) 切线长:T,是由交点 JD 至曲线起点 ZY 或曲线终点 YZ 的距离。

(5) 曲线长:L,由曲线起点到曲线终点的弧长。

(6) 外矢距:E,由交点 JD 至曲中点 QZ 的距离。

(7) 切曲差:D,是两倍的切线长与曲线长之差。

如图 8.36 所示,根据 α 和 R 可从图形中解得其他曲线元素如下:

$$切线长 T \quad T = R \tan \frac{\alpha}{2} \tag{8.19}$$

$$\text{曲线长 } L \qquad L = \frac{\pi}{180}R\alpha \tag{8.20}$$

$$\text{外矢距 } E \qquad E = R\left(\sec\frac{\alpha}{2} - 1\right) \tag{8.21}$$

$$\text{切曲差 } D \qquad D = 2T - L \tag{8.22}$$

2. 圆曲线主点桩号的计算

在圆曲线中线测试中，路线交点（JD）的里程桩号是实际丈量的，而曲线主点的里程桩号是根据交点的里程桩号和曲线元素推算而得的。其计算步骤如下：

```
        交点              JD              里程
                          －)              T
        圆曲线起点        ZY              里程
                          ＋)              L
        圆曲线终点        YZ              里程
                          －)              L/2
        圆曲线中点        QZ              里程
                          ＋)              D/2
        校核              JD              里程
```

线路里程以"千米＋米"的形式表示。如某点距线路起点为 2 468.37，则该点的里程桩号位 2K+468.37，曲线主点里程桩号应加注桩名称，如 JD2K+468.37。

【例 8.1】 路线交点 JD.12 的里程为 K8+518.88，转角 $\alpha = 104°40'$，圆曲线半径 $R = 30$ m，求圆曲线的主点里程。

解 (1) 圆曲线元素的计算：

$$T/\text{m} = R\tan\frac{\alpha}{2} = 30 \times \tan\frac{104°40'}{2} = 38.86$$

$$L/\text{m} = \frac{\pi}{180°}\alpha R = \frac{\pi}{180°} \times 104°40' \times 30 = 54.80$$

$$E/\text{m} = R\left(\sec\frac{\alpha}{2} - 1\right) = 30 \times \left(\sec\frac{104°40'}{2} - 1\right) = 19.09$$

$$D/\text{m} = 2T - L = 2 \times 38.86 - 54.80 = 22.92$$

(2) 圆曲线主点里程计算：

```
        JD.12                     K8+518.88
        －) T                         38.86
        ZY                        K8+480.02
        ＋) L                         54.80
        YZ                        K8+534.82
        －) L/2                       27.40
        QZ                        K8+507.42
        －) D/2                       11.46
        校核    JD.12             K8+518.88
```

8.3.2 圆曲线的主点测设

在圆曲线元素及主点里程桩号计算后，当设计给定的定位条件是两切线方向及其交点，如图 8.37 所示，交点 JD.2 和两个切线 JD.1 和 JD.3 方向已定，则可按下述方法在实地进行主点位置的测设。

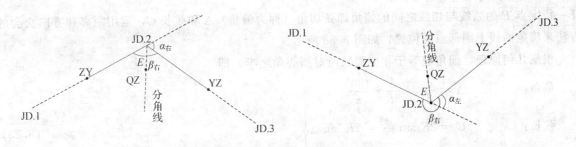

图 8.37 圆曲线主点测设

1. 曲线起点的测设

将经纬仪安置于 JD.2 上，照准线路后视方向交点 JD.1 定线，从 JD.2 点沿视线方向量出切线长 T，得曲线起点 ZY，打里程桩标定其点位，并检查该点至最近一个直线里程桩的距离，若该距离与两桩号之差相等或相差在容许范围内，则表明 ZY 点位测设正确，否则应查明原因并纠正。

2. 曲线终点的测设

将仪器照准线路前视方向交点 JD.3，由 JD.2 沿视线方向量取切线长 T，即得曲线终点 YZ，并打下里程桩。

3. 曲线中点的测设

在交点 JD.2，将望远镜照准前视点 JD.3（或后视点 JD.1），配置水平度盘读数为 0°，松开望远镜水平制动螺旋，转动望远镜至水平度盘读数为 $(180°-\alpha_右)/2$ 或 $(180°-\alpha_左)/2$ 的角分线方向（指向曲线圆心），如图 8.37 所示，由 JD.2 量取外矢距 E，得曲线中点，并打下 QZ 点里程桩。

8.3.3 圆曲线的细部测设

圆曲线 3 个主点测设结束后，如果曲线长度超过 40 m 或地形变化较大时，施工中仅靠 3 个主点往往无法满足施工要求，为了满足线形和施工的需要，除了测设曲线的 3 个主点外，还要每隔一定的桩距 l 设置曲线桩，进行曲线加密，这项工作称为圆曲线细部的测设。根据地形情况和曲线半径大小，一般每隔 5 m、10 m、20 m 测设一点，在建筑物施工中往往要求细部点的设置更密集，桩距 l 在 2 m 到 5 m 之间。

1. 圆曲线上设桩方法

（1）整桩距法。整桩距法是从圆曲线起点或终点按整桩距 l 连续向曲线中点设桩，直至最后一个桩至曲线中点的距离不足一个整桩距为止。此种设桩方法，除加设在曲线上的百米桩和公里桩外，其余在曲线上增设桩的里程桩号均不为整数。如起点桩号为 K8+490.45，整桩距 l 为 5 m，则第一个增设桩里程桩号为 K8+495.45。

（2）整桩号法。

整桩号法是由曲线起点或终点起到第一个加桩，采取凑成整桩距 l 的整倍数，桩距不是整数，但桩号为整桩号（如起点桩号为 K8+490.45，整桩距 l 为 5 m，则第一个凑整桩号为 K8+495，桩距为 4.55 m），其余各桩按整桩距连续设置。此种方法设桩，除曲线上个别加桩外，其余加桩里程桩号均为整数。

2. 圆曲线细部测设方法

圆曲线细部测设常用方法有：偏角法、切线支距法和极坐标法。

（1）偏角法。

①偏角法原理。偏角法是一种类似于极坐标法的测设方法，它是利用曲线起点或终点至曲线上

任一待定点 P 的弦线与切线之间的偏角即弦切角（称为偏角）Δ 和弦长 C，运用距离和方向交会的方法来确定曲线上细部点的位置，如图 8.38 所示。

根据几何原理，偏角应等于相应弧长所对圆心角之半，即

$$
\left.\begin{aligned}
\text{偏角：} \quad & \Delta = \frac{\varphi}{2} = \frac{l}{2R} \cdot \frac{180°}{\pi} \\
\text{弦长：} \quad & C = 2R \sin \frac{\varphi}{2} = 2R \sin \Delta \\
\text{弧弦差：} \quad & \delta = l - C \frac{l^3}{24R^2}
\end{aligned}\right\} \quad (8.23)
$$

②计算测设数据。偏角法测设曲线，一般以整桩号法设桩。因而第一个加桩到起点的桩距为小于 l_0 的零数，其弧长称为第一分弧 l_A，其他各桩之间为整弧段（整桩距）l_0，而最末一个加桩到终点又不足整桩距，其弧长称为第二分弧 l_B。如图 8.39 所示，设 l_A、l_B 和 l_0 相对应的圆心角为 φ_A、φ_B 和 φ_0，相对应的偏角为 Δ_A、Δ_B 和 Δ_0，按式（8.23）则有：

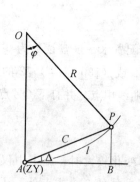

图 8.38 偏角计算示意图

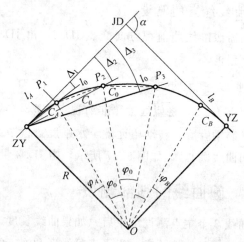

图 8.39 偏角法测设圆曲线原理图

$$
\left.\begin{aligned}
P_1 \text{ 点：} \quad & \Delta_1 = \frac{\varphi_A}{2} = \frac{l_A}{2R} \cdot \frac{180°}{\pi} = \Delta_A \\
P_2 \text{ 点：} \quad & \Delta_2 = \frac{\varphi_A + \varphi_0}{2} = \Delta_A + \Delta_0 \\
P_3 \text{ 点：} \quad & \Delta_3 = \frac{\varphi_A + 2\varphi_0}{2} = \Delta_A + 2\Delta_0 \\
& \quad \cdots\cdots \\
P_{n+1} \text{ 点：} \quad & \Delta_{n+1} = \frac{\varphi_A + n\varphi_0}{2} = \Delta_A + n\Delta_0 \\
\text{终点：} \quad & \Delta_{YZ} = \frac{\varphi_A + n\varphi_0 + \varphi_B}{2} = \Delta_A + n\Delta_0 + \Delta_B \\
\text{弦长：} \quad & C_i = 2R \sin \frac{\varphi_i}{2} = 2R \sin \Delta_i \\
\text{弧弦差：} \quad & \delta_i = l_i - C_i = \frac{l_i^3}{24R^2} \\
\text{式中} \quad & \varphi_i = \frac{l_i}{2R} \cdot \frac{180°}{\pi}
\end{aligned}\right\} \quad (8.24)
$$

由上可知，曲线上各点的偏角等于该点至起点所包含弧段偏角的总和，而以曲线起点至终点的偏角称为总偏角，应等于转角的一半，以此来校核偏角计算的正确性，即

$$\Delta_{YZ} = \Delta_A + n\Delta_0 + \Delta_B = \frac{\alpha}{2} \tag{8.25}$$

一般建设工程中圆曲线半径较大，相邻细部点的弧长较小，l_i/R 的值很微小，因此规范中规定弧长 l 与弦长 C 之差小于 0.01 m 时，容许用弧长替代弦长。根据弧弦差计算公式

$$\delta = l - C = \frac{l^3}{24R^2} \tag{8.26}$$

当 R 为定值时，可反求得弧长 l 的容许值，规范中给出

当 $R \geqslant 150$ m 时，$l=20$ m；

当 150 m$>R>$50 m 时，$l=10$ m；

当 $R \leqslant 50$ mm 时，$l=5$ m。

即当符合上述情况，测设时容许用弧长 l 替代弦长 C，而不再应用弦长，使测设更加简便。

【例 8.2】在本节例 8.1 的基础上，若取用桩距 $l_0=10$ m，试按整桩号法设桩，计算偏角法详细测设圆曲线的测设数据。

解 依据例 8.1 所求圆曲线主点里程和桩距 $l_0=10$ m 的设桩要求，应用公式 （8.24） 所计算的测设数据，见表 8.1 所示。

表 8.1 圆曲线偏角计算表

桩 号	各桩至起点曲线长/m	偏角	度盘偏角读数	相邻桩间弧长 l/m	相邻桩间弦长 C/m
ZY K8+480.02	0.00	0°00′00″	$360°-\Delta_A=350°28′11″$	9.98	9.93
+490	9.98	$\Delta_A=9°31′49″$	0°00′00″	10	9.95
+500	19.98	19°04′46″	$\Delta_0=9°32′57″$	10	9.95
+510	29.98	28°37′43″	$2\Delta_0=19°05′54″$	10	9.95
+520	39.98	38°10′40″	$3\Delta_0=28°38′51″$	10	9.95
+530	49.98	47°43′37″	$4\Delta_0=38°11′48″$	10	9.95
YZ K8+534.82	($l_B=4.82$) 54.80	($\Delta_B=4°36′10″$) 52°18′47″	$4\Delta_0+\Delta_B=42°19′47″$	4.82	4.81
QZ K8+507.42	27.4	26°09′54″	16°38′05″		
校 核	$\frac{\alpha}{2}=52°20′00″$ $\Delta_{YZ}=52°19′47″$ 两者相差点 13″，属计算取位误差				

③测设方法。当用偏角计算表对各加桩偏角、弦长计算完毕后，即可实地进行测设，其具体方法如图 8.40 所示，先将经纬仪置于曲线起点 A （ZY），使水平度盘读数配置为起始读数（$360°-\Delta A$），后视交点 JD 得切线方向。然后转动照准部，使水平度盘读数为 00°00′00″，即得第一个加桩 AP_1 方向，从点 A 沿此方向量取首段弦长 C_A 便得点 P_1；再转动照准部使水平度盘读数为 Δ_0，即得第二个加桩 AP_2 方向，从点 P_1 量出整弧段 l_0 所对的弦长 C_0 与 AP_2 方向相交得点 P_2。同法依次转动照准部，使水平度盘读数分别为

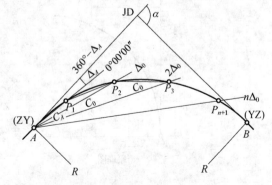

图 8.40 偏角法测设圆曲线

$2\Delta_0$,$3\Delta_0$,…,$n\Delta_0$,即得AP_3,AP_4,…,AP_{n+1}方向,再依次最取弦长C_0与上述方向线相交便得P_3,P_4,…,P_{n+1}等点,最后使水平度盘拨至$n\Delta_0+\Delta_B$,既得AB方向,此时由P_{n+1}点量取尾段弦长CB与AB方向相交,其交点应闭合在曲线终点YZ上。

需要注意的是,用偏角法设置曲线时,若从切线方向开始顺时针拨角(如图8.39的拨角形式),称为正拨,其偏角是正拨偏角;若从切线方向开始逆时针拨角,称为反拨,其偏角是反拨偏角。反拨偏角＝360°－正拨偏角。

④检查。曲线测设至终点的闭合差一般不应超过表8.2规定。

表8.2　曲线测量闭合差

公路等级	纵向闭合差/m		横向闭合差/m		曲线偏角闭合差(″)
	平原微丘区	山岭重丘区	平原微丘区	山岭重丘区	
高速公路、一级公路	1/2 000	1/1 000	10	10	60
二级以下公路	1/1 000	1/500	10	15	120

否则,应查明原因,予以纠正。

偏角法是一种测设精度较高、实用性较强、灵活性较大的常用方法。适用于地势起伏不大、视野开阔的地区。但这种方法若依次从前一点量取弦长,则存在着测点误差累积的缺点,所以测设中宜在曲线中点分别向两端测设或由两端向中点测设。

(2)切线支距法。

①切线支距法原理。切线支距法又称直角坐标法,它是根据直角坐标定位原理,建立一个直角坐标系,用某一点的平面直角坐标x、y测设点平面位置的方法。如图8.41(a)所示,以曲线的起点或终点为坐标原点,坐标原点至交点的切线方向为X轴,坐标原点至圆心的半径为Y轴。曲线上任意一点P即可用坐标值x和y来确定。

②切线支距法坐标的计算。设点P为所要设置的曲线上任意一点,曲线半径为R,P到曲线起点(或终点)的弧长l,相对应的圆心角为φ,如图8.41(a)所示,则点P在直角坐标系下的坐标为

$$\left.\begin{array}{l} x = R\sin\varphi \\ y = R(1-\cos\varphi) \end{array}\right\} \tag{8.27}$$

式中

$$\varphi = \frac{l}{R} \cdot \frac{180°}{\pi}$$

③切线支距法的测设方法。测设时一般都是以曲线中点QZ为界,将曲线分为两部分,分别从曲线起点和终点向中点各测设一半曲线。如图8.41(b)所示,其测设方法如下:

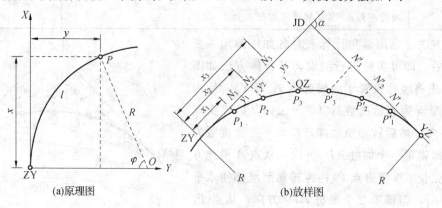

图8.41　切线支距法测设圆曲线

a. 根据曲线桩点的计算资料 $P_i(x_i,y_i)$，从 ZY（或 YZ）点开始用钢尺或皮尺沿切线方向量取点 P_i 的横坐标 x_1、x_2、x_3，得垂足 N_1、N_2、N_3；

b. 在垂足点 N_i 用方向架（或经纬仪）定出切线的垂线方向，沿此方向量出纵坐标 y_1、y_2、y_3，即可定出曲线上点 P_1、P_2、P_3 位置；

c. 校核方法：丈量所定各桩点间的弦长来进行校核，如果不符或超限，应查明原因，予以纠正。

切线支距法适用于平坦开阔地区，方法简便，工效快，一般可不用经纬仪。尤其是该设置方法其测点相互独立，无积累误差。但当纵坐标过大时，测设 y 距的误差会增大，故应选择其他方法进行详细测设。

【例 8.3】 在例 8.1 的基础上，若取用桩距 $l_0=10\text{ m}$，试按整桩距法和整桩号法设桩，计算用切线支距法详细测设圆曲线的测设数据。

解 依据例 8.1 所求圆曲线主点里程和桩距 $l_0=10\text{ m}$ 的设桩要求，应用公式（8.27）所计算的测设数据见表 8.3 所示。

表 8.3(a) 圆曲线支距计算表（整桩距法）

桩号	各桩至起点曲线长 l	x	y	桩号	各桩至起点曲线长 l	x	y
ZY K8+480.02	0.00	0.00	0.00	+514.82	20.00	18.55	6.42
ZY K8+490.02	10.00	9.82	1.65	+524.82	10.00	9.82	1.65
ZY K8+500.00	19.98	18.54	6.41	YZ K8+534.82	0.00	0.00	0.00
QZ K8+507.42	27.40	23.75	11.67				

表 8.3(b) 圆曲线支距计算表（整桩号法）

桩号	各桩至起点曲线长 l	x	y	桩号	各桩至起点曲线长 l	x	y
ZY K8+480.02	0.00	0.00	0.00	+510.00	24.82	22.08	9.69
ZY K8+490.00	0.98	9.80	1.64	+520.00	14.82	14.22	3.59
ZY K8+500.00	19.98	18.54	6.41	+530.00	4.82	4.80	0.39
QZ K8+507.42	27.40	23.75	11.67	YZ K8+534.82	0.00	0.00	0.00

（3）极坐标法。

当地形复杂且量距有困难时，可采用全站仪测设圆曲线，这时采用极坐标法测设就显得极为方便。仪器可以安置在任意控制点上，包括路线交点、转点或任意已知的控制点上，其测设的速度快、精度高。

极坐标法的测设数据主要是计算圆曲线主点和细部点的坐标，然后根据控制点和待测设点的坐标，反算出极坐标法的测设数据（测站至测设点的方位角和水平距离）进行放样。当使用全站仪测设时，可以直接将已知点、圆曲线主点和细部点的坐标上传或手工输入给仪器，应用全站仪极坐标放样方法直接进行放样，则不需要反算测站至测设点的方位角和水平距离。

①圆曲线主点坐标计算。如图 8.42 所示，根据路线交点 JD 及转点 $ZD.1$、$ZD.2$ 的坐标，反算出切线 $ZD.1$-JD 的方位角 θ_1，按照路线转角 α，推算出切线 JD-$ZD.2$ 的方位角 $\theta_2=\theta_1+\alpha$（当路线为左偏时 $\theta_2=\theta_1-\alpha$，$\theta_2<0°$ 时加 360°），分角线 JD-QZ 的方位角为 $\theta_3=\theta_1+\alpha+\dfrac{(180°-\alpha)}{2}=\theta_1+90°+$

$\alpha/2$（当路线为左偏时，$\theta_3 = \theta_1 - \alpha - \frac{(180°-\alpha)}{2} = \theta_1 - 90° - \alpha/2$，$\theta_3 < 0°$时加360°），根据交点JD的坐标及方位角 θ_1、θ_2、θ_3 和切线长 T、外矢距 E，计算出ZY、YZ和QZ点的坐标，其公式为

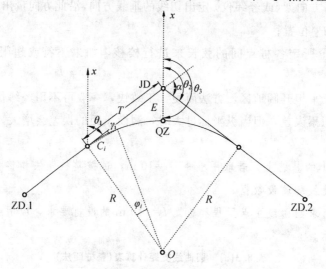

图8.42 极坐标法测设圆曲线

$$\left.\begin{array}{l} x_{ZY} = x_{JD} + T\cos(\theta_1 \pm 180°) \\ y_{ZY} = y_{JD} + T\sin(\theta_1 \pm 180°) \\ x_{YZ} = x_{JD} + T\cos\theta_2 \\ y_{YZ} = y_{JD} + T\sin\theta_2 \\ x_{QZ} = x_{JD} + E\cos\theta_3 \\ y_{QZ} = y_{JD} + E\sin\theta_3 \end{array}\right\} \quad (8.28)$$

②圆曲线细部点坐标计算。根据图8.42中第一条切线的方位角 θ_1 和偏角 $\gamma_i = \varphi_i/2$，推算ZY点至细部点 P_i 的方位角 $\theta_{P_i} = \theta_1 + \gamma_i$（当路线为左偏时 $\theta_{P_i} = \theta_1 - \gamma_i$），再根据弦长 C_i 和ZY点坐标计算细部点的坐标，其公式为

$$\left.\begin{array}{l} x_{P_i} = x_{ZY} + C_i\cos\theta_{P_i} \\ y_{P_i} = y_{ZY} + C_i\sin\theta_{P_i} \end{array}\right\} \quad (8.29)$$

图8.43和表8.4为极坐标法放样圆曲线的测设数据计算实例。

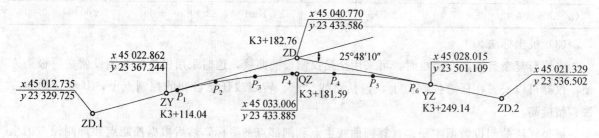

图8.43 极坐标法测设圆曲线实例

表8.4 极坐标法测设圆曲线的数据

曲线桩号	ZY至各桩的曲线长	偏角 γ ° ′ ″	弦长 C/m	方位角 θ ° ′ ″	x 坐标/m	y 坐标/m
ZY K3+114.04	0	0 00 00	0	74 53 38	45 022.862	23 367.244
P1 K3+120.00	5.96	0 34 09	5.96	75 27 47	45 024.358	23 373.013

续表 8.4

曲线桩号	ZY 至各桩的曲线长	偏角 γ ° ′ ″	弦长 C/m	方位角 θ ° ′ ″	x 坐标/m	y 坐标/m
P2 K3+140.00	25.96	2 28 44	25.95	77 22 22	45 028.535	23 392.566
P3 K3+160.00	45.96	4 23 20	45.92	79 16 38	45 031.406	23 412.362
P4 K3+180.00	65.96	6 17 55	65.83	81 11 13	45 032.948	23 432.297
QZ K3+181.59	67.55	6 27 02	67.41	81 20 40	45 033.007	23 433.886
P5 K3+200.00	85.96	8 12 31	85.67	83 06 09	45 033.150	23 452.294
P6 K3+220.00	105.96	10 07 06	105.41	85 00 44	45 032.027	23 472.255
P7 K3+240.00	125.96	12 01 42	125.04	86 55 20	45 029.576	23 492.104
YZ K3+249.14	135.10	12 54 05	133.96	87 47 43	45 028.015	23 501.105

③放样方法。放样方法与全站仪极坐标法放样方法相同。

8.4 安装工程测量

8.4.1 工业厂房预制构件安装测量

工业建筑以厂房为主体，一般工业厂房大多采用预制构件在现场装配的方法施工。厂房的预制构件有柱子（或现场浇注）、吊车梁、吊车车轨和屋架等。因此，工业建筑施工测量的工作主要是保证这些预制构件安装到位。其主要工作包括：厂房矩形控制网测设、厂房柱列轴线测设、基础施工测设、厂房预制构件安装测设等。

1. 厂房矩形控制网的建立

厂房与一般民用建筑相比，它的柱子多、轴线多，且施工精度要求较高，因而对于每幢厂房还应在建筑方格网的基础上，再建立满足厂房特殊精度要求的厂房矩形控制网，作为厂房施工的基本控制。如图 8.44 说明了建筑方格网、厂房矩形控制网和厂房的相互位置关系。

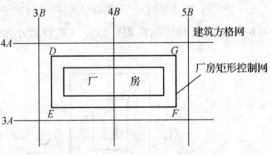

图 8.44 厂房矩形控制网

厂房矩形控制网是根据已有建筑方格网按直角坐标方法建立的，其边长误差应小于 1/10 000，各角度误差小于 ±10″。

2. 厂房柱列轴线测设

厂房矩形控制网建立之后，应根据矩形控制网的矩形控制桩和距离指标桩，用钢尺沿矩形控制网各边安置柱列轴线间距或跨距逐段放样出厂房外轮廓轴线端点及各柱列轴线中心点（即各柱子中心线与矩形边的交点）的位置，并设置轴线控制桩且在桩顶钉小钉，作为厂房细部轴线、柱基放样和厂房构件安装的依据，如图 8.45 所示。

3. 柱基的测设

(1) 混凝土预制柱杯形基础施工测量。

工业厂房大多采用预制牛腿柱，其柱基础用杯形基础，因此，在柱基施工中，对杯口的位置、标高和几何尺寸要求比较严格，作为施工测量人员应精确测设杯口的位置和高程，用于指导施工进行杯形基础模板支设及柱子安装工作。

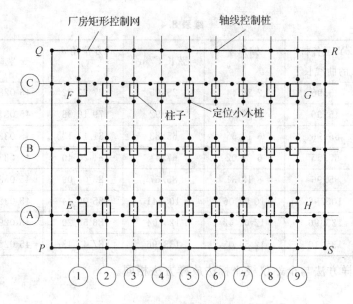

图 8.45 厂房控制网及柱列轴线控制桩

①柱基平面定位放线。柱基测设是根据基础平面图和基础大样图的有关尺寸,把基坑开挖的边线用白灰表示出来,以便开挖基坑。在两条互相垂直的轴线控制桩上各安置一台经纬仪,沿轴线方向交会出柱基的位置。然后在柱基基坑外的两条轴线上打入 4 个定位小木桩(图 8.46),作为修坑和立模板的依据。柱基定位桩应设在柱基开挖范围以外。

在进行柱基测设时,应注意定位轴线不一定都是基础中心线,有时一个厂房的柱基类型不一、尺寸各异,放样时应特别注意。

②基坑的高程测设和基础模板的定位。当基坑挖到一定深度时,应在坑壁四周离坑底设计高程 $0.3\sim0.5\ \text{m}$ 处设置几个水平桩,如图 8.47 所示,作为基坑修坡和清底的高程依据。此外,还应在基坑内测设出垫层的高程,即在坑底设置小木桩,使桩顶面恰好等于垫层的设计高程。

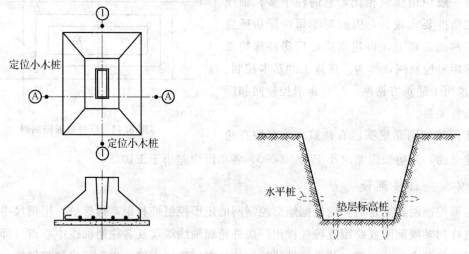

图 8.46 柱基测设　　　　图 8.47 基坑高程测设

打好垫层以后,根据坑边定位小木桩,用拉线吊锤球的方法或用经纬仪把柱基定位线投到垫层上,并弹出墨线,作为柱基立模板和布置基础钢筋网的依据。立模时,将模板底线对准垫层上的定位线,并用锤球检查模板是否竖直。最后将柱基顶面设计高程测设在模板内壁。

(2)钢柱基础施工测量。

钢柱基础定位与基坑底层抄平方法均与混凝土杯形基础相同,其不同点是基坑较深而且基础下面有垫层以及地脚螺栓。其施测方法与步骤如下:

①垫层中线投点和抄平。垫层混凝土凝固后,应在垫层面上投测中线点,并根据中线点弹出墨线,绘出地脚螺栓固定架的位置,以便下一步安置固定架并根据中线支立模板,如图8.48所示。

投测中线时经纬仪必须安置在基坑旁(这样才能看到坑底),然后照准矩形控制网上基础中心线的两端点,用正倒镜法,先将经纬仪中心导入中心线内,而后进行投点。

螺栓固定架位置在垫层上绘出后,即在固定架外框四角处测出四点标高,以便用来检查并整平垫层混凝土面,使其符合设计标高,便于固定架的安装。如基础过深,从地面上引测基础底面标高,标尺不够长时,可采取悬吊钢尺法。

②固定架中线投点与抄平。

a. 固定架的安置。固定架是用钢材制作,用以固定地脚螺栓及其他埋设件的框架(图8.49)。根据垫层上的中心线和所画的位置将其安置在垫层上,然后根据在垫层上测定的标高点,借以找平地脚,将高的地方混凝土打去一些,低的地方垫以小块钢板并与底层钢筋网焊牢,使其符合设计标高。

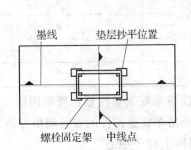

图 8.48 地脚螺栓固定架放线

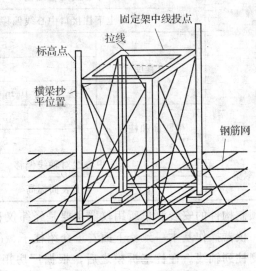

图 8.49 固定架的安置

b. 固定架抄平。固定架安置好后,用水准仪测出4根横梁的标高,以检查固定架标高是否符合设计要求,允许偏差为-5 mm,但不应高于设计标高。固定架标高满足要求后,将固定架与底层钢筋网焊牢,并加焊钢筋支撑。若系深坑固定架,在其脚下需浇灌混凝土,使其稳固。

c. 中线投点。在投点前,应对矩形边上的中心线端点进行检查,然后根据相应两端点,将中线投测于固定架横梁上,并刻绘标志。其中线投点偏差(相对于中线端点)为±1~±2 mm。

③地脚螺栓的安装与标高测量。根据垫层上和固定架上投测的中心点,把地脚螺栓安放在设计位置。为了测定地脚螺栓的标高,在固定架的斜对角处焊两根小角钢,在两角钢上引测同一数值的标高点,并刻绘标志,其高度应比地脚螺栓的设计高度稍低一些。然后在角钢上两标点处拉一细钢丝,以定出螺栓的安装高度。待螺栓安好后,测出螺栓第一丝扣的标高。地脚螺栓不宜低于设计标高,允许偏差为+5 mm~+25 mm。

④支立模板与浇灌混凝土时的测量工作。支模测量与混凝土杯形基础相同。注意基础在浇灌过程中,为了保证地脚螺栓位置及标高的正确,应进行看守观测,如发现变动应立即通知施工人员及时处理。

⑤用木架安放地脚螺栓时的测量工作。为了节约钢材,有的基础不用固定架,而采用木架。这种木架与模板联结在一起,在模板与木架支撑牢固后,即在其上投点放线。地脚螺栓安装以后,检查螺栓第一丝扣标高是否符合要求,合格后即可将螺栓焊牢在钢筋网上。因木架稳定性较差,为了

保证质量，模板与木架必须支撑牢固，在浇灌混凝土过程中必须进行看守观测。

4.厂房预制构件安装

装配式单层工业厂房预制构件主要有柱子、吊车梁、屋架、天窗架和屋面板等。在安装这些构件时，必须使用测量仪器进行严格检测、校正，才能正确安装到位，即它们的位置和高程必须与设计要求相符。厂房预制构件安装测量的容许误差见表8.5。

表8.5 厂房预制构件安装测量允许误差

测量内容			允许偏差/mm
杯形基础	中心线对轴线偏移		10
	杯底安装标高		+0，-10
	混凝土柱（预制）±0标高检查		±3
柱	中心线对轴线偏移		5
	上下柱接口中心线偏移		3
	垂直度	≤5 m	5
		>5 m	10
		≥10 m 多节柱	1/1 000 柱高，且不大于20
	牛腿面和柱高	≤5 m	+0，-5
		>5 m	+0，-8
梁或吊车梁	中心线对轴线偏移		5
	梁上表面标高		+0，-5

厂房预制构件的安装测量所用仪器主要是经纬仪和水准仪等常规测量仪器，所采用的安装方法大同小异，仪器操作基本一致。下面着重介绍柱子、吊车梁及吊车轨道构件的安装测量方法。

①投测柱列轴线。在柱基拆模之后，根据厂房矩形控制网上柱子中心线端点桩，在杯口顶面投测柱中心线，并绘"▼"标志标明，以备吊装柱子时使用，如图8.50所示，中线投点一般有两种方法：一种是将仪器安置在柱中心线的一个端点，照准另一个端点而将中线投到杯口上；另一种是将仪器置于中线上的适当位置，照准控制网柱基中心线两端点，采用正倒镜法进行投点。

另外，为了修平杯底，还须在杯口内壁测设某一标高线，用"▼"标志标明，其一般比杯形基础顶面略低10 cm，且与杯底设计标高的距离为整分米数，以此来修平杯底。

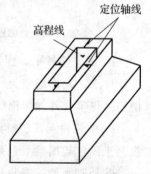

图8.50 柱子杯形基础

②柱身弹线。在柱子吊装前，应将每根柱子按轴线位置进行编号，在柱身的3个侧面（两个小面和任意一个大面）上弹出柱中心线，每一面又需分上、中、下3点做出标志，在柱子根部±0.00或+500 mm部位弹出标高线，以便安装时校正柱子轴线、标高和垂直度。有牛腿的柱子尚应在牛腿顶面上弹出吊车梁的定位线。柱顶要弹出屋架安装定位线。

③柱身长度和杯底标高检查。柱身长度是指从柱子底面到牛腿面的距离，它等于牛腿面的设计标高与杯底标高之差。但柱子在预制时，由于模板制作和模板变形等原因，不可能使柱子的实际尺寸与设计尺寸一样，为了解决此问题，往往在浇注基础时把杯形基础底面高程降低2~5 cm，然后用钢尺量出柱身4条棱线从牛腿顶面沿柱边到柱底的长度，以最长的一条为准，同时用水准仪测定标高，用1∶2水泥砂浆在杯底进行找平。抄平时，应将靠柱身较短棱线一角填高，使牛腿面符合设计高程。

④柱子吊装时垂直度的校正。柱子吊入杯底时，首先应使柱身基本竖直，再令其侧面所弹的中心线与基础轴线重合。然后，在杯口处柱脚两边塞入木楔或钢楔初步固定，再在两条互相垂直的柱列轴线附近，离柱子约为柱高1.5倍的地方各安置一台经纬仪，如图8.51所示，瞄准柱脚中心线后固定照准部，仰起望远镜，瞄准柱子中心线顶部。如重合，则柱子在这个方向上就是竖直的。如不重合，应进行调整，直到柱子两个侧面的中心线都竖直时，立即将水泥砂浆灌在杯形基础里，以固定柱子的位置。

⑤吊车梁的安装测量。安装前先弹出吊车梁的顶面中心线和两端中心线，将吊车轨道中心线投到牛腿面上。其步骤是：如图8.52所示，利用厂房中心线A_1A_1，根据设计轨道间距，在地面上测设出吊车轨道中心线$A'A'$和$B'B'$。然后分别安置经纬仪于吊车轨道中心线的一个端点A'上，瞄准另一个端点A'，仰起望远镜，即可将吊车轨道中心线投测到每根柱子的牛腿面上并弹以墨线。吊装前，要检查预制柱、梁的施工尺寸以及牛腿面到柱底高度，看是否与设计要求相符，如不相符且相差不大时，可根据实际情况及时做出调整，确保吊车梁安装到位。吊装时使牛腿面上的中心线与梁端中心线对齐，将吊车梁安装到牛腿面上。吊车梁安装完后，还应检查吊车梁的高程：将水准仪安置在地面上，在柱子侧面测设+50 cm的标高线，再用钢尺从该线沿柱子侧面向上量出梁面的高度，检查梁面标高是否正确，然后在梁下用钢板调整梁面高程，使之符合设计要求。

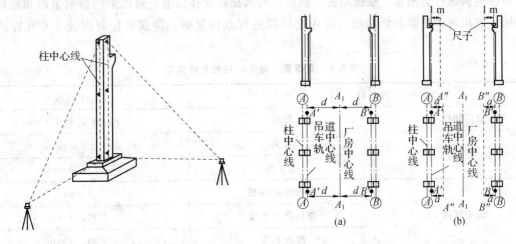

图8.51　柱子垂直度校正　　　　图8.52　吊车梁吊车轨道安装测量

⑥吊车轨道安装测量。安装吊车轨道前，一般须先用平行线法对梁上的中心线进行检测。如图8.51所示，首先在地面上从吊车轨道中心线向厂房中心线方向量出长度$a(1\text{ m})$，得平行线$A''A''$和$B''B''$。然后安置经纬仪于平行线一个端点A''上，瞄准另一个端点A''，固定照准部，仰起望远镜投测。此时另一人在梁上移动横放的木尺，当视线正对准尺上1 m刻划线时，尺的零点应与梁面上的中心线重合。如不重合应予以改正，可用撬杠移动吊车梁，使吊车梁中心线至$A''A''$（或$B''B''$）的间距等于1 m为止。

吊车轨道按中心线安装就位后，可将水准仪安置在吊车梁上，水准尺直接放在轨道顶上进行检测，每隔3 m测一点高程，与设计高程相比较，误差应在±3 mm以内。还要用钢尺检查两吊车轨道间的跨距，与设计跨距相比较，误差应在±5 mm以内。

8.4.2　钢结构安装测量

随着我国的建筑行业快速发展，除了过去常用的砖木结构、混凝土结构外，目前的建筑也大批量地采用钢结构来建造。为此，应掌握钢结构建筑的施工特点及相应的施工测量方法，以保证工程建设的顺利进行。其基本测设程序与工业建筑、民用建筑的施测程序基本相同。钢结构的安装测量放线工作包括控制网的建立、平面轴线控制点的竖向投递、柱顶平面放线、标高传递、钢构件吊装定位测量等内容。

1. 测量控制网的布设

布设测量控制网前，先仔细校核测量仪器，保证每台仪器都处于正常运行状态。根据土建施工单位提供的混凝土结构施工测量成果数据和测量控制桩或基准点，用全站仪和便携式微型激光测距仪进行钢结构安装位置平面和高程的数据复核，并及时将复核结果报相关单位确认后，再引测建筑物主轴线，布设轴线控制网；设置钢结构安装测量控制桩，在周围楼面或混凝土柱、梁上做好显著标记。施工过程中定期复核轴线控制网，确保测量精度。

对现场+50 cm标高基准控制线，进行校核，误差在±3 mm之内，取平均值，然后根据复核结果设立钢结构安装高程控制点，用精密水准仪进行闭合检查，在场区布设3个水准点，相互校核，取平均值作为标高基准点，闭合差控制在±3 mm以内，测设出钢结构安装高程控制网。

2. 钢结构安装过程的测量控制

钢结构安装采取定位测量、焊前、焊后3道测量环节，测量内容为钢构件安装校正中的垂直度测量、中心偏差测量和标高测量，整个测量过程实施跟踪测量。

①预埋地脚螺栓的测量。根据加密控制点，力求提高放样精度，可以采用精密量距和经纬仪测角二测回，放出每个柱脚的纵横线，并用全站仪进行点位复测。将误差控制在表8.6允许的范围之内。

表8.6 支撑面、地脚螺栓的允许偏差　　　　　　　　　　　单位：mm

项　目		允许偏差
定位轴线	轴线	$L/20\,000$，且≤3 mm
支撑面	标高	±2 mm
	水平度	$L/1\,000$
地脚螺栓	螺栓中心偏移	5 mm
	螺栓露出长度	+30，0 mm
	螺纹长度	+30，0 mm
预留孔中心偏移		10 mm

在预埋件安装之前，首先对预埋件的中心线及相对标高进行标识。当预埋件就位后，应对预埋件作标高和垂直度实测。根据实测结果控制下一个预埋构件，以便提前通过临时固定板及处理端部来进行控制。

②柱标高与柱垂直度的测量。每安装一节钢柱前，首先在钢柱上标设上、下中心线及相对标高，当钢柱安装后，应对柱顶做一次绝对标高实测，然后根据实测值来控制下一节钢柱的标高，以便提前通过临时固定板及处理端部来进行控制。

钢柱垂直控制是用两台经纬仪置于柱基相互垂直的两条轴线上，从两个轴线方向校正垂直度，用经纬仪在轴线上投射钢柱的上、下基准点标识即可。

3. 钢柱的吊装测量

①钢柱吊装的测量程序，如图8.53所示。

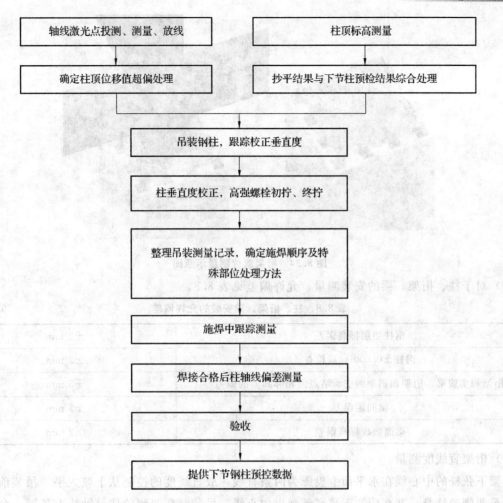

图 8.53 钢柱吊装的测量程序

②安装测量的允许误差。钢柱安装的允许偏差见表 8.7。

表 8.7 钢柱安装的允许偏差　　　　　　　　　　　　　　　　单位：mm

项　　目		允许偏差
柱子定位轴线		1 mm
地脚螺栓位移		2 mm
柱脚底座中心线对定位轴线的偏移		3 mm
柱基准点标高		±2 mm
挠曲矢高		$H/1\,200$，且$\leqslant 15$ mm
同一层柱顶标高		±5 mm
柱轴线垂直度	单节柱（$H>10$ m）	$H/1\,000$，且$\leqslant 10$ mm
	单节柱（$H\leqslant 10$ m）	$\leqslant 5$ mm
	总高 H	$3H/10\,000$，且$\leqslant 30$ mm
主体结构整体平面弯曲	总长 L	$L/1\,500$，且$\leqslant 25$ mm

4. 桁架的吊装测量

（1）桁架的就位测量。

将纵横轴线引测至成品固定支座顶面，并在桁架支座部钢板上画十字中心线来控制桁架就位。如图 8.54 所示。

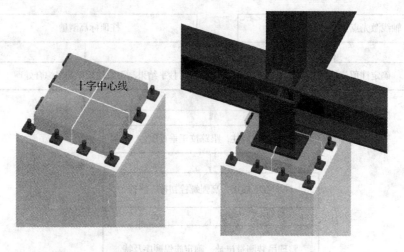

图 8.54 桁架就位测量示意图

(2) 对于柱、桁架、梁的安装测量,允许偏差见表 8.8。

表 8.8 柱、桁架、梁安装的允许偏差　　　　　　　　　　　　　　　　单位:mm

钢柱垫层标高误差	±2 mm
钢柱±0.000 标高检查	±2 mm
桁架和实腹梁、桁架和钢架的支承结点间相邻高差的偏差	±5 mm
梁间距误差	±3 mm
梁面垫板标高误差	±2 mm

(3) 桁架直线度测量。

桁架下弦杆的中心线在水平面上投影为两条直线,故直线度的控制从下弦入手。吊装前在将轴线引测至两侧砼柱身,并在桁架下弦底部弹出中心线;吊装时在两侧砼柱前轴线上各架一台经纬仪在,观测员先照准柱身轴线,再向上观测下弦中心线是否与目镜中丝重合,不重合则调整,直至符合规范要求。

在桁架安装后应使其中心面垂直于地面,其测量方法如下:

在桁架正下方的地面混凝土平台上架设两台经纬仪进行测量,如图 8.55 所示。桁架就位、加固后,首先将两支座中心线投测至地面,作为观测基线,分别在下弦及下弦外侧边理论投影位置线上架设经纬仪,垂直向上观测,检查各弦杆边偏移量,每根弦杆抽取 3 点做比较、分析,去除制作误差因素,可得出实际垂直偏差。在得出垂直偏移量后,利用揽风绳对桁架各部分进行适当调整,待相邻桁架与其间檩架安装完毕后方可将其拆除。

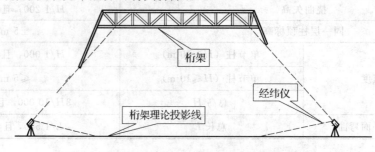

图 8.55 桁架直线度测量示意图

(4) 桁架标高控制。

桁架的标高控制可以利用水准仪或钢尺向上传递，也可以应用全站仪通过三角高程测量或天顶测高法，根据水准基点，将标高传送至支撑架顶部的千斤顶上，并以此做千斤顶调节标高的依据。

应用全站仪天顶测高法进行高程引测的具体做法是：如图 8.56 所示，在一焊后的钢柱翼面垂直焊接一 500 mm 长的任意型钢，在型钢的最下面贴上一激光反射贴片，反射面朝下，型钢面通过水平尺调平。然后架设仪器于首层激光反射贴片的正下方，后视全站仪于首层贴在标高基准线上的激光反射贴片（后视标高为 H_0），得出此时仪器与后视点的高差为 Z_1，将此仪高值输入全站仪以刷新此状态下的仪器参数，然后旋转仪器照准部，通过全站仪的弯管目镜瞄准仪器上方位于型钢底部的激光反射贴片的中心，观察仪器的数字化面板，记录下此时的高程坐标值 Z_2，计算此时引测至目标点处的基准标高为 $H = H_0 + Z_1 + Z_2$。

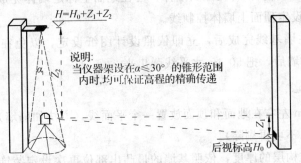

图 8.56 标高基准点垂直引测示意图

8.4.3 建筑装饰工程施工测量

1. 地面装饰工程的施工测量

(1) 由于沉降等原因，首层地面标高可能与设计图纸不符，因此，在装饰工程施工前应根据已校核的水准点，测设首层±0.000 标高，并以此标高为基准进行装饰标高的竖向传递。各层各段的标高控制点为 3 个，以利于闭合校差。装饰标高的传递方式与建筑标高传递方法相同。

(2) 测设 50 cm 水平控制线：50 cm 水平控制线的测设允许误差应符合表 8.9 的要求。室内的 50 cm 水平线是控制地面标高、门窗安装等项目的重要依据，在弹墨线时应注意墨线的宽度不得大于 1 mm，防止误差扩大。

表 8.9 装饰工程施工测量精度要求

项 目		精度要求
水平线 （室内、室外）		①每 3 m 两端高差小于±1 mm ②同一条水平线的标高允许误差为±3 mm
铅垂线	室内	经纬仪两次投测较差小于 2 mm
	室外	高于 1/3 000

(3) 用水准仪检测地面面层的平整度和标高时，水准仪的间距应符合大厅应小于 5 m、房间应小于 2 m 的要求。

2. 吊顶工程的施工测量

(1) 根据已弹出的 50 cm 楼层水平控制线，用钢尺量至吊顶的设计标高，并在四周的墙上弹出水平控制线。其允许误差应符合表 8.9 的要求。

(2) 顶板上弹出十字直角定位线，其中一条线应确保和外墙平行，以保证美观，并以此为基础在四周墙上的吊顶水平控制线上弹出龙骨的分档线。

（3）对于装饰物较多、工艺较复杂的房间，在吊顶前将其设计尺寸在铅垂投影的地面上按 1∶1 放出大样，后投点到地面，确保位置正确。

3. 隔墙（隔断）施工测量

（1）依照装饰建筑物或构筑物或其他外部的某一固定建筑控制点与控制线，经设计确定作为装饰施工放线的基准点与线。

（2）按设计平面图的隔墙（隔断）位置，根据装饰基准点与线，先行在地面上标定墙体完成面定线（可用墨斗弹线设定）。

（3）若隔墙（隔断）延至两端或一端有墙体连接的，可用红外线仪器以地面墙界线放线于已有的墙体上，再向上延伸至该墙顶；若无端头墙体，可在地面上标定墙体完成面定线的有效距离段上按序利用吊锤（线锤），设定顶面上墙体控制线。

（4）室内门洞位置在墙基线完成后，立即依照设计图纸设定，以免在墙体施工中遗漏门洞设置，造成返工损失。砌完墙后，把 50 cm 水平线弹出来。

4. 墙立面施工测量

（1）沿墙线离墙 2 cm 左右在地面和顶面放置一个平面线（方法如隔墙），用来检查和确定基墙的最凸出部位（该部位已不可再剔除）。

（2）根据装饰墙面结构层的厚度，依照基墙的最凸出部位再次设定装饰墙面的完成面界限（完成面）。

（3）墙立面装饰造型放线是根据设计图上的几何尺寸及位置要求及施工材料的具体状况而设定在墙立面上。通过放置控制线，一般为基层完成面线和面层完成面线，若墙基体本身不平整，则还加放一条墙体结构基准线。让施工人员按照要求施工，达到装饰完美的效果。

5. 抹灰施工测量

内墙抹灰为保证抹灰层阴角的方正，采取各边借墙体边线 15 cm 弹设控制线，据此控制线采用吊线锤吊测至墙立面后，并以此为基线打灰饼。顶棚抹灰为控制其水平，用 50 cm 水平线向上量至天棚下 10 cm 弹设水平通线，以此水平线控制天棚抹灰层的水平。

6. 门窗安装的测量

门窗安装为保证其在外墙面的整体美观，在外墙面楼层标高处弹设水平通线且在门窗两端外各 30 cm 处弹设一根竖直通线，作为门窗安装的控制线。门窗安装同时协调外墙面砖的排砖尺寸，适当调整门窗位置。

7. 楼梯装饰施工测量

楼梯踏步的高度，以楼梯间结构层的标高结合楼梯上下级踏步与平台、走道连接处面层的做法进行划分，为保证楼梯踏步的均匀性，在踏步装饰前放设出踏步分步线。楼梯踏步的起步线采取各楼层吊通线综合排定，并计算出各级踏步的高与宽，在墙面上弹设出分步标准斜线，即踏步宽度与高度相交线，并以此为基准控制各级踏步面层施工。

【重点串联】

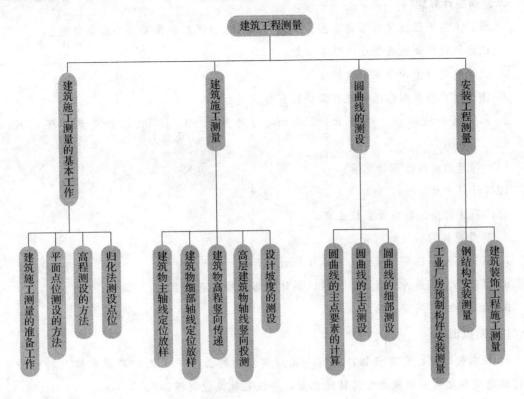

【知识链接】

《工程测量规范》（GB/T 50026—2007）

拓展与实训

职业能力训练

一、单选题

1. 设 A、B 为平面控制点，已知：$\alpha_{AB} = 26°37'$，$x_B = 287.36$，$y_B = 364.25$，待测点 P 的坐标 $x_P = 303.62$，$y_P = 338.28$，设在点 B 安置仪器用极坐标法测设点 P，计算的测设数据 BP 的距离为（　　）。

   A. 39.64　　　　　B. 30.64　　　　　C. 31.64　　　　　D. 32.64

2. 在一地面平坦，无经纬仪的建筑场地，放样点位应选用（　　）方法。

   A. 直角坐标　　　B. 极坐标　　　　C. 角度交会　　　D. 距离交会

3. 用角度交会法测设点的平面位置所需的数据是（　　）。

   A. 一个角度，一段距离　　　　　　B. 两个角度

   C. 纵、横坐标差　　　　　　　　　D. 两段距离

4. 高层建筑轴线的投测方法不应选择（　　），施工现场场地窄小。

   A. 吊线坠法　　　B. 外控法　　　　C. 激光铅垂仪　　D. 以上都可以

二、简答计算题

1. 测设点的平面位置有哪些方法？各适用于什么情况？各需要哪些测设数据？
2. 试述测设已知直线坡度的基本方法。
3. 试述建筑物主轴线定位放样方法。
4. 建筑物高程竖向传递方法有哪些？各如何进行？
5. 已知圆曲线的设计半径 $R=350$ m，右转角 $\alpha=35°18'00''$，若交点里程为 K8+143.625，要求：
   (1) 计算圆曲线的测设元素。
   (2) 计算主点里程。
   (3) 简述偏角法测设圆曲线主点。
6. 高层建筑的轴线如何投测？
7. 试述杯形基础定位放线的基本工作过程。
8. 试述吊车轨道的吊装测量过程，具体有哪些检核测量工作？
9. 试述钢柱柱基定位的方法。

工程模拟训练

1. 根据校园内已有建筑物，假定一新建建筑物的首层平面图和与原有建筑物的关系，放样新建建筑物的主轴线及细部轴线位置，并设置轴线控制桩。
2. 编制校园某建筑测量施工方案。

链接执考

一、填空题

1. 在建筑施工测量中，水准仪主要是担负各施工阶段中竖向高度的水准测量工作称为_____。[2013年测量员考试真题]
2. 采用偏角法测设圆曲线时，其偏角应等于相应弧长所对的圆心角的_____。[2012年测量员考试真题]

二、单选题

建筑方格网布网时，主轴线布设在（　　）。[2010年测量员考试真题]

A. 大约场区中部，主轴线应处于南北方向
B. 大约场区中部，主轴线应与主要建筑物的基本轴线平行
C. 大约场区中部，主轴线应沿原有道路敷设

三、多选题

高层建筑物的轴线投测法有（　　）。[2011年测量员考试真题]

A. 经纬仪投测法
B. 吊线坠法
C. 锤准经纬仪法
D. 激光经纬仪法
E. 激光铅直仪法

四、判断题

1. 工业建筑放线的精度一般与民用建筑放线精度相同。（　　）[2012 年测量员考试真题]

2. 没有测量工作配合，将无法进行各项工程施工。（　　）[2013 年测量员考试真题]

3. 施工测量原则与测量工作的组织相同。（　　）[2010 年测量员考试真题]

五、简答题

1. 在施工测量中，为提高平面点位放样精度通常采用归化法，请简述归化法放样的要点。[2012 年测量员考试真题]

2. 建筑物轴线投测的方法有哪些？并举例说明。[2012 年测量员考试真题]

3. 结合实际情况，试述测量工作在建筑施工中的作用。[2012 年测量员考试真题]

模块 9 建筑场地平整测量

【模块概述】

"三通一平"是基本的施工条件。"一平"即是按照工程需要,将施工场地自然地整理成符合一定高程的水平面或一定坡度的均匀地面,称为平整场地。

在平整土地工作中,常需要估算土石方量,即利用地形图进行填挖土石方量的估算,使填挖土石方基本平衡。平整土地中常用的方法有方格网法、等高线法、断面法等,其中方格网法应用最为广泛。

本模块主要介绍在施工阶段进行的施工测量工作中建筑场地平整的测量工作。建筑场地平整测量工作是一项最基本也是最关键的施工测量工作,通过本单元的学习,使学生理解建筑场地平整测量工作在施工测量工作中的地位、所处阶段以及实现的方式等。

【知识目标】

1. 了解建筑红线的概念;
2. 掌握主轴线测设与方格网测设的概念及区别;
3. 掌握设计高程计算原理及方法;
4. 掌握确定填挖零线的方法;
5. 掌握等高线法与方格网法计算土方量的原理及计算方法;
6. 掌握工程算例分析与计算。

【技能目标】

1. 能够根据建筑红线测设建筑基线;
2. 能够掌握建筑施工场地方格网测设方法;
3. 能够掌握方格网法土方量的施测方法;
4. 能够掌握方格网法土方量的计算。

【学习重点】

1. 方格网的测设;
2. 计算设计高程;
3. 土石方量的计算。

【课时建议】

6课时

模块 9 建筑场地平整测量

> **工程导入**
>
> 某工程为××公司年产 1 000 万 m^3 强瓷砖生产线和年产 100 万 m^3 的免烧装饰砖生产线项目一标段 1 000 亩（1 亩≈667 m^2）土地平整工程。那么如何进场地平整？土方量该如何计算？如何既经济又能减少工作量？
>
> 本模块主要从建筑场地平整出发，详细介绍在具体工程施工作业前，作为三通一平条件的场地平整而展开的一系列测量工作。

9.1 建筑施工场地方格网测设

建筑方格网的设置，应根据建筑设计总平面图上各建筑物、构筑物和各种管线的布设，结合施工现场的地形情况，先选定其轴线，然后布置方格网。当场区面积较大时，可分两级，即首级网和基本网。首级网可采用十字形、口字形或田字形，然后再加密方格网；当场区面积不大时，应尽可能布置成全面方格网，如图 9.1 所示。

> **技能提示**
>
> 方格网的主轴线应选择在整个场区的中部，并与主要建筑物的基本轴线平行。方格网的折角应严格成 90°，边长一般为 100～200 m；相邻方格网点间应通视，便于量距，埋设的标志点应能长期保存。

9.1.1 主轴线测设

建筑方格网是根据设计总平面图中建筑物、构筑物、道路和各种管线的位置，结合现场的地形情况来布设的。布设时，先选定方格网的主轴线（图 9.2 中 MPN 和 CPD），并使其尽可能通过建筑场地中央且与主要建筑物轴线平行，然后再全面布设成方格网。

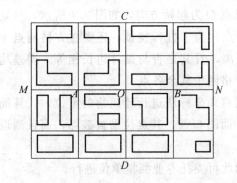

图 9.1 全面方格网

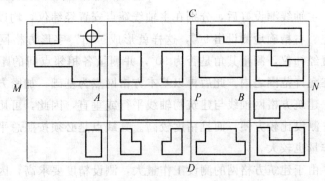

图 9.2 建筑方格网

建筑方格网规划设计好后，根据施工场地情况和总的施工进度安排，进行施工场地方格网的测设。测设时，首先从方格网的主轴线开始。

如图 9.3 所示，MON、COD 为建筑方格网的主轴线，先测设主轴线 MON，其方法与建筑基线测设方法相同。

M、O、N 3 个主点测设好后，如图 9.4 所示，将经纬仪安置在点 O，瞄准点 A，分别向左、向右转 90°，测设另一主轴线 COD，同样定出其概略位置 C′、D′。然后精确测出 ∠MOC′ 和 ∠MOD′，分别算出它们与 90°之差 ε_1 和 ε_2，并计算出调整值 l_1 与 l_2，公式为

$$l = L\frac{\varepsilon}{\rho}$$

式中 L——OC' 或 OD' 的长度。

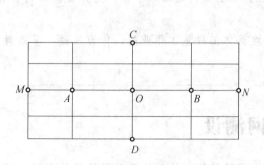

图 9.3 建筑方格网的放样

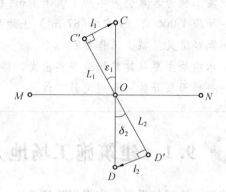

图 9.4 主轴线的调整

将 C' 沿垂直于 OC' 方向移动 l_1 距离得点 C;将 D' 沿垂直于 OD' 方向移动 l_2 距离得点 D。点位改正后,应检查两主轴线的交角及主点间距离,均应在规定限差之内。建筑方格网的主要技术要求见表 9.1。

表 9.1 建筑方格网的主要技术要求

等级	边长/m	测角中误差	边长相对中误差	测角检测限差	边长检测限差
Ⅰ级	100~300	5″	1/30 000	10″	1/15 000
Ⅱ级	100~300	8″	1/20 000	16″	1/10 000

在原有建筑群中增造房屋的位置设计时,应保持与原有建筑物的关系,测设设计建筑物轴线时,应根据原有建筑物来定位。主轴线是建筑物细部位置放样的依据,施工前,应在建筑场地测设主轴线,设置轴线控制桩一定要严格对中整平仪器,反复检核边长。设置的轴线控制点一定要浇筑混凝土,并做好明显标志以防遭到破坏,遭破坏的要立即修复。

9.1.2 方格网测设

主轴线测设好后,分别在主轴线端点安置经纬仪,均以点 O 为起始方向,如图 9.4 所示,分别向左、右精确地测设出 90°,这样就形成"田"字形方格网点。为了进行校核,还要在方格网点上安置经纬仪,测量其角是否为 90°,并测量各相邻点间的距离,看其是否与设计边长相等。误差均应在允许范围之内。此后再以基本方格网点为基础,加密方格网中其余各点。

建筑方格网轴线与建筑物轴线平行或垂直,因此,可用直角坐标法进行建筑物的定位,计算简单,测设比较方便,而且精度较高。其缺点是必须按照总平面图布置,其点位易被破坏,而且测设工作量也较大。

由于建筑方格网的测设工作量大,测设精度要求高,因此可委托专业测量单位进行。

9.1.3 方格点高程测量

1. 确定基本网和施工网

基本网与施工区域附近的国家水准点联测,布设成闭合或附合水准路线,其控制点称为水准基点。水限基点应布设在施工场地周围,且不受干扰、地质条件良好的地方。施测精度一般应在三等水准测量及以上。

施工网专为建筑物高程放样和直接施测高程所用,其网点称为临时作业水准点,其点在靠近建筑物的位置处,形成附合水准线路,施测精度一般应满足四等水准测量精度要求。

2. 方格点高程施测

方格网中各方格点高程的测量即已知高程求确定点的高程的测量，就是利用水准测量的方法，根据施工现场已有的水准点，将设计确定的方格点设计高程在具体点位上测定出来。

如图 9.5 所示，点 A 为一水准点，高程为 H_A，欲在 B 桩测设设计高程 $H_设$ 的位置。为此在 A、B 之间安置水准仪，在点 A 立水准尺，读取后视读数 a，计算满足高程 $H_设$ 应有的点 B 水准尺读数 b 为

$$b = H_A + a - H_设$$

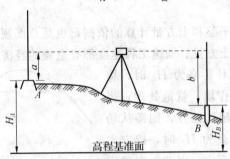

图 9.5 测试高程点

> **技能提示**
>
> 此时，在点 B 打一木桩，将水准尺立在桩侧，直到读数等于 b 时，则水准尺底高程就等于设计高程 $H_设$，在桩侧用红线做标志。

 ## 9.2 设计高程计算

对于在地形起伏的山区、丘陵地带修建较大厂房、体育场、车站等占地广阔的工程，首先需要平整场地。平整场地主要是削凸填凹、移挖作填，将自然地面改造成满足要求的平整的场地面。

场地挖填土方量的计算有方格网法、等高线法、断面法等多种。对于地形较平坦地区，一般采用方格网法。

方格网图由设计单位（一般在 1∶500 的地形图上）将场地划分为边长 $a=10\sim30$ m 的若干方格，与测量的纵横坐标相对应，在各方格角点规定的位置上标注角点的自然地面标高（H）和设计标高（H_n），如图 9.6 所示。

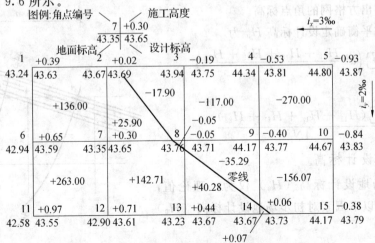

图 9.6 方格网法计算土方工程量图

建筑场地平整的平面位置和标高通常由设计单位在总平面图的竖向设计中确定。场地平整通常是挖高填低。计算场地挖方量和填方量，首先要确定场地的设计标高，由设计平面的标高和地面的自然标高之差可以得到场地各点的施工高度（即填、挖高度），施工高度为角点设计地面标高与自然地面标高之差，是以角点设计标高为基准的挖方或填方的施工高度。由此可计算场地平整的挖方和填方的工程量。

9.2.1 设计高程计算

场地设计标高是进行场地平整和土方量计算的依据，也是总图规划和竖向设计的依据。合理地确定场地的设计标高，对减少土方量、加速工程速度都有重要的经济意义。

如图 9.7 所示，当场地设计标高为 H_0 时，填挖方基本平衡，可将土方移挖作填、就地处理；当设计标高为 H_1 时，填方大大超过挖方，则需从场地外大量取土回填；当设计标高为 H_2 时，挖方大大超过填方，则要向场外大量弃土。因此，在确定场地设计标高时，应结合现场的具体条件，反复进行技术经济比较，选择其中的最优方案。

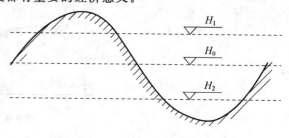

图 9.7　场地不同设计标高的比较

在确定场地设计标高时应考虑：满足生产工艺和运输的要求；充分利用地形（如分区台阶布置），尽量使挖填方平衡以减少土方量；要有一定泄水坡度（>2%），使之能满足排水要求；要考虑最高洪水位的影响。

场地设计标高一般应在设计文件上规定，若设计文件对场地设计标高没有规定，则可按下述步骤来确定场地设计标高。

1. 初步计算场地设计标高（H_0）

初步计算场地设计标高的原则是：场内挖填方平衡，即场内挖方总量等于填方总量（$\sum V_{挖} = \sum V_{填}$）。

（1）在具有等高线的地形图上将施工区域划分为边长 $a=10\sim30$ m 的若干方格，如图 9.8 所示。

（2）确定各小方格的角点高程。其方法是根据地形图上相邻两等高线的高程，用插入法计算求得；当无地形图或地形不平坦时，可以在地面用木桩打好方格网，然后用仪器直接测出方格网的角点标高。

（3）按填挖方平衡确定设计标高 H_0 为

$$H_0 N a^2 = \sum \left(a^2 \frac{H_{11}+H_{12}+H_{21}+H_{22}}{4} \right)$$

整理后的

$$H_0 = \frac{\sum (H_{11}+H_{12}+H_{21}+H_{22})}{4N}$$

2. 调整场地设计标高

初步确定的场地设计标高（H_0）仅为一理论值，实际上还需要考虑以下因素对初步场地设计标高（H_0）值进行调整。

①土的可松性影响。由于土具有可松性，会造成填

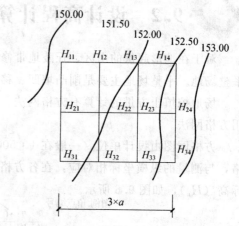

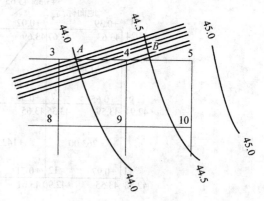

图 9.8　计算场地设计标高的计算示意图

土的多余，需相应提高设计标高。

②场内挖方和填方的影响。由于场地内大型基坑挖出的土方、修筑路堤填高的土方，以及从经济角度比较，将部分挖方就近弃于场外（简称弃土）或将部分填方就近取土于场外（简称借土）等，均会引起挖填土方量的变化。必要时需重新调整设计标高。

③考虑泄水坡度对设计标高的影响。按调整后的同一设计标高进行场地平整时，整个场地表面均处于同一水平面，但实际上由于排水的要求，场地需有一定泄水坡度。平整场地的表面坡度应符合设计要求，如果无设计要求，则排水沟方向的坡度不应小于2‰。因此，还需要根据场地泄水坡度的要求（单向泄水或双向泄水）计算出场地内各方格角点实际施工所用的设计标高。

3. 场地平整土方量的计算

大面积场地的土方量，通常采用方格网法计算，即根据方格网的自然地面标高和实际采用的设计标高，算出相应的角点填挖高度（即施工高度），然后计算出每一方格的土方量，并算出场地边坡的土方量。

9.2.2 填挖分界线测设

土方调配就是对挖方的土需运至何处、填方的土应取自何方进行统筹安排。其目的是在土方运输量最小或土方运输费最小的条件下，确定挖填方区土方的调配方向、数量及平均运距，从而缩短工期、降低成本。

土方调配工作主要包括以下内容：划分调配区，计算土方调配区之间的平均运距，选择最优的调配方案及绘制土方调配图表。

填挖分界线测设就是要实现土方调配方案，更有效地组织施工。下面，结合场地平整土方量的计算，来具体讨论填挖分界线测设工作如何实施。

1. 计算场地各方格角点的施工高度

各方格角点的施工高度按下式计算：

$$h_n = H_n - H$$

式中 h_n——角点的施工高度，即填挖高度，以"+"为填，"-"为挖；

H_n——角点的设计标高；

H——角点的自然地面标高。

2. 确定"零线"

如果一个方格中一部分角点的施工高度为"+"，而另一部分为"-"，则此方格中的土方一部分为填方，一部分为挖方。计算此类方格的土方量需先确定填方与挖方的分界线，即"零线"。

"零线"位置的确定方法是：先求出有关方格边线（此边线一端为挖，一端为填）上的"零点"（即不挖不填的点），然后将相邻的两个"零点"相连即为"零线"。

如图9.9所示，设 h_1 为填方角点的填方高度，h_2 为挖方角点的挖方高度，O 为零点位置，则可求得

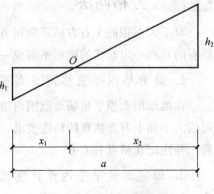

图 9.9 求零点的图解法

$$X = \frac{ah_1}{h_1 + h_2}$$

> **技能提示**
>
> 该点的位置即为方格网中的填挖分界线。所有的测设工作都是围绕确定该点的位置展开的。确定该点后即可进行挖、填土方量的计算,测量工作在土方工程中的具体用途就体现在确定"零线"上,即为挖填土方区域划分服务。

3. 计算场地的填挖土方量

具体场地的填挖土方量的计算方法在下节中将简单介绍,这里突出要说明的是,土方填挖分界线的确定必须考虑到后续工作的需要。

> **技能提示**
>
> 至少要注意以下几方面的影响:
>
> 应力求达到挖、填平衡和运距最短。使挖、填方量与运距的乘积之和尽可能最小,即使土方运输量或运费最小。
>
> 应考虑近期施工与后期利用相结合及分区与全场相结合的原则,以避免重复挖运和场地混乱。
>
> 土方调配还应尽可能与大型地下建筑物的施工相结合。例如,当大型地下建筑物位于填方区时,应将部分填土区予以保留,待基础施工完成后再进行回填。
>
> 合理布置挖、填方分区线,选择恰当的调配方向、运输线路,以充分发挥挖方机械和运输车辆的性能。

9.3 土方工程量计算

建筑工程中常常要把地面整理成水平面。根据地形图中的已知条件可进行平整场地的土石方估算。常用的计算方法有以下几种。

9.3.1 方格网法

对于大面积的土石方估算常用方格网。如图 9.10 所示,设地形图比例尺为 1∶1 000,要求将原有的具有一定起伏的地形平整成一水平场地,具体步骤如下:

1. 绘方格网并求格网点高程

在地形图上拟平整场地范围内绘制方格网,方格边长主要取决于地形的复杂程度、地形图比例尺的大小和土石方估算的精度要求,一般为 10 m 或 20 m。然后根据等高线目估内插各格点地面高程,并注记在格点右上方。

2. 确定场地平整的设计高程

根据工程的具体要求确定设计高程。大多数工程要求挖方量和填方虽大致平衡,这时设计高程的计算方法是:先将每一方格的 4 个格点高程相加后除以 4,得各方格的平均高程;再将每个方格的平均高程相加后除以方格总数,即得设计高程。

从设计高程的计算过程和图 9.10 可以看出,角点 $A1,D1,D4,C6,A6$ 的高程只参加一次计算,边点 $B1,C1,D2,D3,A4,\cdots$ 的高程参加 2 次计算,拐点 $C4$ 的高程参加 3 次计算,中点 $B2,C2,C3,\cdots$ 的高程参加 4 次计算,因此,设计高程的计算公式为

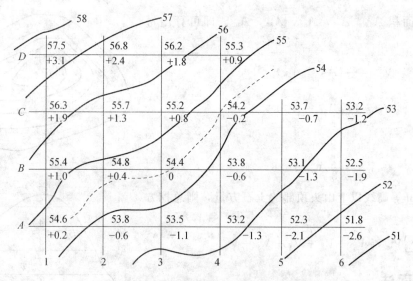

图 9.10 方格网法估算土石方量

$$H_{设} = \frac{\sum H_{角} + 2\sum H_{边} + 3\sum H_{拐} + 4\sum H_{中}}{4n}$$

式中 n——方格总数。

将图 9.10 中各格点高程代入上式，求出设计高程为 54.4 m。在地形图中内插绘出 54.4 m 等高线（如图 9.10 中虚线），此即为填挖平衡线，也称为不填不挖边界线。

3. 计算挖、填方高度

用格点高程减设计高程即得每一格点的挖方或填入的高度，挖（填）方高度＝地面高程－设计高程。即

$$h_{挖}(h_{填}) = H_{地面} - H_{设计}$$

将挖、填方高度注记在相应格点右下方（可改用红色笔注记）：正号为挖方，负号为填方。

4. 计算挖、填方量

挖、填方量是每个方格的角点、边点、拐点、中点的挖、填方高度 $\frac{1}{4}$、$\frac{2}{4}$、$\frac{3}{4}$、1 方格面积的挖、填方量的总和，角点、边点、拐点、中点的挖、填方量可分别按下式计算：

角点： $\frac{1}{4}$ 方格面积 × 挖（填）方高度

边点： $\frac{2}{3}$ 方格面积 × 挖（填）方高度

拐点： $\frac{3}{4}$ 方格面积 × 挖（填）方高度

中点： 方格面积 × 挖（填）方高度

实际计算时，可按方格线依次计算挖、填方量，然后再计算挖方量总和及填方量总和。

9.3.2 等高线法

当场地地面起伏较大，且仅计算挖方时，可采用等高线法。这种方法是从场地设计高程的等高线开始，算出各等高线所包围的面积，分别将相邻两条等高线所围面积的平均值乘以等高距，就是两等高线间地面的开挖土方量。最后，求和即得整个场地的总挖方量。

如图 9.11 所示，地形图等高距为 2 m，要求平整场地后的设计高程为 55 m。先在图中内插设计高程 55 m 的等高线，如图 9.11 中虚线，再分别求出 55 m，56 m，58 m，60 m，62 m 这 5 条等

高线所围成的面积 A_{55}，A_{56}，A_{58}，A_{60}，A_{62}。即可算出每层土石方量：

$$V_1 = \frac{1}{2}(A_{55} + A_{56}) \times 1$$

$$V_2 = \frac{1}{2}(A_{56} + A_{58}) \times 2$$

$$\vdots$$

$$V_5 = \frac{1}{3}A_{62} \times 0.8$$

V_5 是 62 m 等高线以上山头顶部的土石方量，则总挖方量为

$$\sum V_w = V_1 + V_2 + V_3 + V_4 + V_5$$

9.3.3 断面法

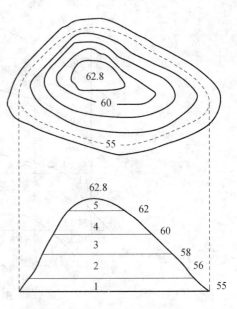

图 9.11 等高线法求土石方量

道路及管线工程建设中，沿中线至两侧一定范围内线状地形的土石方计算常用断面法。这种方法是在施工场地范围内，利用地形图以一定间距绘出断面图，分别求出各断面由设计高程线与断面曲线（地面高程线）围成的填方面积和挖方面积，然后计算每相邻断面间的填（挖）方量，最后求和即为总填（挖）方量。

如图 9.12 所示，地形图比例尺为 1∶1 000，矩形范围是欲建道路的一端，其设计高程为 47 m。为求土石方量，先在地形图上绘出相互平行、间隔为 l（一般实地距离为 20~30 m）的断面方向线 1—1，2—2，…，5—5；按一定比例尺绘出各断面图（纵、横轴比例尺应一致，常用比例尺为 1∶100 或 1∶200），并将设计高程线展绘在断面图上（见图 9.12，1—1、2—2 断面）；然后在断面图上分别求出各断面设计高程线与断面曲线所包围的填土面积和挖土面积，最后计算两断面间土石方量。

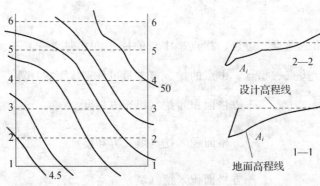

图 9.12 断面法计算土石方量

例如，1—1 和 2—2 两断面间的土石方为

填方：
$$V_1 = \frac{1}{2}(A_{t_1} + A_{t_2})l$$

挖方：
$$V_w = \frac{1}{2}(A_{w_1} + A_{w_2})l$$

同理，依次计算出每两相邻断面间的土石方量，最后将填方量和挖方量分别累加即可得到总的土石方量。

上述 3 种土石方量估算方法各有特点，应根据场地地形条件和工程要求选择合适的方法。当实际工程土石方量的估算精度要求较高时，往往要到现场实测方格网图、断面图或地形图，进行小尺

寸量测和计算。此外，上面介绍的3种土石方估算方法均未考虑削坡影响，当高差较大时，这部分土石方量是很大的，因此，实际工程中应参照上述方法计算削坡部分的土石方量。

目前，最先进的三维扫描测量系统可进一步提高土石方量估算的精度，系统但价格比较昂贵，多在矿山开采过程中应用。

工程案例：

在工程建设中，对原地貌做必要的改造，以便适于布置各类建筑物，排除地面雨水，以及满足交通运输和敷设地下管线等的需要，因此进行场地平整，简称"场平"。在场地平整工作中，按照填挖方应基本相等的原则进行。

如图9.13所示，要求将原地貌按挖填土方量平衡的原则改造成平面，其步骤如下。

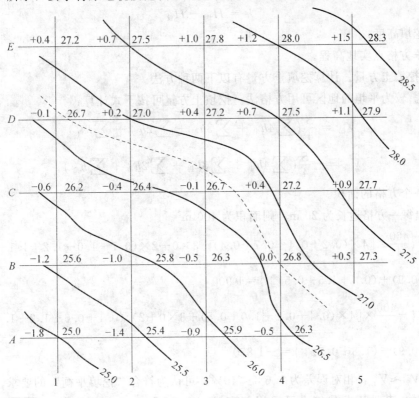

图9.13 修整成水平面

(1) 在地形图上绘方格网，求出各交点高程。在拟建场地1:500的地形图上绘制边长为20 m 的方格网，然后，根据地形图上的等高线，用比例内插法求出每一方格顶点的地面高程，并注记在相应方格交点的右上方。

(2) 计算设计高程。设计高程就是各方格顶点高程的加权平均值。如果把每个方格平均划分为4个小方格，那么每个小方格的权定为1，这样把方格顶点分为4类（图9.14）。

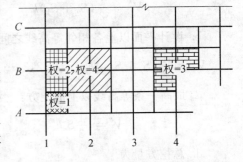

图9.14 方格顶点权重示意图

一是中间点，如B2，它们的权是4，其含义是中间点可控制4个小方格；二是拐点，如B4，它们的权是3，其含义是拐点可控制3个小方格；三是边点，如B1，它们的权是2，其含义是边点可控制2个小方格；四是角点，如A1，它们的权是1，其含义是角点仅控制1个小方格。

可按下式求出设计高程：

$$H_{设} = \frac{\sum(P_i H_i)}{4n}$$

式中 $H_设$——设计高程;

P_i——方格点权重;

H_i——方格点高程;

n——方格数。

$$H_设/\text{m} = \{[4\times(27.0+27.2+27.5+27.2+26.7+26.4+25.8+26.3)+$$
$$3\times 26.8+2\times(27.5+27.8+28.0+27.9+27.7+25.9+25.4+25.6+26.2+26.7)+$$
$$1\times(27.2+28.3+27.3+26.3+25.0)]/(4\times 15)\} = 26.8$$

(3) 计算挖填高度并绘出挖填边界线。根据设计高程和方格顶点的高程,可以计算出每一方格顶点的挖填高度,即

$$h = H_地 - H_设$$

式中 h——挖填高度;

$H_地$——方格点实地高程。

(4) 计算挖填土方量。计算挖填土方量有以下两种方法。

①方格法。较为平坦的地区可用方格法。挖填土方量可按下式计算:

$$V_挖 = \frac{S}{4}\left(\sum 4h_中 + \sum 3h_拐 + \sum 2h_边 + \sum h_角\right)$$

$$V_填 = -\frac{S}{4}\left(\sum 4h_中 + \sum 3h_拐 + \sum 2h_边 + \sum h_角\right)$$

式中 S——一个方格的面积。

图 9.13 中每一方格边长为 20 m,则面积为 400 m²。

$$V_挖/\text{m}^3 = \left\{\frac{400}{4}\times[4\times(0.2+0.4+0.7+0.4)+3\times 0+2\times(0.7+1.0+1.2+1.1+0.9)+(0.4+1.5+0.5)]\right\} = 1\,900$$

$$V_填/\text{m}^3 = \left\{-\frac{400}{4}\times[4\times(0.4+0.1+1.0+0.5)+3\times 0+2\times(0.1+0.6+1.2+1.4+0.9)+(1.8+0.5)]\right\} = -1\,870$$

计算结果 $V_挖 \approx V_填$,相对误差为 1.6% < 10%,可认为符合"挖填平衡"的要求。

②等高线法。若地面起伏较大可采用等高线法,如图 9.15 所示计算该区域的挖方。

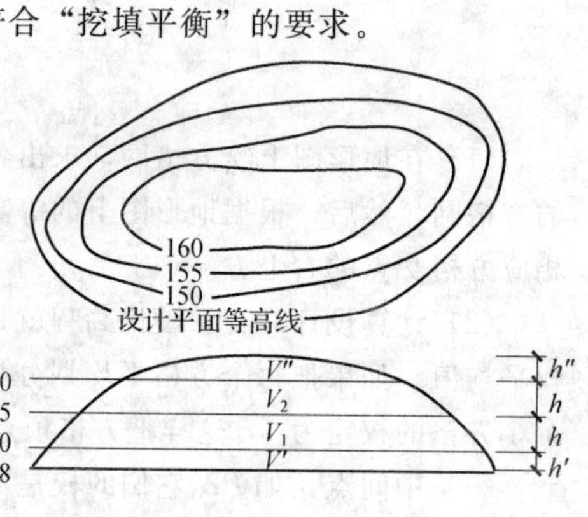

计算公式及思路如下:

a. 设计平面至第一条等高线之间的土方

$$V' = \frac{1}{2}(S_0 + S_1)h'$$

b. 设计平面以上各相邻等高线之间的土方

$$V_i = \frac{1}{2}(S_i + S_{i+1})h, i = 1,2,3,\cdots,n-1$$

c. 最高一条等高线以上的土方:

$$V'' = \frac{1}{3}S_n h''$$

图 9.15 等高线计算土方量

d. 总挖方量为

$$V = V' + \sum_{i=1}^{n}V_i + V''$$

式中 S_n——水平面上等高线所围成的面积;

S_i——第 i 条等高线所围成的面积。

【重点串联】

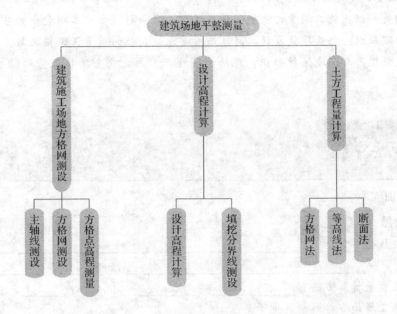

【知识链接】

测量放线工职业技能鉴定考试大纲

1. 职业概况

1.1 职业名称：测量放线工。

1.2 职业定义：操作各种工程测量仪器，从事建筑施工放线工作业的人员。

1.3 职业等级：初级、中级、高级。

1.4 基本文化程度：应具有高中文化程度。

1.5 培训期限要求：晋级培训的标准学时。

1.6 申报条件：

(1) 具备下列条件之一的，可申请报考初级工：

①在同一职业（工种）连续工作两年以上或累计工作四年以上的；

②经过初级工培训结业。

(2) 具备下列条件之一的，可申请报考中级工：

①取得所申报职业（工种）的初级工等级证书满三年；

②取得所申报职业（工种）的初级工等级证书并经过中级工培训结业；

③高等院校、中等专业学校毕业并从事与所学专业相应的职业（工种）工作。

(3) 具备下列条件之一的，可申请报考高级工：

①取得所申报职业（工种）的中级工等级证书满四年；

②取得所申报职业（工种）的中级工等级证书并经过高级工培训结业；

③高等院校毕业并取得所申报职业（工种）的中级工等级证书。

1.7 鉴定方式、鉴定时间：理论以笔试形式考试，考试时间为 120 分钟；实操以实际操作形式考试，考试时间以实际操作内容为准。

2. 基本要求

2.1 职业道德基本知识，职业守则要求，法律与法规相关知识。

2.2 基础理论知识：工程识图的基本知识，工程构造的基本知识。

2.3 专业基础知识：工程测量的基本知识，测量误差的基本理论知识。

2.4 专业知识：精密水准仪、经纬仪、全站仪（光电测距仪）、平板仪的基本性能、构造及使用，控制及施工测量，建筑物变形观测，地形图测绘。

2.5 专业相关知识：施工测量的法规和管理工作，高新科技在施工测量中的应用。

2.6 质量管理知识：企业质量方针，岗位质量要求，岗位的质量保证措施与责任。

2.7 安全文明生产与环境保护知识：现场文明生产要求，安全操作与劳动保护知识，环境保护知识。

拓展与实训

职业能力训练

一、填空题

1. 建筑红线指 _____。
2. "零线"指 _____。
3. 土方工程量计算方法有 _____、_____ 和 _____。
4. 建筑施工场地方格网测设步骤是 _____、_____ 和 _____。

二、单选题

1. 建筑方格网（1级）测设方格时，方格网轴线测角中误差一般不大于( )s。
   A. 5″   B. 15″   C. 10″   D. ±5″

2. 高程施工网专为建筑物高程放样和直接施测高程所用，其施测精度一般应满足( )。
   A. 四等水准测量   B. 一等水准测量
   C. 五等水准测量   D. 没有要求

3. 场地设计标高是进行场地平整和土方量计算的依据，也是总图规划和竖向设计的依据，场地设计标高的来源为( )。
   A. 施工人员依据现场地形情况计算得来
   B. 设计人员根据场地地形图设计出来
   C. 依据施工场地及项目综合情况计算得来
   D. 以上皆可

4. 土方填挖分界线的确定，必须注意哪些因素( )。
   A. 应力求达到挖、填平衡和运距最短
   B. 应考虑近期施工与后期利用相结合及分区与全场相结合的原则，以避免重复挖运和场地混乱
   C. 土方调配还应尽可能与大型地下建筑物的施工相结合
   D. 以上全部

三、简答题

1. 何为三通一平？
2. 设计为水平场地平整的计算步骤有哪些？
3. 建筑方格网的设置原则是什么？
4. 方格网法计算土方量的方法及步骤有哪些？

工程模拟训练

1. 实训一 据已有建筑物进行建筑物定位

a. 实习目的：使学生掌握民用建筑物常用定位方法之一——据已有建筑物进行建筑物角桩测设的方法。

b. 仪器设备：每组J2经纬仪或电子经纬仪1台、测钎2个、皮尺1把、记录板1个。

c. 实习任务：每组完成根据一栋已有房屋，测设出一栋待建房屋的4个角桩。

要点：测量前认真分析，核对无误后方可进行，最后要进行必要的检核。

2. 实训二 方格点高程测量实训

a. 实习目的：培养实习者理论联系实际、分析问题和解决问题的能力，锻炼了社会活动、组织能力以及团队精神；掌握使用水准仪抄平场地的基本方法。

b. 仪器设备：水准仪，脚架，水准尺，木桩等。

c. 实习步骤及要点：

(1) 在建筑场地的范围内，用勾股定理在地面设置方格网。

各方格角点可采取行列编号法，每个方格角点有两个标号联合表示。

(2) 进行面水准测量，求各方格角点高程。

各方格角点的高程可用水准测量的方法连测解决。

其方法为：

①先引测水准点。

②然后再将仪器置于场地中央，求出仪器视线高程（视线高程＝起点高程＋后视读数）。

③将水准尺置于方格交点上，读取中丝读数，计算各点高程。

(3) 计算场地平整后的设计高程。

求出设计高程，计算填挖高度（填挖高度＝顶点高程－设计高程）。

计算各个方格的填挖土方量，最后求出总费用。

链接执考

1. 建筑施工场地平面控制网的布网原则是：要匀布全区，控制线的间距以（　　）为宜，要尽量组成与建筑物平行的闭合图形，控制桩之间应通视、易量。[2013测量放样工中级理论考核题库]

   A. 50～100 m   B. 100 m
   C. 100～200 m   D. 30～50 m

2. 一般民用建筑场地平面控制网的精度为（　　）。[2013测量放样工中级理论考核题库]

   A. 1/3 000   B. 1/5 000   C. 1/10 000   D. 1/20 000

3. 一般民用建筑场地高程控制网的精度为（　　）。[2013测量放样工中级理论考核题库]

   A. ±3 mm   B. ±6 mm   C. ±9 mm   D. ±12 mm

4. 常用建筑物定位的基本方法有：根据原有建筑物定位，（　　），根据场地平面控制网定位。[2013测量放样工中级理论考核题库]

   A. 根据建筑红线或定位桩定位   B. 根据临时道路定位
   C. 根据永久建筑物定位   D. 根据永久管线定位

5. 测量放线人员应从做好工作的需要出发，严格要求自己，自觉执行公民道德与职业道德规范，做（　　）、有道德、有文化、有纪律的四有新人。[2013测量放样工中级理论考核题库]

   A. 有理想   B. 有礼貌   C. 有抱负   D. 有修养

模块 10 建筑物变形测量与竣工测量

【模块概述】

建筑物受客观因素影响，比如地质条件、土壤性质、地下水位、大气温度等，随时间发生的垂直升降、水平位移、挠曲、倾斜、裂缝等统称为变形。为保证建设过程及使用过程中建筑物的安全及使用功能的要求，对建筑物及周边环境的稳定性进行观测，称之为建筑物的变形观测。

建筑变形包括沉降和位移。沉降观测在高程控制网的基础上进行，位移观测在平面控制网的基础上进行。建筑变形观测是测量员每隔一定时间，对控制点和观测点进行重复测量，通过计算相邻两次测量的变形量及累积变形量来确定建筑物的变形值和分析变形规律。建筑变形测量应严格按照《建筑变形测量规范》（JGJ 8—2007）的规定进行。

【知识目标】

1. 理解建筑变形观测的内容和方法；
2. 掌握平面变形测量工作主旨和沉降观测。

【技能目标】

熟悉建筑物竣工测量的方法和手段。

【学习重点】

1. 变形监测基准网测量；
2. 变形监测的内容；
3. 变形监测的数据分析；
4. 竣工测量。

【课时建议】

6课时

模块 10 建筑物变形测量与竣工测量

工程导入

建筑物的变形观测目前在我国已受到高度重视。各种大型建筑物，如水坝、高层建筑、大型桥梁、隧道及各种大型设备因变形而造成损失的事件也越来越多。建筑物产生变形时，必然会引起内部应力的变化，当应力变化到极限值时，建筑物即遭到破坏。根据观测结果，应对变形进行分析，得出变形的规律及大小，以判定建筑物是逐步趋于稳定，还是变形继续扩大。如果变形继续扩大，且变形速率加快，则说明它有破坏的危险，应及时发出警报，以便采取措施。即使没有破坏，但变形超出允许值时，则会妨碍建筑物的正常使用。如果变形逐渐缩小，说明建筑物趋于稳定，到达一定程度，即可终止观测。

10.1 变形基准网测量

变形观测结果的准确性以及其数据能否正确反映出建筑物的实际变形，与其变形观测点布设是否合理、全面有直接关系。无论是水平位移的观测还是垂直位移的观测，都要以稳固的点作为基准点，以求得变形点相对于基准点的位置变化。

对于用作水平位移观测的基准点，要构成三角网、导线网或方向线等平面控制网；对于用作垂直位移观测的基准点，则需构成水准网。由于对基准点的要求主要是稳固，所以都要选在变形区域以外，且地质条件稳定，附近没有震动源的地方。对于一些特大工程，如大型水坝等，基准点距变形点较远，无法根据这些点直接对变形点进行观测，所以还要在变形点附近相对稳定的地方，设立一些可以利用来直接对变形点进行观测的点作为过渡点，这些点称为工作基点。

工作基点由于离变形体较近，可能也有变形，因而也要周期性地进行观测。

基准点 benchmark reference point：为进行变形测量而布设的稳定的、需长期保存的测量控制点。

工作基点 working reference point：为直接观测变形点而在现场布设的相对稳定的测量控制点。

观测点 observation point：布设在建筑地基、基础、场地及上部结构的敏感位置上能反映其变形特征的测量点，亦称变形点。

作为变形观测用的平面控制网，与地形测量或施工测量的控制网相比较，精度要求高，一般边长也较短。为了减少仪器对中误差对观测结果的影响，通常都埋设高1.3 m左右的观测墩，在墩顶安设强制对中器，以保证每次对中于同一位置上。

强制对中器的构造如图10.1所示，中间有一螺孔，可用连接螺栓来固定仪器，也可将仪器的3个脚螺栓放置在互成120°的槽内，以使仪器中心与3条槽的交会点对准。观测墩的基础，宜建在基岩或其他稳固的地层上。

在变形观测时，不可能对建筑物的每一点都进行观测，而是只观测一些有代表性的点，这些点称为变形点或观测点。

图 10.1 强制对中器

变形点要与建筑物固连在一起，以保证它与建筑物一起变化。为使点位明显、稳定，以保证每次所观测的点位相同，也要设置观测标志。变形点的数量和位置，要能够全面反映建筑物变形的情况，并要顾及到观测的便利。

按照《建筑变形测量规范》（JGJ 8—2007）的要求，建筑变形测量基准点和工作基点的设置应符合下列规定：

（1）建筑沉降观测应设置高程基准点。
（2）建筑位移和特殊变形观测应设置平面基准点，必要时应设置高程基准点。

（3）当基准点离所测建筑距离较远致使变形测量作业不方便时，宜设置工作基点。

10.1.1 平面变形测量基准网

水平位移观测的平面位置是依据水平位移监测网或称平面控制网。根据建筑物的结构形式、已有设备和具体条件，可采用三角网、导线网、边角网、三边网和视准线等形式。在采用视准线时，为能发现端点是否产生位移，还应在两端分别建立检核点。

为了方便，水平位移监测网通常都采用独立坐标系统。例如大坝、桥梁等往往以它的轴线方向作为 x 轴，而 y 坐标的变化，即是它的侧向位移。为使各控制点的精度一致，都采用一次布网。

水平位移变形点的布设，则视建筑物的结构、观测方法及变形方向而异。

产生水平位移的原因很多，主要有地震、岩体滑动、侧向的土压力和水压力、水流的冲击等。其中有些对位移方向的影响是已知的，例如，水坝受侧向水压而产生的位移，桥墩受水流冲击而产生的位移等，即属这种情况。但有些对方向的影响是不知道的，如受地震影响而使建筑物产生的位移即是。对于不同的情况，宜采用不同的观测方法，相应的对变形点的布设要求也不一样。但不管以什么方式布设，变形点的位置必须具有变形的代表性，必须与建筑物固连，而且要与基准点或工作基点通视。在变形点上，如果可以安置觇标或仪器，则应设置强制对中器以强制对中，减小对中误差，如果不能安置觇标，则应设置清晰而易于照准的目标，其颜色和图案的选择，应有利于提高照准的精度。

监测网的精度应能满足变形点观测精度的要求。在设计监测网时，要根据变形点的观测精度，预估对监测网的精度要求，并选择适宜的观测等级和方法。

水平位移监测网的等级和主要技术要求见表10.1。

表10.1 水平位移监测网的等级和主要技术要求

等级	相邻基准点的点位中误差/mm	平均边长/m	测角中误差/(″)	最弱边相对中误差	作业要求
一等	1.5	<300	0.7	≤1/250 000	按国家一等三角要求施测
		<150	1.0	≤1/120 000	按国家二等三角要求施测
二等	3.0	<300	1.0	≤1/120 000	按国家二等三角要求施测
		<150	1.8	≤1/70 000	按国家三等三角要求施测
三等	6.0	<350	1.8	≤1/70 000	按国家四等三角要求施测
		<200	2.5	≤1/40 000	按国家四等三角要求施测
四等	12.0	<400	2.5	≤1/40 000	按国家四等三角要求施测

变形点的水平位移观测有多种方法，最常用的有测角前方交会、后方交会、极坐标法、导线法、视准线法、引张线法等，宜根据实际条件，选用适当的方法。

10.1.2 沉降观测基准网

1. 基准网布设要求

对工业与民用建筑进行垂直位移观测时，其位置宜布设在建筑物的四角及荷载变化、楼层数变化以及地质条件变化处。对于大的建筑物，要求沿周边每隔 10～20 m 处布设一点，如图10.2所示。

如果垂直位移是用水准测量的方法观测，在施工时，就在墙体底部离地面 0.8 m 左右处，按上述要求埋设凸出墙面的金属观测标志，以便于观测，如图10.3所示。这些标志要与墙体内的钢筋焊在一起，以保证它们的整体性。

对于桥墩的垂直位移观测，则变形点宜布设在墩顶的四角，或垂直平分线的两端，以便于根据不均匀的垂直位移，推求桥墩的倾斜程度。

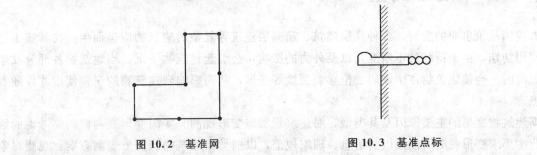

图 10.2　基准网　　　　　　　图 10.3　基准点标

高程基准点的数目不应少于 3 个，因为少于 3 个时，如果有一点发生变化，就难以判定哪一点发生了变化。根据地质条件的不同，高程基准点（包括工作基点）可采用深埋式或浅埋式水准点。深埋式是通过钻孔埋设在基岩上，浅埋式的基础与一般水准点相同。点的顶部均设有半球状的不锈钢或铜质标志。

沉降观测点的布设要根据待测工程项目的特点制定具体的实施方案。每个工程应当在施工作业范围外至少埋设 3 个水准点，并确保不受施工影响。每次在进行沉降观测前，须检验水准点的稳定性，只有稳定的水准点方可作为沉降观测的基准点。

沉降观测点的布设应遵循以下原则：

①通常在建筑物的四角点、中点、转角处等能反映变形特征和变形明显的部位布设沉降观测点，点间距一般为 10~20 m。

②对于设有后浇带及施工缝的建筑物，还应在其两侧布设沉降观测点。

③对于新建建筑物与原有建筑物的连接处，应在其两侧的承重墙或支柱上布设沉降观测点。

④对于一些大型工业厂房，除按上述原则布设沉降观测点外，还应在大型设备四周的承重墙或支柱上布设沉降观测点。

2. 沉降观测的精度要求

沉降观测的精度应根据建筑物的性质而定。对于重要厂房和重要设备基础的观测，要求能反映出 1~2 mm 的沉降量。因此，必须使用 Sl 级以上精密水准仪和精密水准尺进行往返观测，其观测的闭合差不应超过 $\pm 0.6\sqrt{n}$ mm（n 为测站数），观测应在成像清晰、稳定的时间内进行。对于一般厂房建筑物，精度要求可放宽些，可以使用四等水准测量的水准仪进行往返观测，观测闭合差应不超过 $\pm 1.4\sqrt{n}$ mm。

沉降观测的精度要求和观测方法见表 10.2。

表 10.2　沉降观测的精度要求和观测方法

等级	高程中误差/mm	相邻点高差中误差/mm	观测方法	往返较差、附合或环线闭合差/mm
一等	±0.3	±0.15	除按国家一等水准测量的技术要求施测外，尚需设双转点，视线≤15 m，前后视距差≤0.3 m，视距累计差≤1.5 m	≤$0.15\sqrt{n}$
二等	±0.5	±0.30	按国家一等水准测量的技术要求施测	≤$0.30\sqrt{n}$
三等	±1.0	±0.50	按国家二等水准测量的技术要求施测	≤$0.60\sqrt{n}$
四等	±2.0	±1.00	按国家三等水准测量的技术要求施测	≤$1.40\sqrt{n}$

10.2 变形测量

随着我国建筑事业的发展，各种高层建筑、超高层建筑等复杂的建筑物应运而生。在其施工过程中和使用初期，由于荷载的不断变化以及外力的影响，会引起建筑物下沉，当建筑物各部分发生不均匀沉降时，会使建筑物产生倾斜、位移、裂缝等变形，从而影响到建筑物的正常使用并伴随着安全隐患。

依据建筑物变形的主要原因及其类型，对建筑物实施变形观测。实施变形观测前，要考虑的因素有：业主要求变形观测所能提供的信息、国家规范，以前类似建筑物的变形观测方案、观测对象所在地的地质条件及周围环境。

建筑物变形观测的类型：沉降观测、倾斜观测（垂直度观测）、位移观测和裂缝观测。

10.2.1 平面变形测量

现实中引起建筑物变形的原因主要有：

自然条件及其变化，即建筑物地基的工程地质条件、水文地质条件、土壤的物理性质、大气温度等因素引起建筑物变形。例如，由于基础的地质条件不同，引起建筑物各个部分不均匀沉降，而使其发生倾斜、位移、裂缝等变形；或由于地基本身的塑性变形也会引起建筑物不均匀沉降；同时由于温度与地下水位的季节性和周期性变化引起建筑物的规律性变形。

与建筑物自身相联系的原因，即建筑物自身的荷载大小、结构类型、高度及其动荷载（如风力大小、震动强弱）等引起建筑物变形。要减弱这方面变形的影响，往往通过优化设计方案来实现。

由于建筑物施工或营运期间一些工作做得不合理，或由于周围环境影响而产生额外的变形。例如，在高大建筑物周围进行深基坑开挖，就会对其原有建筑物产生一个额外的变形。当然这些引起变形的因素是相互联系、相互作用的，对建筑物往往是共同作用的，只是不同时间段、不同因素的作用强弱不同而已。

1. 平面变形测量工作主旨

建筑物的变形包括沉降、倾斜、裂缝和位移等。建筑物变形观测的任务是周期性地对设置在建筑物上的观测点进行重复观测，求得观测点位置的变化量。建筑物变形观测能否达到预定的目的受很多因素的影响，其中最基本的因素是变形测量点的布设、变形观测的精度与频率。

建筑物变形观测的精度，视变形观测的目的及变形值的大小而异，很难有一个明确的规定。原则上，如果观测的目的是为了监视建筑物的安全，精度要求稍低，只要满足预警需要即可；如果是为了研究变形的规律，则精度应尽可能高些，因为精度的高低会影响观测成果的可靠性。当然，在确定精度时，还要考虑设备条件的可能，在设备条件具备且增加工作量不大的情况下，以尽可能高些为宜。

根据建筑物变形情况，倾斜观测（垂直度观测）、位移观测、裂缝观测均属于平面变形测量。变形测量工作开始前，应收集相关的地质和水文资料及工程设计图纸，根据变形体的特点、变形类型、测量目的、任务要求以及观测区条件进行施测方案设计，确定变形测量的内容、精度级别、基准点与变形点布设方案、观测周期、观察方法和仪器设备、数据处理分析方式，提交变形成果内容等，编写技术设计书或施测方案。

变形测量的平面坐标系统和高程系统一般应采用国家平面坐标系统和高程系统或所在地方使用的平面坐标系统和高程系统，但也可采用独立系统。当采用独立系统时，必须在技术设计书和技术报告书中明确说明。

变形观测周期的确定应能反应系统所测变形体的变化过程，并综合考虑单位时间内变形量的大小、变形特征、观测精度要求及外界因素影响情况。

对高精度变形监测网,应该同时顾及精度、可靠性、灵敏度及费用准则进行监测网的优化设计,以确定可靠和经济合理的观测方案。

在变形测量过程中,当出现下列情况之一时,应即刻通知工程建设单位和施工单位采取相应的措施:

①变形量达到预警值或接近极限值;

②变形量或变形速率出现异常变化;

③变形体、周边建(构)筑物及地表出现异常,如裂缝快速扩大等。

【知识拓展】

建筑物变形的类型划分

建筑物变形分为静态变形和动态变形两种。前者指其变形值是时间的函数;后者是在外力作用下产生的变形,其变形值是以外力的函数来表示的动态系统对于某一时刻的变化,其观测结果表示建筑物在某一时刻的瞬时变形。例如,我们在爆破某一建筑物时,对周围建筑物在爆破瞬间产生的变形即为动态变形,而在爆破之后的某一段时间内的变形则属于静态变形。两种类型相互作用,共同影响。

2. 建筑物倾斜观测

用测量仪器来测定建筑物的基础和主体结构倾斜变化的工作,称为倾斜观测。建筑物产生倾斜的主要原因是地基承载力不均匀、建筑物体型复杂形成不同荷载及受外力风荷载、地震等影响引起基础的不均匀沉降。

一般用倾斜率 i 值来衡量建筑物的倾斜程度,如图 10.4 所示,当已知建筑物的高度为 H,建筑物上下部之间相对水平位移量为 δ,则倾斜率 i 的计算公式如下:

$$i = \tan \alpha = m \pm \frac{\delta}{H} \tag{10.1}$$

式中 α——倾斜角,(°)。

由上式可知,要确定建筑物的倾斜率 i 值,需要同时测定建筑物上下部之间相对水平位移量 δ 和高度 H。一般 H 可以采用直接丈量或三角高程测量的方法获得。因此,倾斜观测主要讨论的问题是如何确定 δ 值。

对建筑物的倾斜观测应取互相垂直的两个墙面,同时观测其倾斜度,如图 10.5 所示。

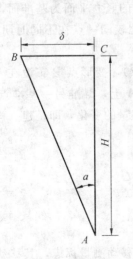

图 10.4 倾斜率

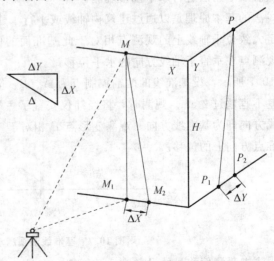

图 10.5 一般建筑物的倾斜观测

在距离墙面大于墙高的地方选择站点安置经纬仪瞄准墙顶一点 M，向下投影得一点 M_1，并做标志。过一段时间，再用经纬仪瞄准同一点 M，向下投影得点 M_2。若建筑物沿侧面方向发生倾斜，点 M 已移位，则点 M_1 与点 M_2 不重合，于是量得水平偏移量 ΔX。同时，在另一侧面也可测得偏移量 Y，则建筑物的总倾斜量 Δ 为

$$\Delta = \sqrt{(\Delta X)^2 + (\Delta Y)^2} \tag{10.2}$$

若建筑物的高度为 H，则根据以上公式可知建筑物的倾斜度 $i = \tan \alpha = \pm \dfrac{\delta}{H}$。

采用激光铅垂仪可直接测定建（构）筑物的倾斜量。

图 10.6 为美国史丹利 PB2 自动调平激光铅垂仪。当仪器整平后，即形成一条铅垂视线。如果在目镜处加装下个激光器，则形成一条铅垂的可见光束，称为激光铅垂线。激光铅垂线可迅速测得倾斜量，提高工作效率，快速实现传统铅垂功能。

图 10.6 激光铅垂仪

观测时，在建筑物底部安置仪器，只需按下开关键，从地板到天花板发射铅垂线，在顶部量取相应点的偏移距离。其工作范围可达到 30 m，室内可视范围工作精度高。

3. 建筑物水平位移观测

位移观测是根据平面控制点测定建筑物在平面上随时间移动的大小及方向。水平位移观测的常用方法有基准线法、前方交会法、小角法等。

（1）基准线法。

某些建筑物只要求测定在特定方向上的位移量，如大坝在水压力方向上的位移量，这种情况可采用基准线法或小角法进行水平位移观测。

基准线法的基本原理是以通过建筑物轴线或平行于建筑物轴线的竖立平面为基准面，在不同时期分别测定大致位于轴线上的观测点相对于此基准面的偏离值。比较同一点在不同时期的偏离值，即可求出观测点在垂直于轴线方向的水平位移量。

如图 10.7 所示，设基准线的两端控制点为 A、B（简称基准点），变形点 P 布设在 AB 的连线上，其偏差不宜超过 2 cm。观测时，将经纬仪安置了一端基准点 A 上，瞄准另一基准点 B 进行定向，此视线方向即为基准线方向。观测变形点 P 相对于基准线偏移量的变化，即是建（构）筑物在垂立于基准点方向上的位移。

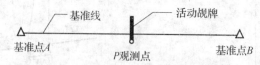

图 10.7 基准线法观测水平位移

基准线法中量测偏移量的设备为活动觇牌，它是一种专用的可移动测量标志，其移动距离可在活动觇牌上测定出来，如图 10.8 所示。

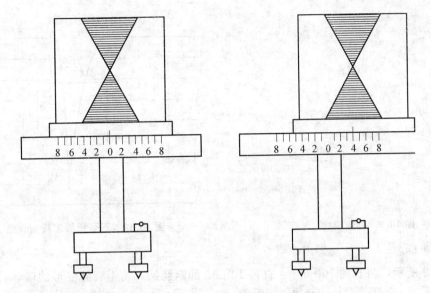

图 10.8　活动觇牌

觇牌图案可以左右移动，移动量则在刻划上读出。当图案中心与竖轴中心重合时，其读数应为零，这一位置称为零位。活动觇牌读数尺的最小分划值为 1 mm，使用活动觇牌可以量测出较小的水平变形量。

观测时，在基准线的一端架设经纬仪，照准另一端的观测标志，这时的视线称为基准线。将活动觇牌安置在变形点上，左右移动觇牌的图案，直至图案中心位于基准线上，此时的读数即为变形点相对基准线的偏移量。不同周期所得偏移量的变化，即为其变形值。

与此法类似的还有激光垂直法，就是用激光光束代替经纬仪的视线。

（2）前方交会法。

在测定大型工程建筑物的水平位移时，也可利用变形影响范围以外的控制点，采用前方交会法或后方交会法进行测定。以前方交会法为例，如图 10.9 所示，设 A、B 为已知控制点，坐标分别为 (x_A, y_A) 和 (x_B, y_B)，P 为建筑物上设定的变形观测点。通过定期在测站点 A、B 向点 P 观测水平角 α 和 β，利用交会点坐标计算观测点 P 的坐标，比较各个周期的坐标，获得坐标差值，即为观测点的水平变形量：

$$\left. \begin{aligned} x_P &= \frac{x_A \cot \beta + x_B \cot \alpha + y_B - y_A}{\cot \alpha + \cot \beta} \\ y_P &= \frac{y_A \cot \beta + y_B \cot \alpha - x_B + x_A}{\cot \alpha + \cot \beta} \end{aligned} \right\} \tag{10.3}$$

4. 建筑物的裂缝观测

当建筑物出现裂缝之后，应及时进行裂缝观测。常用的裂缝观测方法有以下 3 种：

（1）石膏板标志。

用厚 10 mm，宽 50～80 mm 的石膏板（长度视裂缝大小而定），固定在裂缝的两侧。当裂缝继续发展时，石膏板也随之开裂，从而观察裂缝继续发展的情况，如图 10.10 所示。

（2）白铁皮标志。

如图 10.11 所示，用两块白铁皮，一片取 150 mm×150 mm 的正方形，固定在裂缝的一侧；另一片为 50 mm×200 mm 的矩形，固定在裂缝的另一侧，使两块白铁皮部分重叠，并使上下边缘相互平行。当两块铁皮固定好后，在其表面涂上红色油漆。如果裂缝继续发展，两块白铁皮将逐渐拉开，露出矩形铁皮上原被覆盖没有油漆的部分，其宽度即为裂缝加大的宽度，可用尺子量出。

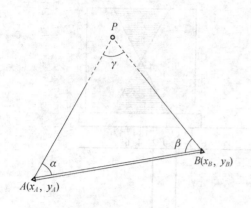

图 10.9　前方交会

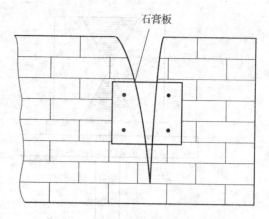

图 10.10　石膏板标志观测裂缝

(3) 金属棒标志。

如图 10.12 所示，将长约 100 mm，直径 10 mm 的钢筋插入发生裂缝变形的墙体，两钢筋之间的间距 l 不得小于 150 mm，并使其露出墙外约 20 mm。然后，用水泥砂浆进行固定。待水泥砂浆凝固后，用尺子量出两个钢筋之间的距离，记录在相应的表格中。若裂缝继续发展，则金属棒之间的间距也不断增大。定期观测两金属棒的间距并比较，即可获得裂缝的变化情况。

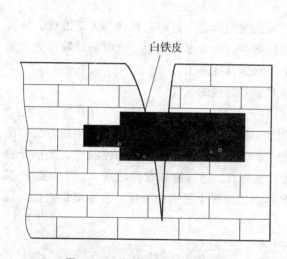

图 10.11　白铁皮标志观测裂缝

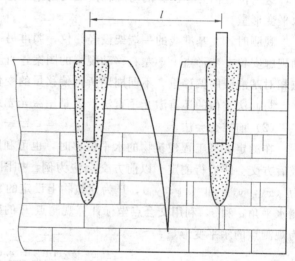

图 10.12　金属棒标志观测裂缝

10.2.2　沉降观测

1. 水准基点和沉降观测点布设

建筑物沉降观测是采用水准测量的方法进行的，因此需要在建筑物的外围布设高程控制网，并以控制网中的水准点为参考，周期性地观测建筑物上沉降观测点的高程。测量工作中，这些水准点又被称为水准基点。

(1) 水准基点。

水准基点是沉降观测的基准，其布设要综合考虑稳定性、观测方便和精度等要求，合理地进行埋设。水准基点通常分为两类：直接用来观测沉降观测点的水准点称为工作基点；用来定期检查工作基点稳定性的水准点称为基准点。两者应连成水准路线，共同构成沉降观测的高程控制网，图 10.13 为某沉降观测高程控制网的布置情况。

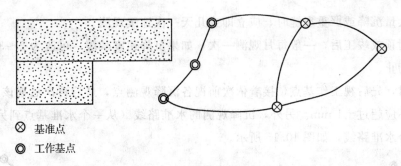

⊗ 基准点
◎ 工作基点

图 10.13 观测沉降高程控制网

(2) 沉降观测点。

进行沉降观测的建筑物,应埋设沉降观测点。观测点的数目和位置应能全面反应建筑物的沉降情况,这与建筑物的大小、荷重、基础形式和地质条件有关。建筑物、构筑物的沉降观测点应按设计图纸埋设。

沉降观测点的布设应满足以下要求:

①沉降观测点的位置。沉降观测点应布设在能全面反映建筑物沉降情况的部位,一般情况下,建筑物四角或沿外墙每隔10~15 m处或每隔2~3根柱基上布置一个观测点;另外在最容易变形的地方,如设备基础、柱子基础、裂缝或伸缩缝两旁、基础形式改变处、地质条件改变处等也应设立观测点;对于烟囱、水塔和大型储藏罐等高耸构筑物的基础轴线对称部位,每一构筑物不得少于4个观测点。

②沉降观测点的数量。一般沉降观测点是均匀布置的,它们之间的距离一般为10~20 m。

③沉降观测点的设置形式。沉降观测点的埋设要求稳固,通常采用角钢、圆钢或铆钉作为观测点的标志,并分别埋设在砖墙上、钢筋混凝土柱子上和设备基础上,观测点埋在墙内或柱内的部分应大于露出墙外部分的5~7倍,以便保持观测点的稳定性。

一般常用的几种观测点有预制墙式、燕尾式以及角钢埋设观测点,如图10.14所示。

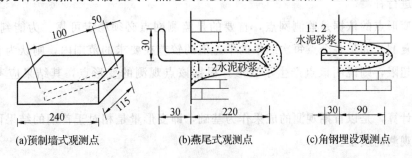

(a)预制墙式观测点　　　(b)燕尾式观测点　　　(c)角钢埋设观测点

图 10.14 沉降观测点的布设形式

2. 沉降观测方法

建筑物沉降观测是用水准测量的方法,周期性地观测建筑物上的沉降观测点和水准工作基点之间的高差变化值,以求得各个观测点的高程。比较不同周期所测得的同一观测点的高程,由此得到建筑物或设备基础的沉降量。

沉降观测的时间和次数,应根据工程的性质、施工进度、地基地质情况及基础荷载的变化情况而定。具体要求如下:

①当埋设的沉降观测点稳固后,在建筑物主体开工前,进行第一次观测。

②在建(构)筑物主体施工过程中,一般每盖1~2层观测一次。如中途停工时间较长,应在停工时和复工时进行观测。

③当发生大量沉降或严重裂缝时，应立即或几天一次连续观测。

④建筑物封顶或竣工后，一般每月观测一次，如果沉降速度减缓，可改为2～3个月观测一次，直至沉降停止为止。

沉降观测时，先后视工作基点，接着依次前视各沉降观测点，最后再次后视该水准基点，两次后视读数之差不应超过±1 mm。另外，沉降观测的水准路线（从一个水准基点到另一个水准基点）应为闭合或附合水准路线，如图10.15所示。

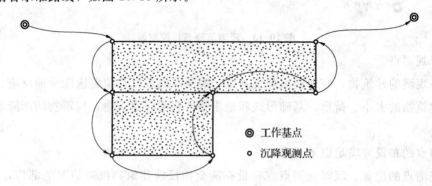

图10.15 沉降观测水准路线

建筑物沉降观测应测定建筑及地基的沉降量、沉降差及沉降速度，并根据需要计算基础倾斜、局部倾斜、相对弯曲及构建倾斜。

沉降观测是一项长期、连续的工作，为了保证观测成果的正确性和精度，应尽可能做到四定，即固定观测人员，使用固定的水准仪和水准尺，基于固定的水准基点，按固定的施测路线和测站进行。

3. 变形观测的成果处理

变形观测的外业工作结束后，应及时对观测手簿进行整理和检查。如有错误或误差超限，须找出原因，及时进行补测。

由于观测变形点的依据是监测网点，首要的是监测网点必须稳定可靠。为能判定其是否稳定，也要定期进行复测。如果各个点每次结果的平差值的较差在要求的范围内，则认为它是稳定的，如果某点的较差超限，则说明该点产生了变形。根据该点观测的变形点，其结果应考虑该点变形的影响。

变形量的计算，是以首期观测的成果作为基础，即变形量是相对于首期的结果而言的，所以要特别注意首期观测的质量。

变形观测的目的是从多次观测的成果中，发现变形的规律和大小，进而分析变形的性质和原因，以便采取措施。

下面举例说明。

①列表。将各次观测成果依时间先后列表，表10.3是一个沉降观测的例子。表中列出了每次观测各点的高程H，与上一期相比较的沉降量S、累计的沉降量$\sum S$、荷载情况、平均沉降量及平均沉降速度等，在做变形分析时，对这些信息可以一目了然。

表 10.3 沉降观测成果表

工程名称：××楼　　　　　仪器：N_3 No128544　　　　　观测：×××

点号	首期成果 1995.3.4	第二期成果 1995.5.8			第三期成果 1995.7.2				备注
	H_0/m	H/m	S/mm	$\sum S$/mm	H/m	S/mm	$\sum S$/mm		
1	17.595	17.590	5	5	17.588	2	7		
2	17.555	17.549	6	6	17.546	3	9		第二期观测为暴雨后
3	17.571	17.565	6	6	17.563	3	8		
4	17.604	17.601	3	3	17.600	1	4		
…	…	…			…				
静荷载 P	3.0 t/m²	4.5 t/m²			8.1 t/m²				
平均沉降量		5.0 mm			2.0 mm				
平均沉降速度		0.078 mm/d			0.037 mm/d				

②作图。为了更直观地显示所获得的信息，可以将其绘制成图。图 10.16 是一个表示荷载、时间与沉降量的关系曲线图。图中横坐标为时间 T，可以十天或一月（或一年）为单位，纵坐标向下为沉降量 S，向上为荷载 P。所以横坐标轴以下是随着时间变化的沉降量曲线，即 S-T 曲线；横坐标轴以上则是荷载随时间而增加的曲线，即 P-T 曲线。施工结束后，荷载不再增加，则 P-T 曲线呈水平直线。

曲线图可以清楚地看出沉降量与荷载的关系及变化趋势是渐趋稳定的。

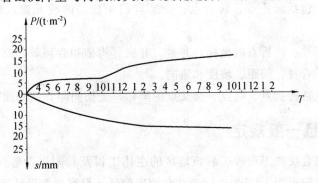

图 10.16　P-T 曲线

根据同样方法，也可绘出其他变形与外界因素的关系曲线。

根据上述的各种信息，结合有关的专业知识，即可对变形的原因、趋势等进行几何的和物理的分析，为工程建设提供依据。需要指出的是，一般认为稳定的基准点，也不可能完全没有变形，所谓稳定，只是相对而言。即当变形是对变形点的观测没有实际影响时，就视为是稳定的。

10.3 建筑物竣工测量

10.3.1 概述

建筑物和构筑物竣工验收时进行的测量工作称为竣工测量。竣工测量的目的一方面是为了检查工程施工定位质量,另一方面是为今后的扩建、改建及管理维护提供必要的资料。竣工测量可以利用施工期间使用的平面控制点和水准点进行施测,如原有控制点不够使用时,应补测控制点。

竣工测量的主要内容:测定建筑物和构筑物的墙角坐标;地下管线进出口点、地下管线转折点、窨井中心的坐标和高程;道路的起止点、转折点、交叉点、变坡点坐标和高程;测定主要建筑物的室内地坪高程,并附房屋编号、结构层数、面积和竣工时间等资料;编制竣工总平面图、分类图、断面图以及细部坐标等。这些点位的坐标和高程与施工时的测量系统一致,如果没有变更设计,则竣工测量结果一般与设计数据吻合,超限大小可反映施工质量的优劣。若有变更设计,竣工测量结果应与变更设计数据吻合,并附变更设计资料。

竣工测量的意义表现在以下几个方面:

(1) 在工程施工建设中,一般都是按照设计总图进行,但是,由于设计的更改、施工的误差及建筑物的变形等原因,使工程实际竣工位置与设计位置不完全一致。因而需要进行竣工测量,反映工程实际竣工位置。

(2) 在工程建设和工程竣工后,为了检查和验收工程质量,需要进行竣工测量,以提供成果、资料作为检查、验收的重要依据。

(3) 为了全面反映设计总图经过施工以后的实际情况,并且为竣工后工程维修管理运营及日后改建、扩建提供重要的基础技术资料,应进行竣工测量,在其基础上编绘竣工总平面图。

在每个单项工程完成后应由施工单位进行竣工测量,提出工程的竣工测量成果,其主要内容如下:

(1) 工业厂房及一般建筑物:包括房角坐标,各种管线进出口的位置和高程,并附房屋编号、结构层数、面积和竣工时间等资料。

(2) 铁路和公路:包括起止点、转折点、交叉点的坐标,曲线元素,桥涵等构筑物的位置和高程。

(3) 地下管网:窨井、转折点的坐标,井盖、井底、沟槽和管顶等的高程,并附注管道及窨井的编号、名称、管径、管材、间距、坡度和流向。

(4) 架空管网:包括转折点、结点、交叉点的坐标,支架间距,基础面高程。

10.3.2 竣工测量一般规定

竣工总平面图是综合反映工程竣工后该地区的主体工程及其附属设备(包括地下和地上设施)相互关系的平面图。一般采用 1∶500~1∶2 000 的比例尺,根据有关设计图纸、施工测量和竣工测量资料在设计总平面图的基础上进行编绘。

编绘时,先在图纸上绘制坐标格网,将实地各种建筑物和构筑物按所测定的坐标展绘出来,并在图上各主要建筑物墙角点、进出口点、地下管线转折点、窨井中心、道路交叉点等相应位置标出它们的坐标和高程,同时注记窨井号、管径、电缆的电压标记等。其中房屋的高程通常只标注一个室内地坪高程。

竣工总平面图必须按规定要求进行清绘整饰。坐标和高程按分数的形式标注,坐标以 x 为分子,y 为分母;高程以点号为分子,高程数值为分母。不能与地物并排标注的地方,可从该点引斜线,指示在适当位置标注。

1. 竣工测量工作程序

(1) 测量单位在收到竣工测量通知书后,应按《建设工程规划许可证》及其附图的要求,确定建设工程规划竣工测量的范围,编制技术设计书或作业方案。

(2) 根据《建设工程规划许可证》及其附图的要求,确定周边建筑、围墙、河、渠、现状路、铁路、高压塔(线)、古树、文物等地物待测点,作为对照建设工程规划竣工测量与建设工程规划验收测量差异的条件点。

(3) 竣工图测量的作业方法和技术要求按照《城市测量规范》(CJJ/T 8—2011)等标准相应条款执行。

(4) 条件点和规划控制线、建(构)筑物、道路和管线工程的特征点坐标或高程应标注在建设工程竣工图上。

在每一个单项工程完成后,必须由施工单位进行竣工测量,提供工程的竣工测量成果,作为编制竣工总平面图的依据。竣工测量与地形图测量的方法大致相似,主要区别是竣工测量要测定许多细部点的坐标和高程,因此图根点的布设密度要大一些,细部点的测量精度要高一些,一般应精确到厘米。

竣工测量时,应采用与原设计总平面图相同的平面坐标系统和高程系统。竣工测量的内容应满足编制竣工总平面图的要求。竣工总平面图编绘完成后,应经原设计及施工单位技术负责人审核、会签后上交有关部门。

2. 竣工测量资料

(1)《建设工程规划许可证》及附图要求(复印件)。

(2) 合同(或合同评审会议纪要)。

(3) 技术设计书(一般工程可编制策划说明)。

(4) 计算资料(控制点来源及检测资料、外业观测记录、导线计算、水准计算等)。

(5) 建(构)筑物(道路、管线)竣工图及电子数据(*.dwg 格式)。

(6) 检验记录。

(7) 建设工程竣工测量成果(见附录)。

①建设工程竣工测量技术报告。

②成果表。

a. 建(构)筑物竣工测量成果表(见附表1)。

b. 道路工程竣工测量成果表(见附表2)。

c. 管线工程竣工测量成果表(见附表3)。

③建设工程竣工图。

④楼高立面示意图(注:建(构)筑物竣工测量使用)。

⑤纵断面测量(注:道路工程竣工测量使用)。

⑥横断面测量(注:道路工程竣工测量使用)。

⑦其他规划竣工验收要提交的资料。

10.3.3 竣工测量控制点要求

1. 竣工测量平面控制

①竣工测量平面控制测量点应依据当地的等级平面控制进行设置,同时可以根据需要增加密度。

②竣工测量时的平面控制测量点与起算点的相对误差须在±5 cm范围内,并应在城市三级导线精度以上。

③可采用节点导线网、附合导线或GPS测量方法设置平面测量控制点。

2．竣工测量高程控制

①竣工测量高程控制应依据当地等级高程控制测量进行设置,并可根据需要进行加密。

②竣工测量高程控制测量点与起算点的相对高程误差须在±5 cm范围内。

③可使用水准测量法、光电测距三角高程测量法或GPS高程测量等方法进行竣工测量高程控制。

综上,控制测量的作业方法和技术要求按照《城市测量规范》相应条款执行外,还须满足下列要求:

①平面控制起算点不得低于城市三级导线精度。

②高程控制起算点不得低于《城市测量规范》技术要求。

③图根导线和水准测量必须采用附合线路。

10.3.4 建（构）筑物工程竣工测量

1．竣工建筑物测量

（1）建筑物及其有关要素的测量。

①对建筑物的外形轮廓线进行测量。

②对在施工范围内与建筑规划许可中对应的建筑物外形、周围地形、地貌等进行测量,同时对地下管网及排污设施等也要测量。

（2）建筑物高度测量。

竣工建筑的高度测量主要是指对建筑物的相对高度、层数、层高、地下室高度等进行测量,并要绘制建筑高度测绘的图示,详细标明测量的各个高度的数据。

（3）测量、计算规划中的要素。

①根据建筑物外形的轮廓线,计算出建筑物的实际占地面积。

②根据竣工现场实际情况,测量建筑物地上、地下的停车位数量及其占地面积。

③根据竣工现场实际情况,测量建筑物周围绿化用地及空地的实际面积。

④根据竣工现场实际情况,测量其他规划要素内容。

2．竣工道路工程测量

竣工道路工程测量的道路是城市规划中的交通道路,如城市主干道、快速路、人行路、支线道路等。测量时除应规定进行相关施工区域的地形图测绘外,还要进行道路的纵断面、横断面测量以及其他规划中要求的竣工验收数据的测量。

（1）竣工道路的纵断面测量。

①采用极坐标法对道路中心线进行测量,测量点间距离一般应在30 cm以内,点位的选择要能够反映出竣工道路的走向及坡度情况,测量后要在测量图中对数据进行标注。

②对测量数据进行分析计算,根据道路的中心线及道路竖向曲线部分的开始、中间、结束、交叉等点位的坐标及坡度变化情况等绘制竣工道路的纵断面图。

（2）竣工道路的横断面测量。

可使用极坐标法对竣工道路横向坡度选有具有代表性的位置进行测量。根据测量结果绘制横断面图,并将相关的测量数据在道路竣工测量图上进行标注。

（3）根据竣工现场实际情况,测量其他规划要求的要素内容。

3. 竣工地下管线工程测量

地下管线工程的竣工测量主要是测量地下铺设的管线工程，如水管、煤气管道、输油管道、排污管道，以及供电线路、电信电视线缆、人防工程等。一般对于新开工的地下管线工程，应在盖土前进行测量。如来不及测量的，也应该在盖土前实地标出相应点位略图，待后续在原地再进行测量。

地下管线工程竣工测量主要包括：平面测量、高程测量和地下管线竣工图测绘。

(1) 平面测量。

地下管线工程平面位置测量点通常选在管线的特征点对应地面的位置上，特征点是指管线交叉点、分支点、转折点等与普通直线管道不同的地方。如管线段没有特征点，要根据以下不同的竣工测量任务来设定。

①道路及专用地下管线点，一般按相应比例尺在地形图上的间距在±15 cm 以内。

②厂区或住宅小区的管线，一般按相应比例尺在地形图上的间距在±10 cm 以内。

③管线弯曲时，管线点应能反映管线弯曲特征。

一般采用解析法对地下管线进行竣工测量。

(2) 高程测量。

高程测量可采用水准测量、光电测距三角高程测量、GPS等方法。

(3) 地下管线竣工图测绘。

规划道路地下管线的测绘范围一般为测量道路两侧建筑物或红线外 20 cm 以内，非规划道路可根据需要确定。竣工图须标明与规划中要求有关的要素的实测尺寸及各管线间的相关数据，注明规划中有要求的管线高程。新埋管线与原有管线，需从交接处测量两端各 50 m。精度方面，管线与建筑物、不同管线以及道路中线的图中误差应在±0.5 mm 范围内。图中文字、数字等不能与管线的符号互相压盖，应与管线走向平行标注。

10.3.5 竣工测量与地形测量的区别

竣工测量的基本测量方法与地形测量的相似，但也有区别。具体表现在：

1. 图根控制点的密度

竣工测量图根控制点的密度要大于地形测量图根控制点的密度。

2. 碎部点的实测

地形测量一般采用视距测量的方法，测定碎部点的平面位置和高程；竣工测量一般采用经纬仪测角、钢尺量距的极坐标法测定碎部点的平面位置，采用水准仪或经纬仪视线水平测定碎部点的高程，亦可用全站仪进行测绘。

3. 测量精度

竣工测量的测量精度要高于地形测量的测量精度。地形测量的测量精度要求满足图解精度，而竣工测量的测量精度一般要满足解析精度，应精确至毫米。

4. 测绘内容

竣工测量的内容比地形测量的内容更丰富。竣工测量不仅测地面的地物和地貌，还要测底下各种隐蔽工程，如上、下水及热力管线等。

竣工测量的成果主要包括测量后编写的相关技术报告、成果表、竣工测量图及建筑高度测绘图等。这些测量成果要对建筑工程的测量内容进行准确、清晰、合理的描述和体现。各项测量数据的测量点、计算方法、使用标准等要与施工前申请的规划保持一致，以使规划的数据与竣工时测量的实际数据可以进行对比和分析。

建筑工程的竣工测量是一种具有特殊要求和重要意义的建筑工程测量，是城市规划管理和审核中的一项重要工作内容，承担着整个城市统一规划管理的重要任务。

【重点串联】

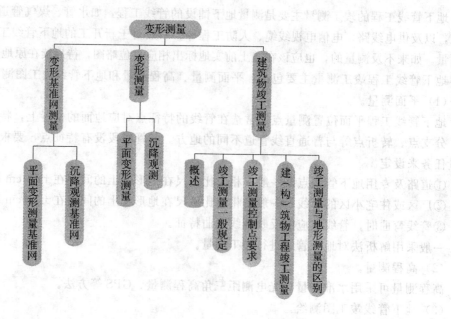

拓展与实训

职业能力训练

一、填空题

1. 建筑变形包括_____和_____。
2. 水平位移观测的平面位置是依据水平位移监测网或称平面控制网。为了方便,水平位移监测网通常都采用_____系统。
3. 建筑物变形观测的类型有:_____、_____、_____、_____。
4. 建筑物沉降观测是用_____测量的方法,周期性地观测建筑物上的_____和_____之间的高差变化值,以求得各个观测点的高程。

二、简答题

1. 沉降观测点的布设应遵循什么原则?
2. 为什么要做竣工测量?

工程模拟训练

沉降观测

1. 训练目标

(1) 掌握沉降观测的方法和过程。
(2) 掌握沉降观测图的绘制。
(3) 了解变形分析的简单方法。

2. 仪器与工具

DS1精密水准仪一架,水准仪脚架一副,精密水准尺一把,竹竿两根。

3. 内容与步骤

某测量实验室自7年前开始进行沉降观测,一年一次。沉降点C_1、C_2如图10.17所示;观测结果见表10.4。请将今年(第8年)的观测结果填入表中,并画出C_1、C_2两点8年以来的沉降曲线。

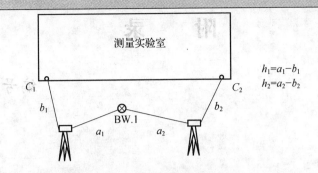

图 10.17 沉降观测示意图

表 10.4 沉降点 C_1、C_2 观测结果

观测日期	点 C_1 高程/m	累计沉降量 ΔH/mm	点 C_2 高程/m	累计沉降量 ΔH/mm
第 1 年 10 月	9.759 5		9.750 3	
第 2 年 10 月	9.756 0		9.745 9	
第 3 年 10 月	9.754 4		9.744 1	
第 4 年 10 月	9.753 5		9.743 0	
第 5 年 10 月	9.752 9		9.742 2	
第 6 年 10 月	9.752 6		9.741 8	
第 7 年 10 月	9.752 4		9.741 6	
第 8 年 10 月				

施测要求：

C_1、C_2 点测得高程数据制表时假定为 9.752 3 m、9.741 5 m；

施测步骤：先将仪器架于水准基点 BM.1 与沉降点 C_1 中间，用精密水准测量方法测量高差（至少观测两次），从而求得点 C_1 高程；再将仪器架于水准基点 BM.1 与沉降点 C_2 中间，观测和要求同上，可求得点 C_2 高程。

在图 10.18 上绘制 C_1、C_2 两点的沉降曲线。

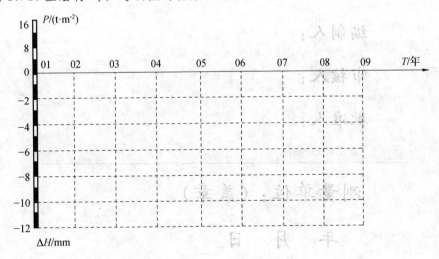

图 10.18 C_1、C_2 点沉降曲线图

4. 提交成果

(1) 每组提交一份沉降曲线图。

(2) 提交一份实训报告。

附　录

编号：××××

×××××× 建设工程竣工测量成果

编制人：

审核人：

批准人：

测量单位：（盖章）

年　月　日

建设工程竣工测量技术报告

一、项目名称

二、工程概况

　　委托单位、项目位置等情况。

三、作业依据

　　规范、标准等。

四、平面控制

　　采用的坐标系统、使用仪器及型号、导线精度情况等。

五、高程控制

　　采用的高程系统、使用仪器及型号、高程精度情况等。

六、成图方法

　　采用的成图方式、软件情况等。

七、质量结论

　　精度情况、检查情况及结论等。

工程负责人：

年　月　日

附表 1

建（构）筑物竣工测量成果表

测量单位（章）：　　　　　　　　　　　　　　　　　　　　　　　　　　　　　年　月　日

项目名称		工程地点	
建设单位		规划许可证号	
联系人		联系电话	

建（构）筑物空间定位指标

楼号	角点坐标/m			角点坐标/m			备注
	X	Y	H	X	Y	H	

建（构）筑物主要技术指标

楼号	工程项目	建筑性质	结构形式	项目性质	地上层数	地下层数	高度	底层建筑面积

备注：

填表		检查	

附表 2

道路工程竣工测量成果表

测量单位（章）：　　　　　　　　　　　　　　　　　　　　　　　　年　月　日

项目名称		工程地点	
建设单位		竣工时间	
联系人		联系电话	

规划道路主要技术指标

序号	道路名称	路幅宽度/m			道路面积/m²	路面材质
		行车道	非机动车道	绿化带		

规划道路要素/m

序号	X	Y	H	备注

备注：

填　表		检　查	

附表3

管线工程竣工测量成果表

管线类别：　　　　　　图幅编号：　　　　　　日期：　　　　　　权属单位：

管线点号	连接方向	材质	点特征	附属设施	管名	管径/断面尺寸/mm	传输体特征					建设年代	坐标/m		高程/m		路名	物探点号
							压力/电压	流向/性质	电缆孔数	已用孔数	电缆条数		X	Y	地面	管顶(底)		

测绘单位（章）　　　　　　填表　　　　　　检查

×××××× 工程竣工图

竣工图中的内容应包括:

一、图廓整饰

参照《1:500 1:1 000 1:2 000 地形图图式》(GB/T 7929)中附录 C 执行。

1. 图名注记:××××××工程竣工图,不注记图号。
2. 比例尺一般为 1:500 或整百比例尺(特殊情况除外)。
3. 图幅结合表根据需要而定。
4. 根据施测范围图幅可为矩形、竖幅或横幅。

二、按数字化测图方式进行现状地物测绘。

三、建(构)筑物角点(关键点)、规划道路中心、红线等的坐标标注。

四、建(构)筑物内部尺寸距离等。

五、其他规划验收所需的内容。

参考文献

[1] 魏静，王德利. 建筑工程测量［M］. 北京：机械工业出版社，2004.
[2] 潘正风. 数字测图原理与方法［M］. 武汉：武汉大学出版社，2004.
[3] 张正禄. 工程测量学［M］. 武汉：武汉大学出版社，2005.
[4] 合肥工业大学. 测量学［M］. 北京：中国建筑工业出版社，2005.
[5] 邓念武. 测量学［M］. 北京：中国电力出版社，2010.
[6] 李生平. 建筑工程测量［M］. 武汉：武汉理工大学出版社，2012.
[7] 李明. 地形测量［M］. 北京：测绘出版社，2011.
[8] 邹永廉. 土木工程测量［M］. 北京：高等教育出版社，2004.